Storying the Immobilities of Gender Violence in the UK and Mexico

Full details of all the books in this series and of all our other publications can be found on http://www.multilingual-matters.com, or by writing to Multilingual Matters, BLOCK, The Fairfax, Pithay Ct, Bristol, BS1 3BN, UK.

Storying the Immobilities of Gender Violence in the UK and Mexico

Edited by
Lesley Murray, Jess Moriarty, Paula Soto Villagrán and Olga Sabido Ramos

MULTILINGUAL MATTERS
Bristol • Jackson

DOI https://doi.org/10.21832/MURRAY8540
Library of Congress Cataloging in Publication Data
A catalog record for this book is available from the Library of Congress.
Library of Congress Control Number: 2025036722.

British Library Cataloguing in Publication Data
A catalogue entry for this book is available from the British Library.

ISBN-13: 978-1-78892-854-0 (hbk)
ISBN-13: 978-1-78892-907-3 (pbk)
ISBN-13: 978-1-78892-917-2 (pdf)
ISBN-13: 978-1-78892-912-7 (epub)

Open Access

The project Transforming trans-national landscapes of gender-based violence
through trans-sensory storying was funded by the Arts and Humanities Research
Council Follow on funding for impact and engagement (AHRC AH/X008843/1).

Multilingual Matters
UK: BLOCK, The Fairfax, Pithay Ct, Bristol, BS1 3BN, UK.
USA: Ingram, Jackson, TN, USA.
Authorised Representative: Easy Access System Europe - Mustamäe tee 50, 10621
Tallinn, Estonia, gpsr.requests@easproject.com.

Website: https://www.multilingual-matters.com
X: Multi_Ling_Mat
Bluesky: @multi-ling-mat.bsky.social
Facebook: https://www.facebook.com/multilingualmatters
Blog: https://www.channelviewpublications.wordpress.com

Typeset by Riverside Publishing Solutions.

Contents

Acknowledgments   vii

About the Authors   ix

The Artworks   xi

1   Introduction   1
Lesley Murray, Jess Moriarty, Paula Soto Villagrán and Olga Sabido Ramos

1   Introducción   15
Lesley Murray, Jess Moriarty, Paula Soto Villagrán y Olga Sabido Ramos

2   The Immobilities of Gender-Based Violence in the Covid-19 Pandemic in the UK   28
Lesley Murray and Jess Moriarty

2   Las Inmovilidades de la Violencia de Género en la Pandemia de Covid-19 en el Reino Unido   43
Lesley Murray y Jess Moriarty

3   Trans-Sensory Storying   57
Lesley Murray, Jess Moriarty, Paula Soto Villagrán and Olga Sabido Ramos

3   Narración Trans-Sensorial   67
Lesley Murray, Jess Moriarty, Paula Soto Villagrán y Olga Sabido Ramos

4   Spaces that Listen, Feel and Resist. Spatial, Temporal and Emotional Experiences of Gender Violence in Mexico and the UK   78
Paula Soto Villagrán and Olga Sabido Ramos

4   Espacios que Escuchan, Sienten y Resisten. Experiencias Espaciales, Temporales y Emocionales de la Violencia Basada en Género en México y el Reino Unido   90
Paula Soto Villagrán y Olga Sabido Ramos

5   Streetwalking the Visual Narratives of Violent and
    Mobile Spaces   102
    Lesley Murray

5   Callejeando las Narrativas Visuales de Espacios Violentos
    y Móviles   114
    Lesley Murray

6   Arrows of Suffering and Resistance: Situations of
    Gender Violence, Senses and Emotions   125
    Olga Sabido Ramos and Paola Soto Villagrán

6   Flechas de Sufrimiento y Resistencias: Situaciones
    de Violencia de Género, Sentidos y Emociones   138
    Olga Sabido Ramos y Paula Soto Villagrán

7   Storytelling as an Agent of Change: A Duoethnographic
    Response to the Trans-Sensory Mobilities Project   151
    Vicki Painting and Jess Moriarty

7   La Narración Como Agente de Cambio: Una Respuesta
    Duoetnográfica al Proyecto *Movilidades Trans-Sensoriales*   163
    Vicki Painting y Jess Moriarty

8   Stories as Social Change   174
    *Jess Moriarty, Lesley Murray, Olga Sabido Ramos
    and Paula Soto Villagrán*

8   Las historias como cambio social   180
    *Jess Moriarty, Lesley Murray, Olga Sabido Ramos
    y Paula Soto Villagrán*

    Index   186

Acknowledgements

This book was funded by the Arts and Humanities Research Council (AHRC) in the UK (AH/X008843/1). We would like to acknowledge the other members of the AHRC funded (AH/V013122/1) research project that preceded this one, as outlined in Chapter 2: Amanda Holt, Sian Lewis and Mel Parks. Thank you to the School of Humanities and Social Science and the School of Art and Media at the University of Brighton and to the Autonomous Metropolitan University in Mexico City and its Iztapalapa and Azcapotzalco campuses. Many thanks to the translators on the project: Gwen Fabra Davies and Carmen Kirchner in the UK and María Inés Ojeda Pesquera in Mexico and to Susana Cortés-Morales for translation and guidance. We would finally like to thank all of the amazing artists who created the artworks and to everyone who took part in the exhibitions and contributed the stories that inspired our project.

About the Authors

Jess Moriarty is a Principal Lecturer at the University of Brighton where she is course leader on the Creative Writing MA and Co-Director for the Centre of Arts and Wellbeing. She has published widely on autoethnography, community engagement and pedagogy in writing practice. Her last book, *Walking for Creative Recovery*, was published in 2022 and her latest book, *Conversations on Creative Process, Methods, Research and Practice*, looks at feminist approaches to supporting the creative self.

Jess Moriarty es profesora principal en la Universidad de Brighton, donde es líder del curso de Escritura Creativa y codirectora del Centro de Artes y Bienestar. Ha publicado extensamente sobre la autoetnografía, la participación comunitaria y la pedagogía en la práctica de la escritura. Su último libro, *Conversations on Creative Process, Methods, Research and Practice*, y su libro anterior, *Walking for Creative Recovery* que se publicó en 2022, analizan los enfoques feministas que apoyan el yo creativo.

Lesley Murray is Professor in Spatial Sociology at the University of Brighton, where her research centres around gender and generation in urban mobilities. She has published extensively in the field of mobilities, including on the intersections between mobile and visual methods and on gendered and generationed mobilities. Her most recent book (edited with Helmi Järviluoma) is *Sensory Transformations: Environments, Technologies, Sensobiographies* (Routledge, 2023).

Lesley Murray es profesora de sociología espacial en la Universidad de Brighton, donde su investigación se centra en el género y la generación en las movilidades urbanas. Ha publicado extensamente en el campo de las movilidades, incluyendo las intersecciones entre los métodos móviles y visuales y sobre las movilidades de género y generacionales. Su libro más reciente (editado con Helmi Järviluoma) es *Sensory Transformations: Environments, Technologies, Sensobiographies* (Routledge, 2023).

Olga Sabido Ramos is Professor and Researcher of Sociology at Universidad Autónoma Metropolitana (Mexico). Her main areas of research focus are Relational Sociology, Sensory Studies and Sociology of Emotions. She is the author of *El cuerpo como recurso de sentido en la construcción del extraño* (Séquitur, 2012). Her latest edited book is *Los sentidos del cuerpo. Un giro sensorial en la investigación social y los estudios de género* (CIEG, 2019).

Olga Sabido Ramos es profesora e investigadora de sociología en la Universidad Autónoma Metropolitana (México). Sus principales líneas de investigación son la sociología relacional, los estudios sensoriales y la sociología de las emociones. Es autora de *El cuerpo como recurso de sentido en la construcción del extraño* (Séquitur, 2012). Su último libro editado es *Los sentidos del cuerpo. Un giro sensorial en la investigación social y los estudios de género* (CIEG, 2019).

Paula Soto Villagrán is Professor and Researcher of Sociology at Universidad Autónoma Metropolitana (Mexico). Her research topics are daily mobilities, geography of care and spatial dimensions of gender violence. Her latest book is *Una mirada de género a las prácticas de movilidad cotidiana en la Ciudad de México: Aportes para la construcción de ciudades cuidadoras e inclusivas*, published in 2021.

Paula Soto Villagrán es profesora e investigadora del departamento de sociología en la Universidad Autónoma Metropolitana (México). Sus temas de investigación son las movilidades cotidianas, las geografías del cuidado y las dimensiones espaciales de la violencia de género. Su último libro es *Una mirada de género a las prácticas cotidianas de movilidad en la Ciudad de México: Aportes a la construcción de ciudades cuidadoras e inclusivas* , publicado en 2021.

The Artworks

(Descriptions of the artworks are by the artists)

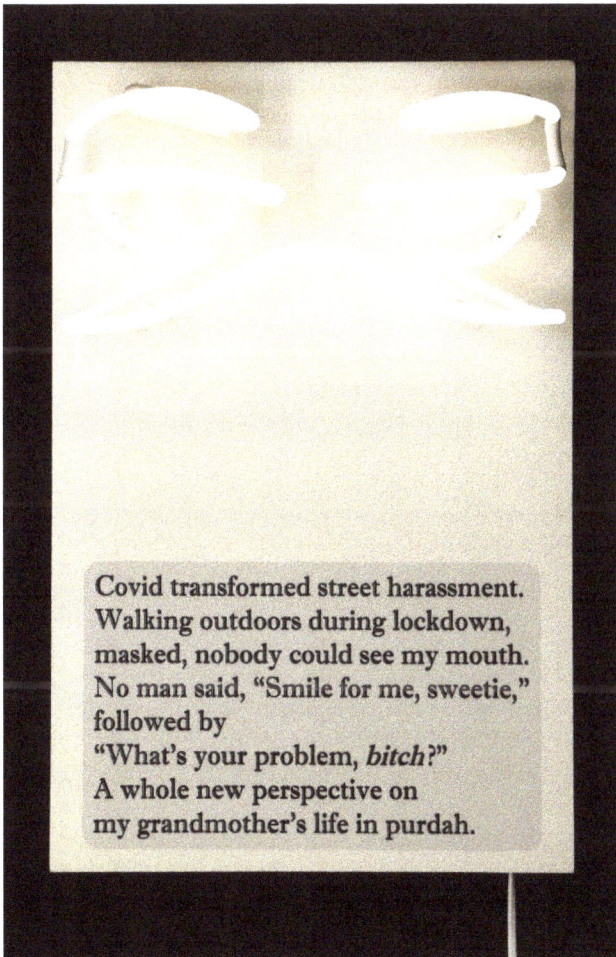

Covert transformed street harassment.
Walking outdoors during lockdown,
masked, nobody could see my mouth.
No man said, "Smile for me, sweetie,"
followed by
"What's your problem, *bitch*?"
A whole new perspective on
my grandmother's life in purdah.

Zenana, Sohaila Abdulali and Tom Unger, 2023

Harassment is simultaneously horrifying and tedious. All the time, all the bloody time, we put up with this nonsense from idiots in public places. And we keep quiet, sometimes from shame but often just because, what is there to say? So when I read the stories here, I started thinking about silence and secrecy and the lockdown. The graphic of the woman in the mask who said nobody asked her to smile because they couldn't see her face flipped it around for me: suddenly it seemed fierce, not cowardly, to hide one's face. This led me to thinking of my Muslim grandmother who was fully fierce, and the last of her generation to wear the veil. I wanted to express that, and though I believe in the power of words, words didn't seem enough. I needed neon. How fortunate that my partner speaks in glass and light!

El acoso es una experiencia horripilante y tediosa a la vez. Constantemente, todo el maldito tiempo, debemos soportar idioteces perpetradas por cretinos en los espacios públicos. Nos los tragamos, a veces, por vergüenza, pero más a menudo porque, ¿qué vamos a decir? Por eso, cuando leí las historias descritas aquí, me puse a reflexionar sobre el silencio y el secretismo durante la cuarentena. La imagen de la mujer con la mascarilla que señaló que nadie le pedía sonreír porque no podían verle el rostro marcó un punto de inflexión para mí: de pronto no parecía un acto cobarde, sino audaz, el esconder el propio rostro. Esto me hizo pensar en mi abuela musulmana, quien fue valiente y una de las últimas de su generación en llevar el velo. Quería expresar que, a pesar de mi fe en el poder de las palabras, estas me parecieron insuficientes. Necesitaba algo más llamativo, como las luces de neón. Tengo la fortuna de que mi pareja hable el lenguaje de las luces y el cristal.

Sohaila Abdulali is the author of two novels – *The Madwoman of Jogare* and *Year of the Tiger* – as well as children's books and short stories. Her latest book *What We Talk About When We Talk About Rape* is published globally in seven languages. She speaks worldwide on gender violence issues and works as a freelance writer and editor. Her forthcoming book is about women and belonging. She lives in New York.

Sohaila Abdulali es autora de dos novelas – *The Madwoman of Jogare* [*La loca de Jogare*] y *Year of the Tiger* [*El año del tigre*] – de libros para niños y también de cuentos cortos. Su última obra, *De qué hablamos cuando hablamos de violación*, se ha publicado a nivel mundial en siete idiomas. Ha impartido conferencias en todo el mundo sobre la problemática de la violencia de género y trabaja como escritora y editora freelance. Su próximo libro trata sobre las mujeres y la noción de pertenencia. Vive en Nueva York.

Tom Unger has worked with glass for more than 30 years. Besides his own art, he fabricates neon for public art projects, museum pieces, advertisements, films, plays, Broadway and television shows. He has made neon, written about neon, taught neon classes and worked in a neon shop. He and his partner own and operate Rocket Neon, NYC. He lives in New York.

Tom Unger ha trabajado con el cristal durante más de 30 años. Además de su propia obra artística, crea letreros de neón para proyectos de arte públicos, piezas de museo, anuncios, filmaciones, obras de teatro, Broadway y espectáculos televisivos. En el ámbito del neón, ha participado en numerosos proyectos, escrito artículos, impartido clases y trabajado en un taller especializado en este elemento. Es copropietario y operador de Rocket Neon NYC junto con su pareja. Actualmente, también reside en Nueva York.

Palabras que curan, expresando el cuerpo con palabras, Julia Antivilo, 2023
Healing words, putting the body into words, Julia Antivilo, 2023

Instalación performativa que se activa con la presencia de la autora en diálogo con el público. La acción consiste en invitar al público a seleccionar palabras centrales de las obras expuestas o conceptos o frases que le hayan provocado cada una de las piezas y/o las historias que son parte de esta exposición e inducir a los espectadores a escribirlas en una cinta roja con el uso de una máquina de escribir. La poética de la acción y la pieza evoca un acto de escritura para sanar, que en sí trae consigo al listón rojo y al acto de la escritura como una fusión significante de ambas.

Performance art that is triggered by the author engaging in dialogue with the public. This involves asking the public to select key words from the works exhibited, or concepts and phrases that each of the works and/or stories included in this exhibition evoke, getting spectators to write them on a red ribbon using a typewriter. The poetic nature of the action and the work of art evoke an act of writing that heals, combining the red ribbon and the act of writing as a meaningful fusion.

Julia Antivilo es historiadora, curadora y artivista performancera feminista. Ha escrito, coordinado y editado libros, colecciones y artículos en revistas sobre estudios culturales, el papel social y cultural de las mujeres y referente a la historia cultural de las mujeres, el arte, los géneros y feminismos. Sus últimos libros incluyen *Belén de Sárraga, Crónica de un torbellino libertario por América Latina* (2021) y *Entre lo sagrado y lo profano se tejen rebeldías. Arte feminista latinoamericano* (2015). Ha sido parte de varios colectivos artivistas feministas en Chile y México. Actualmente es titular de la Cátedra Rosario Castellanos de Arte y Género, Universidad Nacional Autónoma de México.

Julia Antivilo is a historian, curator and feminist performance artivist based in Mexico. She has written, coordinated and edited books, collections and journal articles on cultural studies, the social and cultural role of women and women's cultural history, art, gender and feminism. Her latest books include *Belén de Sárraga, Crónica de un torbellino libertario por América Latina* (2021) and *Entre lo sagrado y lo profano se tejen rebeldías. Arte feminista latinoamericano* (2015). She has been part of several feminist artivist collectives in Chile and Mexico. She is currently a tenured Professor of the Rosario Castellanos de Arte y Género faculty, at Mexico's Universidad Nacional Autónoma.

PICAhIeLOS

El picahielo es un utensilio de cocina, duro y de forma alargada, con uno de sus extremos adaptado para el manejo manual y el otro terminado en una punta afilada. Su función es la de servir en la

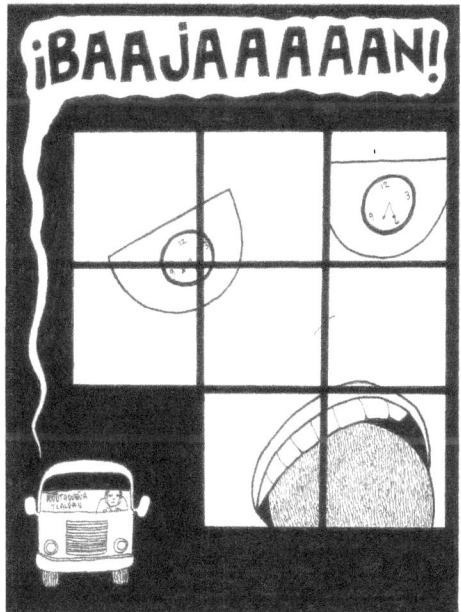

ALMOST HALWAY ACROSS THE BRIDGE A PAIR OF ARMS GRAB HER
CASI A LA MITAD DEL PUENTE UN PAR DE BRAZOS LA SUJETAN
IN A FRACTION OF A SECOND AND VERY NAIVELY
EN FRACCION DE SEGUNDOS Y MUY INGENUAMENTE
¡NO!
SHE THINKS IT'S A JOKE BUT THE 1ST PUNCH BRINGS HER TO REALITY
PIENSA QUE ES UNA BROMA PERO EL 1er PUÑETAZO LA UBICA EN LA REALIDAD.
HER INSTINCT IS TO DEFEND HERSELF
EL INSTINTO LE DICTA DEFENDERSE.
PERO EL FACTOR SORPRESA Y LA LLUVIA DE GOLPES A DIESTRA Y SINIESTRA
BUT THE SURPRISE FACTOR AND THE RAIN OF BLOWS LEFT AND RIGHT
¡AYUDA!
HELP

LA ARROJAN A UN MULADAR DISFRAZADO DE SUELO.
DE INMEDIATO SU CABELLO ES ARRANCADO A TIRONES.
IMMEDIATELY HER HAIR IS PULLED OUT
Y SIN DAR TREGUA A LOS PUÑETAZOS
SU ROBUSTA ANATOMIA RODÓ POR EL PISO

FACILITANDO AL VERDUGO LA DOSIS DE PATADAS
TLAPAN THE PERFECT COCKTAIL THE NOISE OF THE MAIN ROAD DROWNING OUT THE VIOLENCE
DE FORMA SIMULTANEA GRITOS, GOLPES Y EL SORDO RECHINAR DEL METRO QUE SE DESLIZA SOBRE
TLALPAN EL COCTEL PERFECTO, EL RUIDO PROPIO DE UNA IMPORTANTE AVENIDA QUE OCULTA Y AHOGA LA VIOLENCIA
AT THE SAME TIME AS THE SHOUTS AND BLOWS IS THE DULL GRINDING OF THE METRO
MIENTRAS TANTO UN GRUPO DE TRABAJADORES OBSERVABA DESDE LA AZOTEA DE LOS ESTUDIOS CH LA DESIGUAL BATALLA.

Realidad punzante, Ana Barreto, 2023
Stinging reality, Ana Barreto, 2023

Reflexión que narra de manera gráfica (cómic) un ataque perpetrado hacia mi integridad física en el puente peatonal sobre la calzada de Tlalpan y el río Churubusco en la CdMx, donde afortunadamente puedo relatar el terror, el daño físico y las secuelas psicológicas ante tal evento. También se trata de evidenciar la indiferencia de algunos testigos, pero principalmente de las autoridades correspondientes. Con profunda indignación corroboro que la retórica oficial sigue intacta y que el número de víctimas se ha incrementado y replicado en otros lugares.

Reflection in the form of a graphic narrative (comic) representing an attack perpetrated against my physical integrity on the pedestrian bridge over the Tlalpan road and Río Churubusco in Mexico City, in which I am fortunate to be able to relate the terror, physical damage and psychological after-effects of such an event. It is also about showing the indifference of some witnesses but mainly of the relevant authorities. With deep indignation, I can confirm that the official rhetoric remains the same and that the number of victims has increased and has been replicated in other areas.

Ana Barreto es pintora y dibujante, amante de las historietas. Pionera en las narrativas gráficas feministas en México con más de 20 años de experiencia en cine nacional e internacional, ha realizado pinturas escénicas, textiles, pinturas corporales y guiones gráficos (storyboards) para largometrajes, cortos y comerciales. Oriunda de Acapulco donde vive e imparte cursos y talleres principalmente a mujeres y niños. Su obra se ha expuesto en San Francisco, Canadá y Ciudad de México.

Ana Barreto is a painter and cartoonist, comic enthusiast. Pioneer in feminist graphic narratives in Mexico with more than 20 years of experience in national and international cinema, having produced scenic paintings, textiles, body paintings and storyboards for feature films, shorts and commercials. She is a native of Acapulco where she lives and teaches courses and workshops, mainly to women and children. Her work has been exhibited in San Francisco, Canada and Mexico City.

Luz contra el olvido, Dora Bartilotti, 2023
Light against oblivion, Dora Bartilotti, 2023

Teresa Magueyal, integrante del colectivo *Una Promesa Por Cumplir*, buscaba a su hijo, José Luis Apaseo, desaparecido desde el 6 de abril de 2020 en Guanajuato. El 2 de mayo de 2023 Teresa se trasladaba en su bicicleta rosa cuando fue asesinada a balazos en una calle, a plena luz del día. El feminicidio de Teresa se suma a los diversos casos de mujeres defensoras y buscadoras a quienes se les ha arrebatado la vida en su lucha por la verdad y la justicia, en un entorno de violencia feminicida, impunidad y falta de mecanismos efectivos de protección en México. Luz contra el olvido busca generar un gesto poético sobre la lucha de Teresa, al hacer presente su memoria y continuar iluminando su búsqueda. El proyecto es una escultura cinética e interactiva conformada por una bicicleta intervenida a modo de dispositivo pre-cinematográfico. Una linterna es accionada por los propios asistentes, quienes se convierten en parte del mecanismo sobre ruedas que sostiene una luz contra el olvido.

Teresa Magueyal, a member of the *Una Promesa Por Cumplir* collective, was looking for her son José Luis Apaseo, who went missing on 6 April 2020 in Guanajuato. On 2 May 2023, Teresa was riding her pink bicycle when she was shot dead on a street in broad daylight. Teresa's femicide is one of several cases in Mexico where women activists searching for answers have had their lives taken in their fight for truth and justice as a result of an environment of feminicidal violence, impunity and a lack of effective protection measures. *Luz contra el olvido* seeks to create a poetic statement about Teresa's struggle by keeping her memory alive and continuing to shine a light on her search for truth. The project is an interactive kinetic sculpture made of a bicycle that acts as a pre-cinema device. A lantern is operated by the audience themselves, who become part of the wheeled mechanism that holds a light against oblivion.

Dora Bartilotti es artista multimedia, originaria del municipio de Martínez de la Torre, Veracruz. Su trabajo busca generar diálogos críticos entre el arte, el diseño, la pedagogía y la tecnología. Sus procesos se tejen a través de diversas prácticas performativas que entrelazan encuentro, memoria y espacio público. Actualmente explora las materialidades del vestir y la electrónica como medios tácticos para el activismo feminista y la acción colectiva. Desde 2017 forma parte de Medialabmx, donde dirige Costurerx Electrónicx, un programa tecnofeminista y pedagógico. Su trabajo ha sido presentado en México, Canadá, Brasil, Japón, Austria y Colombia. Ha sido reconocida con la beca Jóvenes Creadores, y los premios CIFO – Ars Electronica y Prix Ars Electronica. Formó parte de SUS_NET, un programa de artivismo tecnológico en latinoamérica.

Dora Bartilotti is a multimedia artist, originally from the city of Martínez de la Torre, Veracruz, Mexico. Her work seeks to generate critical dialogues between art, design, pedagogy and technology. Her processes are woven through diverse performative practices that intertwine encounter, memory and public space. She is currently exploring the materialities of clothing and electronics as tactical means for feminist activism and collective action. She has been part of Medialabmx since 2017, where she directs a technofeminist and pedagogical programme called Costurerx Electrónicx. She has been awarded the Jóvenes Creadores grant, the CIFO – Ars Electronica prize and the Prix Ars Electronica prize. She was also part of SUS_NET, a programme for technological artivism in Latin America.

Outsider, Rosy Carrick, 2023
Forastera, Rosy Carrick, 2023

As a child, I was terrified of teenage boys. 'They make my heart beat faster when they walk past', I tried to explain to my dad one time, and he laughed and shook his head like he knew me better than I knew myself. I've always blushed easily and, that afternoon, my cheeks confirmed to him the hot proof of a fact I knew not to be true: that it thrilled me when the boys on my street would whistle and call out; that the attention made me feel powerful; that there was a state of play in which I was one of the players and not just a ball they dribbled from toe to toe.

I'm not a child now. I can open a jar of olives with ease, and own my own flat in Brighton like one of those real grown-up people you hear about. But I still get that same sick fear in my belly when I'm out on the street on my own and men approach me. 2020 was the worst. I love my independence, but living alone during lockdown was brutal. Every day was made up of exactly the same units of activity, and not one of those units included anyone else:

> I ate alone;
> I slept alone;
> I did my washing up alone;
> I worked alone;
> I stood alone

on the balcony on Thursday nights to clap the NHS, and I sobbed as I did it – it's pathetic, I know – but, in that at least, there was something about the impact of my two palms colliding against the backdrop of a street full of neighbours doing the same that made me feel suddenly like a bead in a necklace and not just a one pence piece someone glued to the wall for a practical joke. My one-hour outside time was my salvation. My local park is my garden, and every day that first April, I ran through the trees, did a loop of the lake and stretched by the children's playground. I've never known a Springtime feel more like July, or my body feel so connected to its aliveness.

But I had forgotten how often certain beads in a necklace are more significant than others. One Monday, a young guy caught my eye at the park gates and smiled, in a strange way, with his eyebrows cocked – like he'd just heard a joke being made at my expense. I smiled back, awkwardly, caught off-guard and not wanting to be impolite. The following day, I saw him again. I had just started stretching my calves when I heard this clapping sound behind me. Turning, assuming it must be kids playing, I found him standing so close, it made me leap back involuntarily. He was applauding. 'I love your hair. Is that your natural colour?' He stepped forward into the space I had made. I smiled again.

Why, I later berated myself, do we always fucking smile?!, but of course I knew why – because if you don't, your compliments switch to: 'rude bitch', 'you stuck up cunt', 'fuck you then' – and some things just aren't worth the risk. So, I thanked him, nicely, in an upbeat tone, calculating the number of minutes it would take me to run from that point home and how much his bulky footwear might disadvantage him. He took my initial tentative steps away as an invitation to trail me. 'I see you in the park quite often,' he told me; then, pointedly, at my chest, 'jumping around.' 'Oh. Right. Yeah.' I smiled again, my jaw tight, and turned to face him. 'Look, I've got to get back to my flat now, sorry.'

'Can I get your number then?' He said it with such entitlement, like I'd suggested it already, and, after a moment's strained silence, I caved and gave him not the number but the line every woman has used as a loophole out of the knowledge that, to men like that, our own autonomy is not enough of a reason to answer: no. 'Sorry, I've got a boyfriend.' I strode off then, keeping my head up, holding my breath, and, though the information had stopped his body, moments later, his bruised ego tore itself free and flapped for all to hear: 'I could fuck you better than he can, you know. I'll suck your pussy and fuck you in the arse till your arse claps'. Some kids nearby sniggered, and I did nothing, paralysed by my total disbelief that a man could talk to me in this way and nothing would happen; that it was a joke. My cheeks were bright red and, back inside my COVID prison cell, punching myself in the head with all the things I should have done differently, I howled my powerless guts up because I knew that now, on top of the indignity, and insult, and degradation, my garden was gone: I could no longer go back to my park on my own anymore, and also be safe.

Cuando era niña, me aterrorizaban los chicos adolescentes. 'Hacen que mi corazón lata más rápido cuando pasan', traté de explicarle a mi papá una vez, y él se rió y negó con la cabeza como si me conociera mejor de lo que yo me conocía a mí misma. Siempre me he sonrojado con facilidad y, esa tarde, mis mejillas le confirmaron la prueba de un hecho que yo sabía que no era cierto: que me emocionaba cuando los muchachos de mi calle silbaban y gritaban; que la atención me hizo sentir poderosa; que había un estado de juego en el que yo era uno de los jugadores y no solo una pelota que botaban de un pie a otro.

Ya no soy pequeña. Puedo abrir un frasco de aceitunas con facilidad y tengo mi propio piso en Brighton como una de esas personas adultas de verdad de las que se oye hablar. Pero todavía tengo ese mismo miedo enfermizo en el estómago cuando estoy sola en la calle y los hombres se me acercan. El año 2020 fue el peor. Me encanta mi independencia, pero vivir sola durante el confinamiento fue brutal. Cada día se componía exactamente de las mismas unidades de actividad, y ninguna de esas unidades incluía a nadie más:

> Comía sola;
> Dormía sola;
> Lavaba los platos sola;
> Trabajaba sola;
> Me quedaba sola

en el balcón los jueves por la noche para aplaudir al NHS, y sollozaba mientras lo hacía – es patético, lo sé – pero, al menos en eso, había algo en el impacto del batir de las palmas de mis manos en el contexto de una calle llena de vecinos haciendo lo mismo que me hizo sentir de repente como una cuenta en un collar y no simplemente una moneda de un penique pegada a la pared como una broma. Mi hora asignada para estar al aire libre fue mi salvación. Mi parque local es mi jardín, y todos los días de ese primer abril, corría entre los árboles, daba una vuelta al lago y me estiraba en el parque infantil. Nunca he conocido una primavera que se sienta más como julio, o que mi cuerpo se sienta tan conectado con su vitalidad.

Pero había olvidado con qué frecuencia ciertas cuentas de un collar son más significativas que otras. Un lunes, un joven me llamó la atención en las puertas del parque y sonrió, de una manera extraña, con las cejas arqueadas, como si acabara de escuchar una broma hecha a mi costa. Le devolví la sonrisa, torpemente, tomada por sorpresa y no queriendo ser maleducada. Al día siguiente, lo volví a ver. Acababa de empezar a estirar las pantorrillas cuando escuché un sonido de aplausos detrás de mí. Al girarme, asumiendo que debían ser niños jugando, lo encontré parado tan cerca que me hizo saltar hacia atrás involuntariamente. Estaba aplaudiendo. 'Me encanta tu pelo. ¿Es ese tu color natural?' Dio un paso adelante en el espacio que yo había creado. Volví a sonreír. ¿Por qué, me reprendí más tarde, ¡siempre sonreímos?!, pero por supuesto sabía por qué, porque si no lo haces, tus cumplidos cambian a: 'zorra grosera', 'puta arrogante', 'jódete entonces', y algunas cosas por las que simplemente no vale la pena correr el riesgo. Así que le di las gracias, amablemente, en un tono optimista, calculando el número de minutos que me llevaría correr desde ese punto hasta casa y cuánto podría perjudicarle su calzado pesado. Percibió mis primeros pasos vacilantes como una invitación a seguirme. 'Te veo en el parque muy a menudo', me dijo; luego, deliberadamente, a mi pecho, 'saltando'. 'Vaya. Vale. Sí.' Volví a sonreír, con la mandíbula apretada, y me volví para mirarlo. 'Mira, ahora tengo que volver a mi piso, lo siento.'

'¿Entonces, me das tu número?' Lo dijo con tanto derecho, como si yo ya se lo había sugerido, y, después de un momento de tenso silencio, cedí y no le di el número, sino la línea que todas las mujeres han usado como escapatoria, sabiendo que, para los hombres como él, nuestra propia autonomía no es razón suficiente para responder: no. 'Lo siento, tengo novio.' Entonces me alejé, manteniendo la cabeza erguida, conteniendo la respiración, y, aunque la información había detenido su cuerpo, momentos después, su ego magullado se soltó y aleteó para que todos lo escucharan: 'Podría follarte mejor que él, ¿sabes? Te chuparé el coño y te follaré por el culo hasta que tu culo aplauda'. Algunos niños que estaban cerca se rieron y yo no hice nada, paralizada por mi total incredulidad de que un hombre pudiera hablarme de esa manera y que no pasara nada; que era una broma. Mis mejillas estaban rojas y, de vuelta dentro de mi celda de la prisión COVID, golpeándome en la cabeza con todas las cosas que debería haber hecho de manera diferente, aullé mis entrañas impotentes porque sabía que ahora, además de la indignidad, el insulto y la degradación, mi jardín se había ido: ya no podía volver a mi parque por mi cuenta, y también estar segura.

What struck me most about the original compilation of women's experiences in this project was how similar so many of the details were to each other, and how similar to many of my own past experiences too. Reading them, I became keenly aware of how normalised this dehumanising aggressive male entitlement to the female body remains – and of how frustrating and unjust it is that, even as we are the victims of these situations, so are we most likely, out of a fear of escalating violence, to smile, placate, excuse and apologise our way out of them. To the man on the street behaving in this way, such an exchange might be a thoughtless one off, a casual and insignificant encounter. To the woman subjected to it, it is the latest in a lifetime's set of reminders that her body is not her own, it is public property; something to be negotiated. The sense of powerlessness, the feeling of having the limits of your life reduced, the humiliating knowledge that nothing you do will make a difference – these were the aspects I wanted to emphasise in 'Outsider', which blends details from several verbatim accounts into a broader and more detailed narrative in order, I hope, to rehumanise the victims of male sexual aggression.

Lo que más me impresionó de la compilación original de las experiencias de mujeres en este proyecto fue la similitud de tantos detalles en cada una de ellas, y cómo se asemejan a muchas de mis propias experiencias personales también. Al leerlas, tomé plena consciencia de lo normalizada que sigue siendo esta actitud masculina, deshumanizante y agresiva, de sentirse con derecho sobre el cuerpo femenino, y de lo frustrante e injusto que resulta el hecho de que, aun siendo víctimas de tales situaciones, lo más probable es que tengamos que sonreír (por miedo a que se agrave la violencia), apaciguar, disculparnos y pedir perdón para zafarnos de ellas. Para el hombre que se comporta de esa manera en la calle, tal encuentro podría resultar natural, insignificativo y casual. Para la mujer expuesta a esto, es el recordatorio más reciente, dentro de una serie vitalicia de recordatorios, de que su cuerpo no le pertenece, de que es propiedad pública, algo negociable. La sensación de impotencia, el sentimiento de que los límites de tu vida se ven reducidos, la consciencia humillante de saber que, sin importar qué hagas, nada logrará marcar la diferencia – estos fueron los aspectos que quería destacar en Outsider [Forastera], que recopila detalles de varios recuentos literales de las víctimas y los transforma en una narrativa más amplia y detallada que, espero, les devolverá la humanidad a las víctimas de la agresión sexual masculina.

Rosy Carrick is a writer and performer from Brighton, UK. She has a PhD in the poetry of the Russian revolutionary poet Vladimir Mayakovsky, and has released two books of his work in translation: *Volodya* (Enitharmon, 2015) and *Vladimir Ilyich Lenin* (Smokestack, 2017). She is currently working on a new collection of Mayakovsky's never-before-translated poetry for children, due for release in 2025. Her debut poetry collection *Chokey* is available from Burning Eye Books.

Rosy Carrick es escritora y actriz originaria de Brighton. Posee un doctorado en la poesía rusa revolucionaria de Vladimir Mayakovsky y ha publicado dos libros de su obra en traducción: *Volodya* (Enitharmon, 2015) y *Vladimir Ilych Lenin* (Smokestack, 2017). En la actualidad se encuentra trabajando en una nueva colección de la poesía para niños nunca antes traducida de Mayakovsky, que se publicará en 2025. Su colección inicial de poesía, *Chokey*, está disponible en Burning Eye Books.

Trayectos, Alejandra Collado, 2023
Journeys, Alejandra Collado, 2023

Trayectos de madre e hija

Me gustaba viajar en el asiento junto a la ventana, entre las estaciones de Hidalgo y Hospital General de la línea 3 del metro de la Ciudad de México, mayormente subterránea. Estaba concentrada contando las lámparas que había en los túneles entre una estación y otra cuando sentí la mirada de mamá, enfurecida, indignada, pero en silencio. Sus ojos estaban exaltados, como intentando desorbitarse para señalarme algo. Al llegar a nuestra estación, me tomó tan fuerte de la mano que pensé que me la quería arrancar. En forma de desesperado regaño me preguntó: '¿¿Que no te diste cuenta de que el señor de al lado te estaba levantando la falda??'. Y no, la verdad es que no. Ni siquiera me di cuenta quién venía a mi lado, ni de que esa falda rosa, ligera al tacto, con tela floreada en el borde, estaba siendo levantada sin mi consentimiento ante los ojos de mi madre y más personas, sin que nadie dijera nada. Me enojé con las faldas, con las luces del metro, con esas personas, con mi mamá por regañarme a mí — y no al señor — y conmigo por no darme cuenta.

Por esos mismos tiempos, cuando yo tenía siete años, caminábamos juntas en la calle, solo ella y yo como siempre. Casi saliendo de casa, un muchacho pasó en su bicicleta y le plantó una gran nalgada que quedó embarrada en la cámara lenta de mi memoria en ese pantalón de mezclilla negro, entallado y deslavado que, por cierto, nunca volvió a usar. Aún escucho el zumbido de la bicicleta rodando veloz y el silencio que se hizo en los pasos de mi madre, quien se detuvo en seco para quedarse inmóvil, con los mismos ojos abiertos, desorbitados y llorosos de aquel día que me regañó. Yo dejé salir una especie de grito-gruñido enfurecido desde el fondo de mi ser, sin poder articular alguna de las palabras altisonantes que vinieron a mi mente, lanzando un puño al aire, en tanto que el otro era apretado por la mano de mi madre quien me sostenía con fuerza. La bicicleta se alejó y el tipo jamás volteó. Parecía pedalear al ritmo de una canción. Lo imaginé riendo y silbando. Y yo, sin saber bien por qué, me sentí enojada con mi mamá.

Trayectos de juventud
Ingresé a la escuela secundaria a la edad de once años. Mi mamá trabajaba y no podía llevarme, así que me enseñó el camino para no perderme viajando sola en el metro. Salí a las seis de la mañana previendo cualquier percance en ese primer día. A unas paradas de mi destino sentí un calor extraño por detrás de mi falda y una respiración en la nuca. Mi cuerpo estaba alerta pero paralizado. Con los ojos traté de descifrar la forma del reflejo en el vidrio frente a mí. Tuve miedo de voltear y ver la escena directamente. Al abrirse las puertas en la parada Apatlaco, tras el sonido que las anuncia, el hombre del reflejo salió de manera abrupta, urgente, empujándome y mirando al suelo. Una vez que las puertas volvieron a cerrarse, levantó el rostro y me vio a la cara para guiñarme un ojo. El tren se puso en marcha nuevamente. Él, con un gesto que encarnaba triunfo, se fue haciendo pequeñito a la distancia, mientras yo, avergonzada, buscaba cómo limpiar la mancha en mi falda ante la mirada de asco de las personas que atestiguaron todo. Esas personas también me produjeron asco. Luego me dí asco también yo.

A los catorce trabajaba como empacadora en una Bodega Aurrerá cerca de la Plaza Río, en Iztacalco. El uniforme obligatorio para nosotras consistía en una camisa y calcetas blancas, un mandil verde, con corbata y falda en color negro. En las tardes calurosas, al salir de mi jornada laboral, disfrutaba la caricia del sol, el aire en mis piernas y ese ligero sudor, además del gozo estético que me daba vestir con las faldas cortas que mamá dejó de usar. Caminando sobre Churubusco noté que un señor me seguía. Cada vez que me volví para confrontarlo se escondió tras un árbol, un poste, la parada o lo que encontrara. En el semáforo del Sanborns, justo cuando creí que ya lo había perdido en el camino, el señor corrió hacia mí y ansiosamente metió una de sus manos entre mis piernas. Sentí cómo apuntaba sus dedos intentando introducirlos en donde pudiera. Chocaban contra mis muslos, a ciegas, y con la otra mano se masturbaba. Todo sucedió muy rápido. En su calculado escape cruzó la calle corriendo antes que el semáforo cambiara de color. Permanecí todo ese tiempo en shock. No sé si fueron minutos o segundos, pero me quedé ahí, temblando, apretando las piernas y la mandíbula, con las manos empuñadas aún intentando tapar, defender. Avergonzada de mi imagen, de mi falda, de mi inmovilidad, de mi falta de reacción, de estar muda y de mi llanto atorado. Transeúntes y automovilistas me miraban de arriba a abajo. Muecas de burla. Sus ojos en mis piernas, con lástima. Y una que otra señora, con enojo y desdén.

Trayectos de resistencia

Sé caminar por las calles con las llaves desenvainadas, con el gas pimienta y el llavero bóxer en forma de gatito para accionar en los trayectos del bus, del metro, la combi, el suburbano y el tren ligero, hacia el trabajo, la escuela, la casa, y más trayectos. Me di a la tarea de conocer los barrios y los territorios, de distinguir los horarios en los que no podía ir a aquel parque - ni sola, ni acompañada -; de percibir en las noches lluviosas el olor de los eucaliptos cuando avisa que ya no es momento de atravesar ese camino. Aprendí a andar de día entre los puestos de verduras y de cháncharas usadas, a saludar a las doñitas, hacernos aliadas para alertarnos juntas de los peligros. A entender a las bandadas de pájaros que huyen, los olores de los puestos de garnachas instalándose, las calles inundadas, los alumbrados públicos descompuestos. Captar todas las señales para mantenerme a salvo.

No pienso soltar la vida, los paisajes, los colores, ni las medicinas resistentes que crecen y rompen el asfalto. Cuando paso por el puente en el Río de los Remedios, y frente a cada cruz rosa que hace una pausa en mis pasos y en mis pensamientos, a pesar del vértigo, del olor, de las imágenes terribles que me persiguen después en sueños, del hueco en el estómago por la rabia y por el miedo, camino de frente. Adelante y alerta. Expectante entre flores de banqueta, trechos intervenidos, paredes de consignas grafiteadas y símbolos de resistencia-supervivencia. Poniendo todo el cuerpo, la energía y los sentidos para exprimirle al paisaje cualquier resquicio de vitalidad. Recuperar la vida. Levantamos la mirada, apretamos los puños, atentas a nuestro alrededor. Construimos lugares de calma, para respirar profundo, para convertir el miedo en resistencia y reparación. Las calles también son nuestras.

Mother and daughter journeys

I liked to ride in the window seat, between the Hidalgo and Hospital General stations on Line 3 of the Mexico City subway, mostly underground. I was concentrating on counting the lamps in the tunnels between one station and another when I felt mum's gaze, enraged, indignant, but silent. Her eyes were wide, as if trying to widen, to point out something to me. When we arrived at our station, she grabbed my hand so tightly that I thought she wanted to rip it off. In a desperate scold she asked me, 'Didn't you notice that the man next to you was lifting your skirt?' And no, the truth is I didn't. I didn't even notice who was next to me, or that the pink skirt, light to the touch, with flowered fabric on the edge, was being lifted without my consent before the eyes of my mother and other people, without anyone saying anything. I got cross with the skirts, with the subway lights, with those people, with my mum for scolding me – and not the man – and with myself for not noticing.

Around the same time, when I was seven years old, we were walking together in the street, just her and me as always. As we were leaving the house, a boy passed by on his bicycle and planted a big slap, that stayed muddied in the slow motion of my memory, on those tight-fitted and washed-out black jeans that, by the way, she never wore again. I can still hear the hum of the bicycle rolling by and the silence that fell in the footsteps of my mother, who stopped dead in her tracks to remain motionless, with the same wide, bulging and

tearful eyes of that day she scolded me. I let out a
sort of angry scream-growl from the depths of my being,
unable to articulate any of the high-sounding words
that came to my mind, throwing one fist in the air,
while the other was squeezed by my mother's hand who
held me tightly. The bike pulled away and the guy never
turned around. He seemed to be pedalling to the beat of
a song. I imagined him laughing and whistling. And I,
without really knowing why, felt angry with my mum.

Journeys of youth

I entered high school at the age of eleven. My mum
worked and couldn't take me, so she showed me the way
so I wouldn't get lost travelling alone on the subway.
I left at six o'clock in the morning anticipating
any mishap on that first day. A few stops from my
destination, I felt a strange warmth on the back
of my skirt and a breath on the back of my neck. My
body was alert but paralysed. With my eyes I tried to
decipher the shape of the reflection in the glass in
front of me. I was afraid to turn around and see the
scene directly. When the doors opened at the Apatlaco
stop, after the sound that announces them, the man in
the reflection left abruptly, urgently, pushing me and
looking at the ground. Once the doors closed again,
he lifted his head, looked me in the face and winked
at me. The train started up again. He, with a gesture
that embodied triumph, became small in the distance,
while I, ashamed, looked for a way to clean the stain
on my skirt before the disgusted gaze of the people who
witnessed everything. Those people also disgusted me.
Then I felt disgusted at myself too.

At fourteen, I was working as a packer at an Aurrerá
winery near Plaza Río, in Iztacalco. Our uniform
consisted of a white shirt and socks, a green apron,
with a black tie and skirt. On hot afternoons, after
work, I enjoyed the caress of the sun, the air on my
legs and that light sweat, as well as the aesthetic
enjoyment that came from dressing in the short skirts
that mum had stopped wearing. Walking over Churubusco
I noticed that a man was following me. Every time I
turned to confront him, he hid behind a tree, a pole,
a stop or whatever he could find. At the Sanborns traffic
lights, just when I thought I had lost him on the way,
the man ran up to me and anxiously put one of his
hands between my legs. I felt him point his fingers,
trying to get them in wherever he could. They bumped

against my thighs, blindly, and with the other hand he masturbated. It all happened so fast. In his calculated escape, he ran across the street before the traffic light changed colour. I was in shock the whole time. I don't know if it was minutes or seconds, but I stayed there, trembling, clenching my legs and jaw with my hands still in a fist, trying to defend myself. Ashamed of my image, my skirt, my immobility, my lack of reaction, of being mute and of my paralysed crying. Pedestrians and motorists looked me up and down. Mocking faces. Their eyes on my legs, looking with pity. And even some of the women, with anger and disdain.

Journeys of resistance

I know how to walk the streets with my keys drawn, with pepper spray and the boxer key ring in the shape of a kitten to use on the bus, subway, minibus, underground and light rail routes, to work, school, home and on other journeys. I took on the task of getting to know the neighbourhoods and the territories, of distinguishing the times when I could not go to that park - either alone or with someone else -; of perceiving the smell of eucalyptus trees on rainy nights warning me that it is no longer time to go down that road. I learned to walk during the day among the stalls of vegetables and chatter, to greet the old women, to become allies and warn each other of the dangers. To understand the flocks of birds that flee, the smells of the Garnacha stalls setting up, the flooded streets, the broken streetlights. To pick up on all the signs to keep me safe.

I'm not going to let go of the life, the landscapes, the colours or the resistant medicines that grow and break the asphalt. When I cross the bridge at the Rio de Los Remedios, and in front of each pink cross that pauses my steps and my thoughts, despite the vertigo, the smell, the terrible images that haunt me later in dreams, the hollow in my stomach caused by rage and fear, I walk straight ahead. Keep going and stay alert. Expectant among sidewalk flowers, barren patches in between, walls of graffitied slogans and symbols of resistance -survival. Putting all my body, energy and senses in order to squeeze even the slightest trace of vitality out of the landscape. Reclaiming life.

We look up, clench our fists, attentive to our surroundings. We build places of calm, to breathe deeply, to turn fear into resistance and reparation. The streets are ours too.

Apropiarse de las calles no es tan sencillo, sobre todo cuando ciertas vidas, ciertos cuerpos y experiencias, tienen más o menos importancia en los espacios públicos. Más o menos seguridad, libertad de movimiento, de vestimenta, comportamientos, privilegios, derechos. Aquí unos breves trayectos que, entre miradas, olores, contactos, sonidos y sensaciones recorren estaciones de metro, paradas de autobús, avenidas, parques, ríos y zonas boscosas. Trayectos parecidos a muchos otros en esta ciudad.

Owning the streets is not so easy, especially when certain lives, bodies and experiences have greater or lesser significance in public spaces. Greater or lesser security, freedom of movement, of clothing, behaviours, privileges and rights. Here are some brief journeys that, between glances, smells, contact, sounds and sensations, pass through metro stations, bus stops, avenues, parks, rivers and wooded areas. These journeys are similar to many others in this city.

Alejandra Collado es escritora, investigadora, madre, bordadora y profesora nacida en 1983 en Ciudad de México, donde radica actualmente. Escribe poesía, relatos, ensayos y textos académicos; edita fanzines y antologías de textos autobiográficos resultado de su labor como tallerista. Es comunicóloga feminista, maestra en Estudios de la Mujer y doctora en Comunicación. Forma parte del Mapa de Escritoras Mexicanas Contemporáneas. Realiza trabajo académico, pedagógico y comunitario a través de talleres de escritura, bordado, fanzine y collage.

Alejandra Collado is a writer, researcher, mother, embroiderer and teacher born in 1983 in Mexico City, where she still lives. She writes poetry, short stories, essays and academic texts; she edits fanzines and anthologies of autobiographical texts produced as result of her role as a workshop leader. She is a feminist communicologist and holds a Master's in Women's Studies and a PhD in Communications. She is also a member of the Map of Contemporary Mexican Women Writers. She carries out academic, pedagogical and community work through writing, embroidery, fanzine and collage workshops.

Lecciones menstruales para una chica mexicana

Texto: Dahlia de la Cerda
Ilustración: Rosalba Jaquez

La maestra mandó a los niños a jugar fútbol al patio para tener una plática entre "mujeres". Nos explicó la menstruación entre el tedio y el estigma. Entre la flojera y el asco. En la televisión los anuncios de toallas sanitarias usan un líquido azul en lugar de rojo. Mucho tiempo pensé que la menstruación era un líquido azul, la única sangre color cobalto, la única sangre que no era sangre. Cuando sangré por primera vez, me asusté. Yo esperaba ese líquido azul, no sangre de verdad, no sangre roja. Ya eres una señorita, me dijo mi mamá. Cuídate de los hombres me dijo mi papá. Ya te puedes embarazar me dijo mi hermana. Yo quería jugar con Pony y andar en bici. Yo tenía diez años, pero ya era una mujer. No hubo celebraciones ni felicitaciones, mucho menos explicaciones. Me dieron ordenes, qué sí y que no hacer para no incomodar con un proceso biológico.

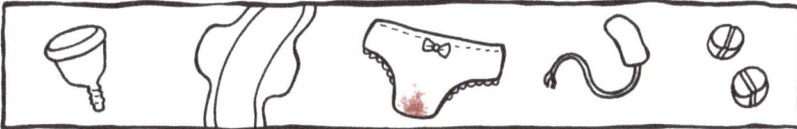

Usa toallas sanitarias, lo tampones te roban la virginidad.
Cuídate de no embarazarte porque ya eres una mujercita.
Toma ibuprofeno para el dolor y sonríe para que nadie sepa que estás menstruando.
Que nadie sepa que estás en "tus días sucios"

Aprendí de menstruación cuando mi mamá me puso a lavar las sábanas manchadas de sangre a media madrugada para que nadie viera "semejante cochinero" pero cuando mi hermanito las meaba, lo consolaba con un "no pasa nada" y las lavaba ella.

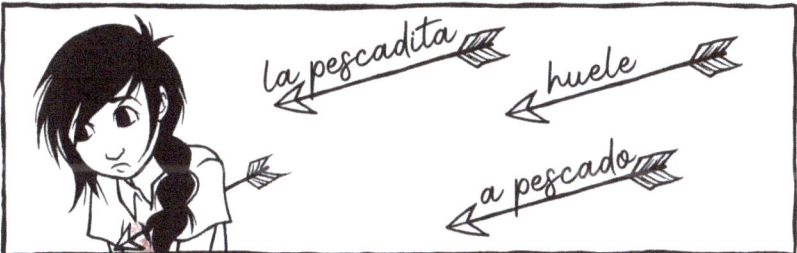

Aprendí de la menstruación cuando la señora de la tiendita de la esquina me envolvió las toallas en una hoja de periódico para que nadie las viera, vergüenza.
Aprendí de la menstruación cuando mi abuela me decía que no dejara "mis toallas" a la vista de todos porque eran algo privado
Aprendí de la menstruación cuando mis compañeros de la escuela me gritaban ¡la pescadita huele a pescado!
Cuando se enteraron de que ya menstruaba

Aprendí de la menstruación lavando el baño después de entrar para no incomodar a nadie con mi sangre sobre la taza blanca, también lavaba estiércol, pero ese no incomodaba a nadie

Aprendí de menstruación con los gritos de mi madre reclamando que el baño olía a regla, pero nunca regañó a mi hermano por dejarlo oliendo a mierda

Aprendí a usar aromatizante, a tirar mis toallas directo en el basurero de la esquina, a enrollar el papel ensangrentado en más papel para eliminar todo rastro de vergüenza mientras que los papeles con popo me decían hola desde el cesto al lado de la taza

Aprendí de menstruación repitiendo "mi sangre es vida, sangre sucia la de los políticos corruptos" mientras caminaba con el pantalón manchado de sangre y evadía la mirada de asco y lástima de las personas que me veían

Aprendí de la menstruación cuando una señora me puso su suéter en la cintura cuando me manché el uniforme en el transporte público

Aprendí de la menstruación cuando una compañera de la escuela me regaló una "kit de emergencia" con una toalla sanitaria, toallitas húmedas y unos calzones limpios

Aprendí de la menstruación cuando manché un taxi y aunque me moría de la vergüenza acepté que era una mancha más entre las mil manchas del asiento

Aprendí de la menstruación cuando mis tías me dijeron sucia por usar copa menstrual

Aprendí de la menstruación cuando mi mamá pasó el grito en el cielo porque encargué por Rappi mis toallas menstruales y el repartidor me las entregó en la mano

Aprendí de menstruación cuando ensangrenté el auto de un amigo de un amigo y me dio un ataque de ansiedad y él tomó mi mano y me dijo: tranquila es solo sangre.

Lecciones menstruales para una chica mexicana Dahlia de la Cerda (Ilustraciones: Rosalba Jaquez), 2023

Lecciones menstruales para una chica mexicana

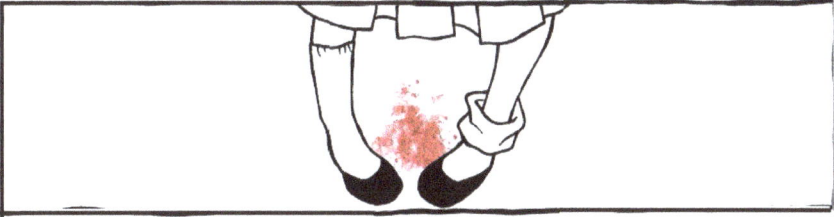

The teacher sent the boys to play soccer to have a conversation between women. She explained menstruation between tedium and stigma. Between laziness and disgust. On TV, sanitary towel adverts use a blue liquid instead of red. For a long time I thought that menstruation was a blue liquid, the only cobalt blood, the only blood that wasn't blood. When I bleed for the first time I was scared. I was expecting that blue liquid, not real blood, not red blood. You're already a lady, my mum told me. Get away from men, my dad told me. And you can hug me, my sister told me. I wanted to play with Pony and ride my bike. I was ten years old, but I was already a woman. There were no celebrations or congratulations, much less explanation. They gave me orders, what not to do so as not to bother with a biological process.

Use sanitary towels, tampons steal your virginity.
Don't get pregnant because you're already a little woman.
Take ibuprofen for pain and smile so no one knows you're menstruating.
Let no one know you're on "your dirty days"

I learned about menstruation when my mum made me wash the blood-stained sheets in the middle of the night so that no one would see "such a pig" but when my little brother peed on them, she comforted him with a "it's okay" and washed them herself.

I learned about menstruation when the lady at the corner store wrapped my towels in a sheet of newspaper so that no one would see them, shame.
I learned about menstruation when my classmates at school yelled at me, "fish smells like fish!"
When they found out I was menstruating

I learned about menstruation by washing the bathroom after going in so as not to bother anyone with my blood around the white toilet bowl,
I also washed the manure, but that never bothers anyone.
I also learned about menstruation with my mother's screams that the bath smells like a period, but she never scolded my brother
for letting it smell like shit
I learned how to use air freshener, how to throw my towels straight into the bin around the corner, how to roll the bloody paper in more paper to
Removing all traces of embarrassment while the papers with poop said hello to me from the basket next to the bowl

I learned about menstruation by repeating "my blood is life, dirty blood is that of corrupt politicians" As I walked with
trousers stained with blood and I avoided the look of disgust and pity of the people who saw me

I learned about menstruation when a lady put her sweater on my waist on public transport when I stained my uniform
I learned about menstruation when a schoolfriend gave me an "emergency kit" with a sanitary towel, wet wipes and clean underwear
I learned about menstruation when I stained a taxi, and although I was dying of shame, I accepted that it was one more stain among
the thousands of stains on seats

I learned about menstruation when my parents told me I was dirty for using a menstrual cup
I learned about menstruation when my mother screamed from heaven because I ordered my menstrual cups through Rappi and the
delivery man delivered them to me by hand
I learned about menstruation when I bloodied a friend of my friend's car and it gave me a panic attack and he took my hand and said
don't worry its only blood

Menstrual Lessons for a Mexican Girl Dahlia de la Cerda (Illustrations: Rosalba
Jaquez), 2023

Lecciones menstruales para una chica mexicana Dahlia de la Cerda Ilustración: Rosalba Jaquez. Lecciones menstruales para una chica mexicana es un repaso de los comentarios, las experiencias, la socialización, las estigmas, las violencias y los problemas que vive una joven cismujer promedio en México en torno a la menstruación.

Menstrual Lessons for a Mexican Girl is a review of the comments, experiences, socialisation, stigmas, violence and problems that the average young Mexican cisgender woman experiences in relation to menstruation.

Dahlia de la Cerda nació, creció y vive actualmente en la Ciudad de Aguascalientes. Se licenció en filosofía. Ha sido empleada de un call center, un bar y una fábrica de dulces. Ha trabajado como editora de noticias internacionales y como vendedora de Avon, y también ha vendido rosas negras y de ropa de segunda mano en un tianguis. Es autora del libro *Perra de Reserva* (Sexto Piso, 2022) y *Desde los Zulos* (Sexto Piso, 2023). Su obra ha sido traducida al inglés, turco, italiano, francés y es cofundadora y codirectora de la colectiva feminista Morras Help Morras.

Rosalba Jaquez es ilustradora, tatuadora, crafter, locutora, madre y diseñadora gráfica. Ha colaborado en revistas, libros y en diseño de camisetas para públicos diversos, su trabajo ha sido expuesto en México, Londres, Eslovaquia y Canadá. A veces hace cómics y organiza exposiciones y proyectos colectivos diversos. Autopublicó la novela gráfica *Cempoaxóchitl*.

Dahlia de la Cerda was born, raised and currently lives in the city of Aguascalientes, Mexico. She studied a degree in Philosophy. She has worked in a call centre, a bar and a sweet factory. She has worked as an international news editor and Avon rep and has also sold black roses and second-hand clothes in a street market. She is the author of the books *Perra de Reserva* (Sexto Piso, 2022) and *Desde los Zulos* (Sexto Piso, 2023). Her work has been translated into English, Turkish, Italian, French and she is co-founder and co-director of the feminist collective Morras Help Morras.

Rosalba Jaquez is an illustrator, tattoo artist, crafter, speaker, mother and graphic designer in Mexico. She has collaborated on magazines, books and T-shirt designs for a variety of audiences. Her work has been exhibited in Mexico, London, Slovakia and Canada. She sometimes creates comics, and organises exhibitions as well as a variety of other collective projects. She self-published the graphic novel *Cempoaxóchitl*.

La niña de las Rosas, María Antonieta de la Rosa
The Girl of the Roses, María Antonieta de la Rosa

El 27 de febrero de 2020 se registró el primer caso de Covid-19 en México. Al día siguiente, en los cultivos de rosales de Temixco, Morelos, se encontró el cadáver en descomposición de una niña. Su nombre era Marisol y tenía tres años de edad. Se encontraron indicios de violencia sexual y tortura. La niña de las rosas es una pieza escultórica y textil que surge en el contexto de extrema violencia de género en México. Durante la pandemia, miles de mujeres y niñas se sometieron a vivir encerradas con sus agresores, el caso de Marisol es una muestra del infierno en el que vivimos, expresarlo con ataúdes es la única forma que encuentro para dar cuenta de nuestra terrible realidad. Fue durante la pandemia que comencé a articular diversas formas de protesta con bordado de manera individual y colectiva. Esta pieza habla de Marisol y de los feminicidios pero también de todas las mujeres que nos hemos organizado para encontrar quizá, un poco de esperanza.

'On 27 February 2020, the first case of Covid-19 was reported in Mexico. The next day, in the rose fields of Temixco, Morelos, the decomposing corpse of a little girl was found. Her name was Marisol and she was three years old. Signs of sexual violence and torture were found. La niña de las Rosas is a sculptural and textile piece that came about as a result of the extreme gender violence in Mexico. During the pandemic, thousands of women and girls were subjected to living locked up with their aggressors. Marisol's case is just one example of the hell in which we live, and expressing it with coffins is the only way I can find to portray our terrible reality. It was during the pandemic that I began to articulate different forms of protest with embroidery both individually and collectively. This piece speaks of Marisol and femicide but also of all the women who have worked together to find a little bit of hope.'

María Antonieta de la Rosa es artista visual egresada del Centro Morelense de las Artes en el 2014 y de la Maestría en Producción Artística de la Facultad de Artes de la Universidad Autónoma del estado de Morelos en el año 2020. Su trabajo se desarrolla en la gráfica y el dibujo, trata temas como la naturaleza, el cuerpo humano, la vida y la muerte. Dirige el proyecto colectivo *Las nombramos bordando* que tiene como objetivo, desde el 2020, bordar los nombres de cada una de las víctimas de feminicidio en el estado de Morelos, las piezas realizadas por la colectiva se han expuesto en lugares como el Museo de Artes Populares (CDMX, 2021) y la exposición Verde Violeta. Arte feminista en Morelos (Jardín Borda, 2022).

Maria Antonieta de la Rosa is a visual artist who graduated from the Centro Morelense de las Artes in 2014 and gained a Master's in Artistic Production at the Faculty of Arts of the Universidad Autónoma of the state of Morelos in 2020. She is the head of the collective project *Las nombramos bordando* which, since 2020, has strived to embroider the names of all victims of femicide in the state of Morelos. Works made by the collective have been exhibited in places such as the Museum of Popular Arts (CDMX, 2021) and the Verde Violeta exhibition. Feminist art in Morelos (Jardín Borda, 2022).

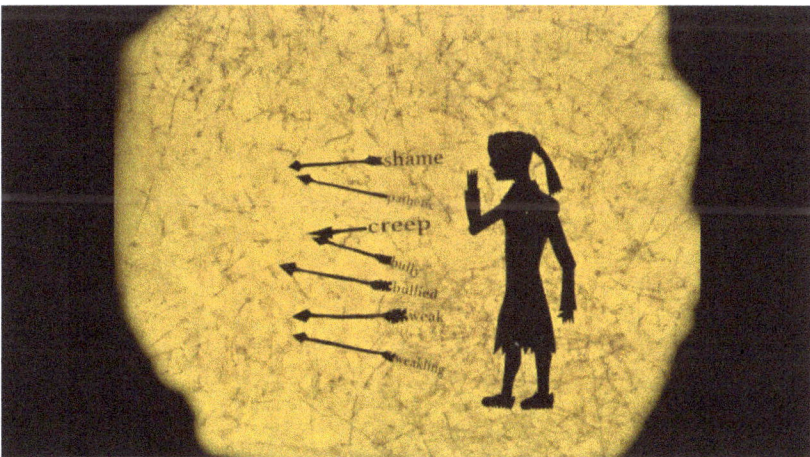

A Film About Gender Based Violence, Tony Gammidge, 2023[1]
Una película sobre la violencia de género, Tony Gammidge, 2023

This short and nasty film takes as its starting point the vignettes of women who had experiences of GBV during lockdown. I found the texts very depressing in their casual cruelty, mundanity and 'normality' and initially wasn't sure how to make work from them. As I started to make shadow puppet characters and animate them a narrative emerged of the weight and impact of this everyday violence on the women. Also, the perpetrators began to emerge as rather pathetic and vulnerable with their own shame and fear as the main motivators in their actions. Then, like deranged shadow cupids, they projected this onto the women using arrows that shot out of their mouths and eyes. In turn, though, the women found their own strength and resilience and could begin to deflect the violence that they experienced back to the men where it belonged. The film was made using stop-frame animation, shadow puppets and projections. A purifying fire was also used (that nearly resulted in burning my house down).

Este pequeño y desagradable cortometraje toma como punto de partida las viñetas de las mujeres que experimentaron violencia de género durante la cuarentena. Los textos me parecieron muy deprimentes por lo casual que era su crueldad, cotidianidad y 'normalidad'. Al principio no estaba seguro de cómo trabajar con ellas. Cuando comencé a crear y darles vida a los personajes para los títeres de sombra, emergió una narrativa acerca del peso e impacto de esta violencia cotidiana sobre las mujeres. Asimismo, comenzó a emerger lo patético y vulnerable que eran los perpetradores, el temor y su propio remordimiento el motor principal de sus acciones. Luego, como cupidos de sombras trastornados, desde sus bocas y miradas, proyectaban sus flechas hacia las mujeres. Estas, a su vez, encontraron su fuerza interior y resiliencia para apropiarse de su capacidad de rechazar y devolver la violencia que experimentaban a sus perpetradores. La filmación se elaboró con animación cuadro a cuadro, títeres de sombras y proyecciones. También se usó un fuego purificador (que casi quema mi casa entera).

Tony Gammidge is an artist, animator/filmmaker and HCPC registered art therapist. He has a particular interest in stories and personal narrative and in the idea of embodied storymaking (stories that are made by hand as well as told). Stories of all kinds are central to his work and in particular to the philosophy of Animated Tales which he runs and which provides story-making courses and workshops to health and education professionals, service users, artists/non-artists.

Tony Gammidge es artista, animador/cineasta y terapeuta registrado del Consejo de Profesiones Sanitarias y Asistenciales (HCPC, por sus siglas en inglés). Se interesa particularmente en historias y narrativas personales y en la idea de una narrativa personificada (historias hechas a mano y al mismo tiempo contadas). En su obra, juegan un papel central los relatos de todo tipo, siguiendo, en particular, la filosofía de su organización Cuentos Animados, que dirige él y que ofrece cursos en la creación de narrativas personificadas para profesionales de la salud y la educación, usuarios de servicios, artistas/no-artistas.

Corpocartographies in motion. Tensions, fragments and emotions, GeoBrujas, 2023
Corpocartografías en movimiento. Tensiones, fragmentos y emociones, Colectiva GeoBrujas, 2023

Corpocartografías en movimiento es una pieza coreográfica, en la que convergen diversas narrativas y miradas críticas ante la violencia de género. Resultado de un trabajo colectivo, esta propuesta estética busca compartir reflexiones, sentipensares y resistencias de paisajes corporales, para representar un cuerpo que hace comunidad, que nunca es estático y se encuentra en constante movimiento. Es una propuesta de contracartografía feminista, que no romantiza la afinidad política entre mujeres, sino que muestra la dificultad de trabajar juntas contra las estructuras patriarcales. Cada pieza es parte de un territorio fragmentado de cada una de nosotras, que va de un proceso individual a un proyecto colectivo, para acuerparnos juntas.

Corpocartografías in motion is a choreographic production in which different narratives and critical views on gender violence converge. The result of a collective work, this aesthetic approach seeks to share reflections, thoughts and feelings and the resilience of bodyscapes, to represent a body that makes up a community that is never static and constantly in motion. It is a work of feminist counter-cartography that does not romanticise the political affinity between women, but shows the difficulties of working together against patriarchal structures. Each piece is part of a fragmented reality for each one of us, and they represent the progression from an individual process to a collective project, to bring us together.

Colectiva GeoBrujas (Karla Helena Guzmán y Valeria Ysunza Pérez-Gil) es una comunidad de geógrafas que construyen geografías incluyentes, decoloniales y críticas al poder hegemónico y patriarcal. Situadas entre la teoría y la práctica, el arte y la ciencia, partiendo desde la autogestión y la autonomía de nuestros territorios/cuerpos, a través de cartografías feministas, mapeo del cuerpo y paisajes efímeros. **Karla Helena Guzmán Velázquez** es geógrafa, artivista y educadora popular feminista. Ha cursado estudios en danzaterapia, cuerpo y emociones y feminismos comunitarios. Es integrante de GeoBrujas, GeoPaz (IGP), Espacio Amoxtli, Mujeres y la Sexta, y colabora con Nahuala Indómita. **Valeria Ysunza Pérez-Gil** es geógrafa, viajera, bailarina, artivista y tallerista de cartografías participativas y corporales. Cuenta con una maestría en geografía por la UFF (Brasil), estudios de doctorado en ciencias sociales en la UAM-X. Es integrante de Hanin, colectivo mexicano de danza de culturas del Medio Oriente, GeoBrujas y del Instituto de Geografía para la Paz (IGP), A.C.

GeoBrujas Collective is a community of geographers who construct geographies that are inclusive, decolonial and critical of hegemonic and patriarchal power. Situated between theory and practice, art and science, starting from the self-management and autonomy of our territories/ bodies, through feminist cartographies, mapping of the body and ephemeral landscapes. **Karla Helena Guzmán Velázquez** is a geographer, artivist and feminist 'popular educator'. She has studied Dance Therapy, the Body and Emotions and Community Feminism. She is a member of GeoBrujas, GeoPaz (IGP), Espacio Amoxtli, Mujeres y la Sexta and collaborates with Nahuala Indómita. **Valeria Ysunza Pérez-Gil** is a geographer, traveller, dancer and artivist who holds participatory and corporeal cartography workshops. She has a Master's degree in Geography from UFF (Brazil) and a PhD in Social Sciences at UAM-X. She is a member of Hanin, a Mexican dance collective of Middle Eastern cultures, GeoBrujas and the Instituto de Geografía para la Paz (IGP), A.C.

Something is Happening... Ottilie Hainsworth, 2021
Algo está ocurriendo... Ottilie Hainsworth, 2021

Commissioned during the project: *The Immobilities of Gender-Based Violence in the Covid-19 Pandemic*. This work was a response to stories of gender-based violence during the pandemic.

Encargado durante el proyecto: *Las inmovilidades de la violencia de género en la pandemia de Covid-19*. Este trabajo fue una respuesta a las historias de violencia de género durante la pandemia.

Ottilie Hainsworth graduated from Glasgow School of Art and gained an MA RCA in illustration in 1994. She enjoys creating diary comics about her everyday life, and her work is included in *Brighton-The Graphic Novel*. Ottilie's first graphic novel *Talking to Gina* was published by Myriad Editions in September 2017. She runs her popular 'Graphic Novels Real Life Stories' course at Phoenix Arts in Brighton, where she is based.

Ottilie Hainsworth se graduó de la Glasgow School of Art (Escuela de artes de Glasgow) y obtuvo una MA RCA en Ilustración en 1994. Disfruta crear cómics diarios sobre su vida cotidiana. Su trabajo viene incluido en *Brighton-The Graphic Novel* [*Brighton: la novela gráfica*]. La primera novela gráfica de Ottilie, *Talking to Gina* [*Hablando con Gina*] se publicó en septiembre de 2017 por Myriad Editions. Imparte su curso popular de Historias de la vida real en novelas gráficas en Phoenix Arts en Brighton, donde radica ahora.

Drop in the Ocean, Karolina Jonc Buczek, 2021
Gota en el océano, Karolina Jonc Buczek, 2021

Commissioned during the project: *The Immobilities of Gender-Based Violence in the Covid-19 Pandemic.* This work was a response to stories of gender-based violence during the pandemic.

Encargado durante el proyecto: *Las inmovilidades de la violencia de género en la pandemia de Covid-19.* Este trabajo fue una respuesta a las historias de violencia de género durante la pandemia.

Karolina Jonc Buczek is a Polish illustrator and graphic designer based in South London. In her practice, she mostly works with themes of body positivity, mental health, Polish culture and often provides a visual commentary on current social and political situations. While tackling serious subjects, she works with bright colours and often uses humour in her illustrations. Karolina's aesthetic is inspired by 1990s/2000s cartoons, pop culture and mainstream fantasy.

Karolina Jonc Buczek es ilustradora y diseñadora gráfica polaca radicada en el sur de Londres. En su práctica, trabaja principalmente con los temas de body-positivity, salud mental, cultura polaca y, a menudo, ofrece un comentario visual sobre las situaciones sociopolíticas de la actualidad. Al tratar temas serios, utiliza colores brillantes y, a menudo, se vale del humor en sus ilustraciones. La estética de Karolina se inspira en las caricaturas de los 90 y 2000, la cultura pop y la fantasía popular.

The walk home, Sabba Khan, 2021
La caminata a casa, Sabba Khan, 2021

Commissioned during the project: *The Immobilities of Gender-Based Violence in the Covid-19 Pandemic*. This work was a response to stories of gender-based violence during the pandemic.

Encargado durante el proyecto: *Las inmovilidades de la violencia de género en la pandemia de Covid-19*. Este trabajo fue una respuesta a las historias de violencia de género durante la pandemia.

Sabba Khan is a born and bred East Londoner. Originally trained as an architect, Sabba frames her minimal architectural comics through the lived experience of her working-class, second-generation immigrant upbringing. Sabba's debut graphic novel *The Roles We Play* has won the Jhalak Prize 2022, and Broken Frontier's Break Out Talent 2022. Nominations include the Ignatz prize, Royal Society of Literature's Ondaatje Prize, British Book Design Awards and AOI's World Illustrations Awards, as well as being nominated for best books of 2021 in the Guardian.

Sabba Khan nació y se crio en el este de Londres. Originalmente formada como arquitecta, Sabba encuadra sus cómics arquitectónicos minimalistas inspirándose en las experiencias vividas de su crianza como inmigrante de segunda generación en una familia de clase trabajadora. Su primera novela gráfica, *Los roles que asumimos* ha ganado el Premio Jhalak 2022 y el Premio Broken Frontier's Break Out Talent 2022 (Talento Emergente Traspasando Fronteras 2022). Sus nominaciones incluyen el Premio Ignatz, el premio Ondaatje de la Royal Society of Literature, el premio de la British Book Design Awards y el premio de la AOI's World Illustrations Awards, así como la nominación a los mejores libros de 2021 de *The Guardian*.

Mujeres desde la periferia, Sonia Madrigal, 2023
Women from the outskirts, Sonia Madrigal, 2023

Imágenes que buscan reflexionar sobre mujeres del Estado de México que realizan largos trayectos dentro del transporte público como parte de su movilidad diaria ya sea por razones de trabajo, estudio o para acceder a algún otro servicio en la Ciudad de México. Narraciones de movilidad que al caminar, andar en combi, metro, Metrobús, o microbuses evocan sensaciones, emociones y sentimientos sobre lo que implica para nosotras poner el cuerpo en el espacio público cuando no se nos ha dado el derecho de ocuparlo.

Images that seek to reflect on women from the State of Mexico who make long journeys on public transport as part of their daily mobility, whether for work, study or to access other services in Mexico City. Narratives related to mobility while walking, riding in a combi, the subway, the Metrobús or minibuses that evoke sensations, emotions and feelings about what it means for us to put our bodies in public spaces when we have not been given the right to occupy them.

Sonia Madrigal vive y trabaja en Nezahualcóyotl. Su obra explora desde una experiencia situada, distintas narrativas visuales para reflexionar de manera personal y colectiva, en torno al territorio y al género. Forma parte del Sistema Nacional de Creadores de Arte del FONCA desde el año 2020. Ha sido becada para realizar algunas residencias artísticas y de investigación como el Encuentro de Colectivos de Geografía Crítica y Geografías Autónomas (Ecuador). Su trabajo ha sido incluido en bienales y exhibiciones en Latinoamérica, Norteamérica y Europa, y ha sido publicado en diversos medios digitales e impresos.

Sonia Madrigal lives and works in Nezahualcóyotl, Mexico. Her work explores different visual narratives to individually and collectively reflect on territory and gender. She has been part of the Sistema Nacional de Creadores de Arte del FONCA since 2020. She has received grants to carry out artistic and research residencies, such as the Encuentro de Colectivos de Geografía Crítica y Geografías Autónomas (Ecuador). Her work has been included in biennials and exhibitions in Latin America, North America and Europe, and has been published in various digital and print media.

The Tea Party, Vanessa Marr, 2023
La tertulia del té, Vanessa Marr, 2023

The vintage tablecloth is laid out for tea and cake, a familiar domestic landscape subverted to tell the stories of those who have experienced gender-based violence. Her method of hand-stitch references the embroidered legacy of female disempowerment (Parker, 1984), and more recently women's voices of protest through stitch (Greer, 2014), within a commonplace occasion where stories are often told. The table settings include embroidered drawings of the typical teatime paraphernalia of crockery and cake, some of which are tipped over or broken to suggest violence. Direct quotes from the women who were interviewed for this project meander around the crockery, in a context that is at once both safe and shocking. This work also sits within the context of Judy Chicago's famous *Dinner Party* (1979), which set a table for famous women to highlight their achievements. By giving the project participants a seat at her table, Marr has empowered each woman, placing them in control of their personal narratives.

Vanessa Marr bordó un mantel antiguo y lo extendió para compartir un té con un pastelillo, creando un escenario doméstico familiar subvertido para contar las historias de aquellas personas que han sufrido la violencia de género. Su método de cosido a mano hace eco del legado bordado del desempoderamiento femenino (Parker, 1984) y de las voces de protesta femenina a través del bordado en tiempos recientes (Greer, 2014), todo enmarcado en una escena cotidiana donde se suelen contar historias. La mesa está dispuesta con bordados que representan la parafernalia típica de la hora del té, incluyendo pastelillos y vajilla, con algunas piezas derramadas o rotas para simbolizar la violencia. Citas directas de las mujeres que fueron entrevistadas se dispersan en torno a la vajilla, dentro de un contexto que es tanto seguro como impactante. Esta obra también se inspira en la famosa obra de Judy Chicago, *Dinner Party* [*Cena tertulia*] (1979), que presenta una mesa puesta en honor de los logros de mujeres célebres. Al brindarles una silla a las participantes de este proyecto, Marr ha empoderado a cada una de ellas, otorgándoles el control sobre sus narrativas personales.

Vanessa Marr is an artist and academic based at the University of Brighton, UK. She is a Fellow of the Royal Society of Arts (RSA). She is drawn to cloth as a medium that holds the legacy of so-called women's work and its potential for subversion and quiet activism. Vanessa has published internationally on the theme of women's relationship with domesticity, autoethnography and drawing as creative research practice. She regularly participates in collaborative, creative and research projects, and never stops learning, making and writing.

Vanessa Marr es artista y académica radicada en East Sussex, Inglaterra. Es miembro de la Real Sociedad de las Artes (RSA por sus siglas en inglés) y actualmente es profesora principal y encargada de curso en la Universidad de Brighton. Se siente atraída por la tela como un medio que comprende el legado del denominado 'trabajo de mujeres' y su potencial subversivo y activismo silencioso. Vanessa ha publicado internacionalmente en torno al tema de la relación de la mujer con lo doméstico, la autoetnografía y el dibujo como práctica de investigación creativa. Participa con regularidad en proyectos de investigación colaborativos y creativos, y nunca deja de aprender, crear y escribir.

Thin Sheet, Tanaka Mhishi, 2023
La delgada cortina, Tanaka Mhishi, 2023

There was a thin sheet between us, my mother and I. I didn't see what happened behind it.

But I did hear it.

We were in to see the doctor. I was maybe eight or nine and my mother – now in her eleventh year of disability – was still falling occasionally. Her left arm was paralysed, and when she did fall she almost always fell on that side. This was why her two hands looked so different. The right one – which did everything from ironing and chopping onions to typing and illustrating – was the practical hand. It had short nails, smelled of hand soap and had tiny little pits in the fingertips where steel wool had cut into her skin. The other hand looked perfect. It looked not a day older than it had when she was in her thirties.

When I was very young I thought that all real mums must have only one hand. Logically, then, none of my friends' mums were 'real' mums. They all used both hands. I felt quite sorry for them.

I know most people think their mothers are the best, but I tell you it was objectively true. She did everything the other mums did, still had time to publish the school newspaper, teach ESOL to the refugee parents and do an extra degree on the side. And she did it all *with just one hand.*

She and I were a good team. My earliest memory is of the time she fell down the stairs, and I was allowed – *finally* – to press the large red emergency call button on our phone that put us straight through to the ambulance. I remember relaying the information very, very carefully.

Yes, she can talk. No, she can't move. Yes, she's at the bottom of the stairs. Please be very careful when you open the door, so that you don't hit her head.

The falling was scary, but it was also normal. Or at least normal enough that I felt we all knew what to do when it happened.

It was her wrist this time. Her ordinarily pristine left hand was swollen and purple. It was broken. Or fractured. Or simply badly bruised. We weren't sure – hence the trip to the GP.

I remember hearing their voices through the privacy curtain. Not muffled at all. His voice – authoritative. Hers, unsure.

'Okay' she asked again. 'Is it absolutely necessary to take off my shirt just so you can look at my wrist?'

At that age I was used to doing a certain amount of looking after my mother. I could tell when she was too stressed to concentrate on walking and likely to fall, I could tell when she was tired. And I could tell perfectly well when she was in physical pain and pretending not to be.

This was not what that sounded like. This was something different. A low, deliberate calm with something quaking underneath. I remember focusing intensely on the way the curtain was swaying.

'I need to see everything. It's all connected', said the doctor. 'Now, please remove your bra'.

Until recently, that was all I remembered. But then, writing this, I remembered that he had taken pictures too.

**

The first time someone sexually assaulted me as an adult was when I was eighteen years and seven months old. I was away from my family, living in a youth hostel while I waited for my A-level results to land.

I say I was living in a youth hostel – that's how the establishment billed itself. Really it was an ex-council flat on the ground floor of a housing estate out by the motorway. The proprietor had bought it cheap during Right-to-Buy, crammed it to the ceiling with bunk beds and carefully started filling it with a rotating parade of vulnerable queer men.

I must have been so obvious. I had a stack of CVs in my hands, a clearly fake name and paid him in a mix of notes and pound coins stuffed into white envelopes. The landlord was spiky haired and brash – the sort of gay man who calls porn 'blue movies' and doesn't believe in same sex marriage because it's not traditional. My fellow tenants were a skeletal American boy who was clearly on the run from his Evangelical upbringing and a Tenerifian man who talked about nothing but sex. I was the youngest. I was the brownest. That's why the landlord fixated on me.

This isn't speculation. He told me.

'You remind me of all my little Bangladeshi boyfriends', he said. I can't remember how I replied, but I think I probably said thank you. Always be polite. Be the perfect son, at least in public.

I knew I should get out of there. But it was the year of the London riots. The streets were full of broken glass and the police seemed to be out arresting any Black kid who so much as walked past a Sports Direct. I knew that if I didn't get into university I would have to get a job, and I was far likelier to get one if I didn't look, smell or *seem* homeless. I needed a place to sleep. I needed a place to shower.

Besides, I thought, *he's only a creepy old man. I can handle him.*

It escalated.

He kept brushing his crotch past me in the kitchen, commenting on my body. One night I came back from handing out CVs to shops on the high street and found him, reclining on the common sofa in a pair of underwear.

'I've noticed you're looking for jobs,' he said, 'so if you'd like to work off some of the rent I'm sure that can be arranged.'

He was smiling as he said it. When I answered, it was with the same voice my mother used in the doctor's office. Low, calm, quaking underneath. I can't remember exactly what I said. Something very polite.

At some point, the landlord started encouraging the other two boys to sexually assault me.

'He thinks he's a bisexual,' he said. 'Why don't you show him he's all the way gay?'

Eventually I woke up to the Tenerifian man's erection pressing into the small of my back while I slept.

'Stop please.' I said. That same voice – my mother's voice. Very British. Very controlled. Very polite. It worked, eventually.

The next day I got out of there. It would not turn out to be the most traumatic sexual assault of my life, nor the most legally serious, but it was the first one to spook me.

I didn't find out how close a call this was until years later, when I was writing a book about male survivors of sexual violence and tried to recall this part of my life. I Googled the youth hostel and found that the landlord had been convicted of several sex offences against women. I almost wrote 'serious' sex offences there, as if there is any other kind. What I mean is that some of these women were left with not just lasting trauma, but lasting physical disabilities because of what he did. His sister had been convicted as an accessory to his abuse, and together they had made a significant amount of money selling access to women's bodies. Enough to buy several council houses, no doubt.

There was no suggestion, in the articles I was able to find, that this man was a threat to men and boys as well. The 'little Bangladeshi boys' didn't feature. I wonder, still, whether that was because none of them would come forward, or because no one thought to ask.

I wonder whether he was abusing women at the same time as he was building up to harm me. I wonder whether the 'little Bangladeshi boys' and I were simply his way of practising. I wonder whether, if someone had found us, we could have prevented those women from being abused in the first place. I wonder if those women wonder about me, whether they suspect that there are men among their co-survivors and whether that would make a difference to them.

'It's all connected,' my mother's doctor had said.

We never really talked about it seriously. She laughed it off and I followed suit. My parents even allowed him to perform a rectal examination on me when I had suspected appendicitis a few years later. Shortly after that his name disappeared from the practice roster. The rumour was that he had been struck off for doing something inappropriate.

'I could have reported him,' my mother said, once he had gone. She said it habitually, the same way she reminded herself to buy milk.

I didn't want to tell my family when I was raped at the age of twenty-one. Not right away, in any case. Eventually, when I did, this is how I phrased it:

'I've written a play about men being raped, which is something I've gone through, and it's going to be performed in a theatre festival next month'.

It's a good tactic if you're from a South Asian family and need to break bad news. Any pill will go down if sugar-coated with a professional achievement.

I did tell my friends though. It was my friends who took me to hospital, cared for me afterwards, reminded me to take my medication and showed me love in a thousand small, significant ways.

In the aftermath I remember sitting in the office of the two detectives assigned to my case. They were both middle aged women – one in a pinstriped suit and the other with neat grey ringlets. The floors were ancient linoleum, the building a brutalist monstrosity. It was early evening. I'm not sure how long I was in that office but it felt like hours. I knew, despite the fact that neither of them said it outright, that I would not be leaving until I agreed to drop the case against my rapist.

He was 'not the type of person' to commit this kind of crime. Too much a young professional, I guessed. I was 'too sensitive'. I stayed polite, but something in me refused to budge. They wanted me to say that the rape hadn't happened. I knew it had. They prodded and poked and cajoled. They used word games and sleights of hand. I bent a little, but I didn't budge. I hadn't been awake enough to consent. I had asked him to stop. I'd said no before. And finally, they played their trump card, played the real knife twist.

'Look, this desk is full of women who really need our time. That's… what we're here for is these cases. So, you absolutely can try to pursue this case, but it will be taking us away from them, and you need to be able to live with that. Your choice.'

I'm not going to describe what happened next. What I can tell you is that when I walked on to the street, I was actively suicidal as a result of what had gone on in that room, and the police had what they needed to let my rapist off.

I walked up the hill and called a friend to tell her I wasn't feeling safe. She cancelled her evening, held me, walked with me, cooked with me. She saved me. The next morning, we walked over the top of Brighton. There is a road which runs by the allotments, high at the top of the hill, where you can watch the bumblebees visiting the roadside flowers. There are gaps between the buildings where you can see the whole city, cradled between the ocean and the hills. You can see the universities and the pubs, and the narrow hotels, the markets and housing estates and beaches and back gardens. If you are up early enough, you can see people starting their mornings. Men and women and non-binary people and children. You can see them all, getting ready to face the day's complexities.

From this height, you can tell it's all connected.

I have a feeling deep in my craw that we do not want to see these connections.

We are, slowly, beginning to haul our common understanding of sex offences closer to the truth. We have – just about – acknowledged that violence against women and girls is one of the major issues of our time. We are on the precipice of truly embracing the reality that a huge percentage of men have experienced sexual and domestic abuse of one kind or another. The next step is to understand how these phenomena are linked, and what that means for how we live alongside one another. That the perpetrators are frequently the same people.

That, sometimes, we let one form of violence slide in order to prevent or address another.

An artist friend of mine – a good friend who I love dearly – once created a piece of work which featured the recorded voices of several female survivors of sexual violence and one single perpetrator. Unprompted, she said to me once, 'I was going to include some male survivor voices as well, but it made it too confusing'.

Artistically, she was quite right. There was something very powerful about hearing the interruption of the perpetrators voice, and the eventual triumph of his victims. And yet that phrase: '... it made it too confusing'.

As a child, people frequently confused me for my mother on the phone. Nowadays my voice probably sounds more like the doctor. What to do with that? What to do with that on a public pavement at two in the morning, or in a nightclub, or on a lonely walk across an evening park?

I don't know. She's right. It *is* more confusing. It's snarled up and hard, and very often I have no idea where my own needs as a survivor end and my responsibilities as a man begin. I don't even know how to feel my way into that question, except to try my best not to hurt anyone. Like I said to the ambulance people on the phone; *please be careful*.

I suppose that's a good place to start.

Una delgada cortina nos separaba a mi madre y a mí. Por eso, no pude percibir lo que estaba ocurriendo detrás.

Pero sí lo escuché.

Habíamos venido a ver al doctor. Tendría quizás ocho o nueve años y mi madre – ahora en su decimoprimer año de incapacidad – aún sufría de caídas ocasionales. Tenía una parálisis en el brazo izquierdo y cuando se caía siempre era de ese lado. Por este motivo, sus dos manos se veían tan diferentes. La derecha, que hacía un poco de todo, desde planchar y picar cebolla hasta teclear e ilustrar, era la mano funcional. Tenía las uñas cortas, olía a jabón de tocador y en las yemas de los dedos tenía unas pequeñas heridas donde la lana de acero le había cortado la piel. La otra mano se veía perfecta: no parecía haber envejecido ni un solo día desde que tenía treinta años.

Cuando era muy pequeño, de verdad pensaba que toda madre solo debía tener una mano, por lo que ninguna de las mamás de mis amigos era una mamá 'de verdad': todas usaban las dos manos. Esto me generaba una gran compasión por ellas.

Sé que la mayoría cree que su madre es la mejor, pero en mi caso, puedo afirmar que esta creencia se basa en una verdad objetiva. Mi madre hacía todo lo que las demás mamás hacían, y aun así le daba tiempo para contribuir al periódico escolar, enseñar inglés a los padres refugiados y estudiar un posgrado, todo mientras criaba a su familia con una sola mano.

Ella y yo hacíamos un buen equipo. Mi primer recuerdo de ella es cuando se cayó por las escaleras, y me dejó – por fin – apretar el botón rojo de emergencia del teléfono que servía para llamar directamente a la ambulancia. Recuerdo que transmití la información con sumo cuidado.

Sí, puede hablar. No, no se puede mover. Sí, está al final de las escaleras. Tengan cuidado cuando abran la puerta, por favor. No le vayan a pegar en la cabeza.

La caída fue tremenda, aunque al mismo tiempo era tan normal que parecía que todos sabíamos exactamente qué hacer cuando ocurría.

Esa vez fue la muñeca. La mano izquierda, normalmente impecable, se había hinchado y amoratado. Se la había roto, o fracturado. Tal vez solo era un moretón gigante. No estábamos seguros, y por eso habíamos visitado al médico de cabecera.

Recuerdo haber escuchado, muy claramente, su conversación detrás de la cortina. La voz de él, con autoridad; la de ella, insegura.

'Está bien', volvió a decir ella. '¿Es absolutamente indispensable que me quite la blusa para revisarme la muñeca?'

A esa edad, solía encargarme de prestarle ciertos cuidados a mi madre. Me daba cuenta de cuando tenía tanto estrés que perdía el equilibrio al caminar y se podía caer. También notaba cuando estaba agotada. Sabía a la perfección cuando algo físico le dolía y fingía que no.

Esta vez no sonaba así. Era diferente. Hablaba con una calma lenta y deliberada, con un toque de temor enmascarado. Recuerdo que me concentré en la forma en que ondeaba la cortina.

'Necesito revisar todo. Todo está interconectado', dijo el doctor. 'Ahora, quitese el sostén.'

Hasta hace poco, eso era todo lo que recordaba. Pero luego, al escribir estas líneas, recordé que también tomó fotos.

**

La primera vez que alguien me agredió sexualmente de adulto fue cuando tenía 18 años y siete meses. Estaba lejos de mi familia; me había alojado en un albergue juvenil mientras esperaba los resultados de mis exámenes.

Digo que me alojaba en un albergue juvenil, porque así es como se anunciaba el establecimiento. En realidad, era un apartamento en el primer piso de un antiguo piso de protección oficial situado en un barrio residencial al costado de la carretera. El dueño lo compró a precio de nada durante el programa 'Right-to-Buy', lo llenó hasta el arriba con literas y se esmeró en comenzar a llenarlo de jovencitos queer vulnerables.

Debo haber sido tan obvio. Traía un montón de currículums en las manos, un nombre evidentemente falso y había pagado con una mezcla de billetes y monedas en libras apretados dentro de sobres blancos. El dueño tenía los pelos en picos y era descarado; el tipo de hombre homosexual que llama a la pornografía 'películas eróticas' y que no cree en el matrimonio entre personas del mismo sexo por no ser tradicional. Mis co-inquilinos eran un chico estadounidense delgadísimo, que claramente andaba huyendo de su crianza evangélica, y un hombre de Tenerife que solo hablaba de sexo.

Yo era el más joven. Y el de piel más oscura. Por eso, el casero se había fijado en mí.

No se trata de una conjetura. Me lo dijo.

—Me recuerdas a todos mis novios bangladesíes— dijo. No recuerdo cómo respondí, pero probablemente le di las gracias. Sé siempre educado. Sé el hijo perfecto, al menos en público.

Sabía que tenía que salir de ahí. Pero ese año fueron los disturbios de Londres. En las calles había cristales rotos por doquier y la policía andaba arrestando a prácticamente todo chico negro que se acercara a un Sports Direct. Sabía que si no lograba entrar a la universidad, tendría que conseguir un trabajo, y era mucho más probable que me dieran uno si no me veía, ni olía, ni parecía un sin techo. Necesitaba un lugar para dormir y para ducharme.

Además, pensé, *solo es un viejo depravado. Puedo lidiar con él.*

Las cosas se agravaron.

Siempre me restregaba la bragueta cuando estaba en la cocina, haciendo comentarios sobre mi cuerpo. Una noche, al volver de llevar los currículums a los negocios en la calle principal, lo encontré en el sofá común tumbado en calzoncillos.

—Veo que andas buscando trabajo— dijo —si quieres aligerar un poco la renta, estoy seguro de que podemos arreglarnos.

Se le dibujó una sonrisa mientras lo decía. Mi respuesta fue con la misma voz de mi madre cuando estaba en el consultorio del doctor: lenta, calmada, temblorosa por dentro. No recuerdo exactamente lo que dije; seguramente, algo sumamente cortés.

En algún momento, el casero empezó a motivar a los otros dos chicos a que me agredieran sexualmente.

—Cree que es bisexual— dijo. —¿Por qué no le demuestran que es homosexual por completo?

En algún momento desperté durante la noche con la erección del tenerifeño presionando contra la espalda.

—Para, por favor— le dije con la misma voz de mi madre. Muy británica. Muy contenida. Muy amable. Funcionó al final.

Al día siguiente salí de allí. Esa no resultaría ser la agresión sexual más traumática de mi vida, ni la más seria desde el punto de vista legal, pero fue mi primer susto.

No me había dado cuenta de lo grave que fue ese incidente sino hasta años después, mientras escribía un libro sobre hombres sobrevivientes de agresiones sexuales y trataba de acordarme de este momento de mi vida. Busqué el hostal en Google y encontré páginas que reportaban que el dueño había sido acusado de varios delitos sexuales contra mujeres. Por poco y escribo delitos 'graves', como si los hubiera de otro tipo. A lo que me refiero es que algunas de estas mujeres se quedaron no solo con traumas duraderos, sino con discapacidades físicas a causa de lo que les hicieron. Su hermana recibió una sentencia como cómplice de sus abusos, y juntos habían amasado una buena cantidad de dinero vendiendo acceso al cuerpo de las mujeres. Suficiente para comprar varios pisos de protección oficial, sin duda.

En ninguna parte de los artículos había indicios, hasta donde pude averiguar, de que este sujeto también era una amenaza para los varones y los jóvenes. No aparecieron los 'jovencitos bangladesíes'. Hasta esta fecha me pregunto si habrá sido porque ninguno de ellos lo denunció, o porque a nadie se le ocurrió preguntar.

Me pregunto si abusaba de las mujeres al mismo tiempo que tramaba hacerme daño a mí, si los 'jovencitos bangladesíes' y yo no seríamos simplemente su manera de practicar. También me pregunto si alguien nos hubiese encontrado, podríamos haber evitado que se abusara de esas mujeres en primer lugar, y si esas mujeres pensarán en mí, o si sospecharán que existen varones entre los sobrevivientes y que si saber eso cambiaría en algo las cosas para ellas.

—Todo está interconectado— dijo el doctor de mi madre.

En realidad, nunca lo discutimos con seriedad. Se lo sacaba con una risa y yo le seguía la corriente. Mis padres incluso le permitieron que me hiciera una examen rectal cuando existía la sospecha de que tenía una apendicitis algunos años después. Al poco tiempo de eso, su nombre desapareció del directorio médico. Los rumores decían que lo habían pillado haciendo algo inapropiado.

—Lo pude haber reportado— dijo entonces mi madre, después de que el doctor había desaparecido. Lo decía con regularidad, como cuando se recordaba a sí misma de comprar la leche.

No quise contarle a mi familia que me habían violado a los 21 años de edad. En todo caso, no de inmediato. Al final, cuando lo hice, lo planteé de esta manera:

'Escribí una obra acerca de los hombres que sufren violación, algo que yo he sufrido en persona, y va a presentarse en un festival teatral el mes que viene'.

Es una buena táctica si tu familia es del sur de Asia y necesitas dar malas noticias. Cualquier píldora es más fácil de pasar si se endulza con logros profesionales.

Sí que les había contado a mis amigos, a pesar de todo. Fueron ellos quienes me llevaron al hospital y se encargaron de cuidarme después, recordándome constantemente tomar los medicamentos y demostrándome su cariño de innumerables maneras pequeñas pero profundas.

En el periodo subsecuente, recuerdo que estaba sentado en la oficina de las dos detectives que asignaron a mi caso. Ambas eran mujeres de mediana edad, una vestida con un traje a rayas y la otra tenía unos rizos canos encantadores. El piso era de linóleo antiguo; el edificio, un monstruo brutalista. Era el atardecer. No estoy seguro de cuánto tiempo trascurrió en esa oficina, pero sentí como si hubieran sido horas. A pesar de que ninguna de las dos lo dijo directamente, sabía que no me iban a dejar ir hasta que aceptara abandonar el caso contra mi violador.

El sujeto no era 'esa clase de persona', que comete este tipo de crimen. Supuse que sería porque era un profesionista demasiado joven. Yo era 'demasiado sensible'. Mantuve la cortesía, pero algo dentro de mí se negaba a rendirse.

Querían que confesara que no había sido una violación. Yo sabía que sí había ocurrido. Me insistían, me presionaban y me trataban de convencer. Me enredaban con juegos de palabras y trampas. Cedí un poco, pero no me rendí. No estaba del todo consciente como para dar el consentimiento. Le pedí que se detuviera, y ya le había dicho que no en ocasiones anteriores.

Al final, jugaron la carta maestra, y me dieron la bofetada final.

—Mira, esta oficina está llena de mujeres que de verdad necesitan nuestro tiempo. ¡Por eso! ... estamos aquí para esos casos. Así que, en definitiva, puedes tratar de continuar con el tuyo, pero les estarás robando a ellas nuestro tiempo, y te vas a sentir culpable a causa de eso. Tú decides.

No voy a describir lo que aconteció después. Lo que puedo decirles es que cuando salí a la calle tenía ganas de suicidarme como resultado del encuentro en esa habitación; la policía había obtenido lo necesario para dejar libre a mi violador.

Me dirigí a la calle y llamé a una amiga para decirle que me sentía en peligro. Mi amiga canceló sus actividades de la noche, me dio un largo abrazo, caminó junto a mí y cocinamos juntos. Me salvó. A la siguiente mañana caminamos a la cima de Brighton. Hay un camino que sube al lado de los jardines comunitarios en lo alto del cerro, donde puedes apreciar los abejorros que pululan por las flores al borde del camino. Entre los edificios hay huecos por donde se puede apreciar toda la ciudad, asentada entre el océano y los cerros. Se pueden ver las universidades, los bares y los edificios estrechos de los hoteles, los mercados y los complejos de viviendas, las playas y los jardines traseros. Si se llega muy temprano, se puede ver a la gente comenzando su día. Hombres, mujeres, personas no binarias y niños. Se ven todos, preparándose para afrontar los desafíos del día.

A esta altura, puedes darte cuenta de que todo está interconectado.

Tengo la sensación en las entrañas de que no queremos ver estas interconexiones.

Poco a poco, comenzamos a entender como sociedad la verdadera naturaleza de los delitos sexuales. Hace poco tiempo, reconocimos que la violencia contra las mujeres y las niñas es uno de los principales problemas de nuestra era. También estamos por aceptar de verdad que un gran porcentaje de hombres han vivido abuso sexual y doméstico de algún tipo. El siguiente paso es comprender cómo se entrelazan estos fenómenos, y lo que eso significa en cuanto a nuestra manera de inter-relacionarnos. Comenzamos a ver que los perpetuadores fueron con frecuencia las mismas víctimas; que, a veces, se ignora un tipo de violencia para prevenir o tratar otra.

Una vez, una amiga – que también es artista y a quien quiero mucho – creó una obra en la que se grabaron las voces de varias mujeres sobrevivientes de violencia sexual y la de un solo perpetrador. Sin pensarlo, me dijo una vez que 'pensaba incluir algunas voces de varones sobrevivientes también, pero lo volvía muy confuso'.

Desde el punto de vista artístico estaba en lo correcto. Había algo poderoso en escuchar la voz del perpetrador, y el triunfo final de sus víctimas. Y aun así, esa frase … 'lo hace muy confuso'.

De niño, no era raro que la gente confundiera mi voz con la de mi mamá en el teléfono. En la actualidad, probablemente sueno más parecido al doctor. ¿Qué efecto produce eso cuando vas caminando por la acera a las dos de la mañana, en un club nocturno o durante un paseo de madrugada en un parque?

No lo sé. Tenía razón mi amiga. Sí que llega a ser confuso. Es difícil de desenmarañar, y, a menudo, no tengo idea de dónde comienza mi necesidad como sobreviviente y mi responsabilidad como hombre. Ni siquiera sé cómo abordar con tacto esa cuestión, fuera de intentar evitar lastimar los sentimientos de alguien más, en la medida de lo posible. Es como cuando le dije al personal de la ambulancia en el teléfono: tengan cuidado, por favor.

Supongo que ese es un buen comienzo.

Thin Sheet is a written and performed piece of family history. It is an exploration of men's and women's connected experiences of sexual harassment and violence through the prism of a mother–son relationship, and asks questions about how male and female survivors of sexual violence can build relationships of support and understanding in response to male perpetrated violence. It is also a love letter from a son to his mother.

La delgada cortina es un relato familiar escrito y actuado que explora las experiencias interconectadas de violencia y acoso sexual experimentadas por hombres y mujeres. Se adentra en la dinámica de una relación madre-hijo, planteando interrogantes sobre cómo los sobrevivientes masculinos y femeninos de la violencia sexual pueden forjar relaciones de apoyo y comprensión en respuesta a la violencia perpetrada por los hombres. Además, es una conmovedora carta de amor de un hijo a su madre.

Tanaka Mhishi is a writer and performer who uses storytelling to confront social issues across sectors. His work with issues surrounding masculinity and trauma have been produced on screen by the BBC and on stages nationwide, including the OFFIE-nominated *Boys Don't*. Tanaka is a trustee for SurvivorsUK, a charity supporting male and non-binary survivors of sexual violence in London and across the UK. His first book, *Sons and Others: On Loving Male Survivors,* is a new look at male survivors of sexual violence as fathers, husbands, sons and friends published in 2022 (404Ink).

Tanaka Mhishi es un escritor y actor que confronta los problemas sociales intersectoriales a través de la narrativa. Su obra sobre la problemática relacionada a la masculinidad y el trauma ha llegado a la pantalla mediante la BBC y a los escenarios nacionales, incluyendo la nominada a los OFFIE, *Boys Don't* [*Los chicos no lo hacen*]. Tanaka es un administrador de SurvivorsUK, una beneficencia que brinda apoyo a los sobrevivientes masculinos y no binarios de la violencia sexual en Londres y en todo el Reino Unido. Su primer libro, *Sons and Others: On Loving Male Survivors* [*Los hijos y los demás: de los amorosos sobrevivientes masculinos*], ofrece una nueva perspectiva respecto a los sobrevivientes de la violencia sexual en su rol de padres, esposos, hijos y amigos. Se publicó a finales de 2022 por 404Ink.

Paisajes desbordados, OLLIN AMOTLAMINI Barbara Muñoz de Cote, 2023
Overflowing landscapes, OLLIN AMOTLAMINI Barbara Muñoz de Cote, 2023

Paisajes desbordados es una investigación/instalación que remembra los registros multimedia que conjugan una serie de acciones colectivas que se hicieron en torno a la violencia ejercida contra los cuerpos-territorios del Estado de Jalisco, donde, diariamente se cometen 11 delitos de abuso sexual. Las mujeres defensoras de Derechos Sociales y Ambientales, son la principal fuente de inspiración de esta obra, donde la palabra en náhuatl OLLIN AMOTLAMINI hace referencia al concepto de temblor o movimiento interminable, el cual determina la forma de ser y estar de los cuerpos que participaron con su presencia y sentirpensares que se incorporan a la obra como una segunda piel. ¿Qué hay en el centro? ¿Qué hay en la intersección? ¿Qué hay en el encuentro de las violencias y la vida latente? ¿Cómo se le llama al espacio entre dos cuerpos que nunca dejan de moverse? ¿Dónde termina mi cuerpo cuando ya no es cuerpo? ¿Quién sostiene al paisaje? En conjunto, las acciones llevadas al territorio desde una matriz de puntos de violencia, genera este gran cuerpo inmensurable donde se coloca la vida al centro y nosotros nos encargamos de mantenerlo en movimiento, para generar un temblor de luces que acaricien nuestra suerte.

Paisajes desbordados, is a piece of research/an installation that brings to life multimedia records comprising a series of collective actions carried out in relation to the violence carried out against the bodies-regions of the State of Jalisco, where 11 sexual abuse crimes are committed daily. The women activists for social and environmental rights are the main source of inspiration for this work, where the Náhuatl word OLLIN AMOTLAMINI refers to the concept of trembling or endless movement, which determines the way that the bodies that took part exist, with their physical presence and feelings incorporated into the work like a second skin. What's in the middle? What's at the intersection? What happens when violence and hidden lives collide? What do you call the space between two bodies that never stop moving? Where does my body end when it is no longer a body? Who sustains the landscape? Together, actions brought to the land via a network of violence generate this great immeasurable body where life is placed at the centre and we are responsible for keeping it in motion, to generate a flicker of lights that caress our fate.

Barbara Muñoz de Cote es una arquitecta, productora y docente con estudios en Antropología del Arte. Dirige *Arquitectura de lo Invisible*, un laboratorio transdisciplinario de creación de proyectos artísticos, sociales y urbanos, que aborda diferentes escalas desde la arquitectura, el diseño, la museografía, pedagogía e investigación con perspectiva de género, accesibilidad e inclusión para espacios culturales. En su práctica artística emplea medios como la gráfica, el cuerpo, el archivo abierto, herramientas digitales y arquitectónicas para cimentar una investigación enfocada en las interrelaciones corporales, los espacios comunes, políticos e imaginarios en nuestra actualidad. Ha sido beneficiaria del Programa de Estímulo a la Creación y Desarrollo Artístico (PECDA 2020-2021).

Barbara Muñoz de Cote is an architect, producer and teacher, who has studied the Anthropology of Art. She is the head of *Arquitectura de lo Invisi*ble, a transdisciplinary laboratory for the creation of artistic, social and urban projects, which works in different areas ranging from architecture, design, museography, pedagogy and research with a gender perspective, as well as accessibility and inclusion for cultural spaces. In her artistic practice, she uses media such as graphics, the body, the open archive, digital and architectural tools to cement an investigation focused on bodily interrelations, common, political and imaginary spaces in the present day. She has been a beneficiary of the Stimulus Programme for Artistic Creation and Development (Programa de Estímulos a la Creación y Desarrollo Artístico – PECDA, 2020–2021).

Grace, Vicki Painting, 2023
Grace, Vicki Painting, 2023

My current research focuses on issues relating to older women, and I suspect that this is the reason why I have been drawn to Grace's account. Grace outlines the many years of abuse she has endured at the hands of her controlling husband George; but she is currently enjoying some respite due to George's failing health which prevents him from climbing stairs, his decline now affording her a safe space. The first floor of their home has become Grace's domain, along with her cat which George had threatened to kill should she try to leave. Grace doesn't indicate that she intends to leave George and this is perhaps difficult to comprehend. Grace's story recalls the women of my mother's generation, who may have been subject to the physical and sexual abuse which Grace describes, and (under section 76 of the Serious Crime Act 2015) would today be recognised as coercive control.

These women would often remain with their abusers. The charity Solace recognises that due to generational reasons older women may not identify behaviours such as emotional abuse or financial control as domestic abuse but would see it as normalised behaviour as 'this is the way it has always been'. Social and cultural expectations meant that they may not have sought employment outside of the home and would have had limited financial prospects should they have left. Solace also reports that there are reduced safe options for older survivors as many refuges are inaccessible to those with mobility needs. Many like Grace would simply find it too much of a wrench to leave after so many years, as their sense of identity would be intrinsically wrapped up in their home. During the Covid-19 pandemic older people were asked to remain in their homes leaving individuals more open to abuse and unable to seek help. Older women who were able to leave the house faced the possibility of contracting the disease for whom statistically the likelihood of serious illness or death was greater should they become infected. Grace is making the best of her situation; George is a now much-diminished figure and is no longer the threat he once was. I have imagined Grace here, performing vengeance; her strength and confidence has grown as George's has waned, Grace has made the transition from victim to survivor.

Mi investigación actual se centra en los problemas que enfrentan las mujeres mayores. Sospecho que esto es lo que me atrajo al relato de Grace. Grace relata muchos años de abuso que tuvo que soportar a manos de su esposo controlador, George. Sin embargo, ahora disfruta de una especie de tregua debido a la salud en declive de George, lo que le impide subir las escaleras y le brinda a ella un espacio seguro. El primer piso de su hogar se convirtió en el dominio de Grace, junto con el de su gato, al que George amenazó con matar si ella trataba de marcharse. Grace no muestra indicios de querer dejar a George, lo cual puede ser difícil de comprender. La historia de Grace recuerda a las mujeres de la generación de mi madre, quienes posiblemente fueron sometidas a los abusos físicos y sexuales que describe Grace y que, según el apartado 76 de la Ley de delitos serios de 2015, en la actualidad se considerarían como control coercitivo. Estas mujeres a menudo permanecen al lado de sus agresores. La organización de beneficencia Solace reconoce que, debido a razones generacionales, las mujeres mayores no suelen considerar que ciertas conductas, como el abuso emocional o el control financiero, sean formas de abuso doméstico, sino que las normalizan porque 'siempre ha sido así'. Las expectativas culturales implicaban que quizá no buscaran empleo fuera del hogar, y sus perspectivas financieras se verían limitadas en caso de marcharse. Solace también informa que las opciones seguras para las sobrevivientes mayores son menos y están fuera del alcance de quienes tienen movilidad restringida. Para muchas mujeres, como Grace, sencillamente les parecería demasiado complicado marcharse después de tantos años, pues su sentido de identidad estaría demasiado intrínsecamente ligado a su hogar. Durante la pandemia de Covid-19, se alentó a las personas mayores a quedarse en sus hogares, lo que las dejó más expuestas a posibles abusos y a la dificultad de buscar ayuda. Las mujeres mayores que pudieron salir de la casa se toparon con la posibilidad de contraer la enfermedad, que estadísticamente tiene una mayor probabilidad de resultar en un padecimiento grave o incluso la muerte en adultos mayores. En este relato, imagino una historia de venganza protagonizada por Grace, quien ha encontrado una fortaleza y confianza en sí misma que han crecido con el tiempo, mientras que la figura de George ha perdido su anterior amenaza y relevancia. Grace ha hecho la transición de ser una víctima a convertirse en una superviviente.

Vicki Painting is a postgraduate researcher at The University of Brighton whose practice-based research is transdisciplinary and explores the concept of the fourth age. She employs a single case study to examine her mother's lived experience of this syndrome. The project is sited within the conceptual framework of magical realism with themes of care, anticipatory grief and the unassimilated nature of trauma. These are investigated using devices such as the mixing of discourses, temporal disruption and the incorporation of the supernatural.

Vicki Painting es investigadora de posgrado en la Universidad de Brighton. Su investigación práctica es de naturaleza transdisciplinaria y explora el concepto de la cuarta edad. A través de un estudio de caso singular, examina la experiencia vivida por su madre, quien padece este síndrome. El proyecto se enmarca conceptualmente dentro del realismo mágico, que es una forma en que los 'vulnerables y marginalizados desafían las perspectivas de quienes tienen autoridad sobre ellos'. (Faris, 2004). Se investigan temas como los cuidados, el luto anticipado y la naturaleza no asimilada del trauma mediante dispositivos como la mezcla de discursos, la disrupción temporal y la incorporación de lo sobrenatural.

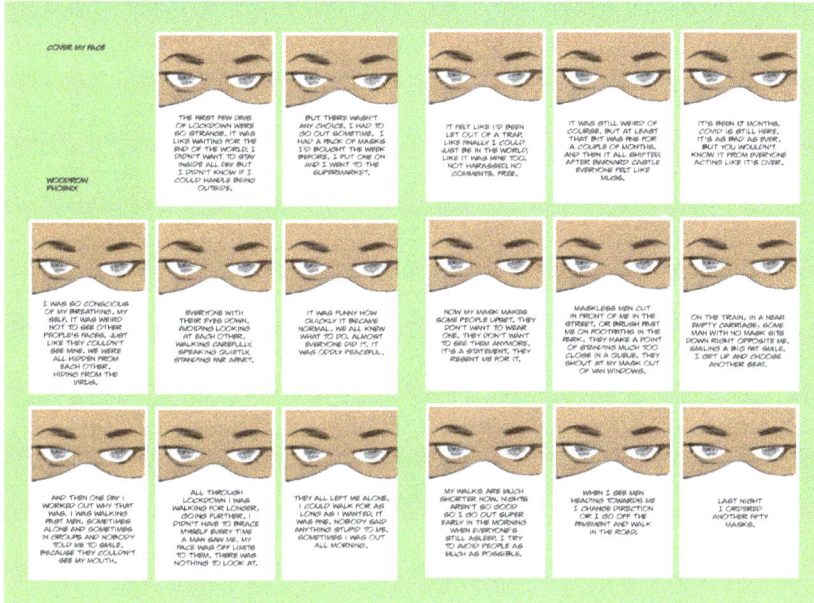

Cover My Face, Woodrow Phoenix, 2021
Cúbreme el rostro, Woodrow Phoenix, 2021

Commissioned during the project: *The Immobilities of Gender-Based Violence in the Covid-19 Pandemic*. This work was a response to stories of gender-based violence during the pandemic.

Encargado durante el proyecto: *Las inmovilidades de la violencia de género en la pandemia de Covid-19*. Este trabajo fue una respuesta a las historias de violencia de género durante la pandemia.

Woodrow Phoenix is a writer, artist, illustrator and graphic designer based in London. He is known for his free-wheeling experimentation with illustrative and graphic styles, with message-driven pictures offering up an incongruous mix of the cute and the sinister. His comic books and strips include 'Donny Digits' – a comic strip which appeared weekly in *The Guardian*; 'The Sumo Family', which appeared weekly in *The Independent on Sunday* and then monthly in *Manga Mania* magazine; 'The Liberty Cat', published quarterly in Japan by Kodansha in *Morning* magazine; *SugarBuzz!* (in collaboration with co-creator Ian Carney), an anthology comic that was optioned for television by Walt Disney.

Woodrow Phoenix es un escritor, artista, ilustrador y diseñador gráfico radicado en Londres. Es conocido por su experimentación audaz con estilos gráficos e ilustrativos, cargados de imágenes que transmiten una mezcla inesperada de lo hermoso con lo inquietante. Sus cómics y tiras incluyen 'Donny Digits', una historieta que se publicaba semanalmente en *The Guardian*; 'The Sumo Family' [La familia Sumo], que se publicaba semanalmente en *The Independent on Sunday* y luego mensualmente en la revista *Manga Mania*. 'The Liberty Cat' [El gato de la libertad], publicado trimestralmente en Japón por Kodansha en la revista *Morning*; *SugarBuzz!* (en colaboración con el cocreador Ian Carney), una antología de cómics que fue seleccionada por Walt Disney.

Grace's sanctuary in the room upstairs, acrylic on canvas, *The Leer after AG*, one man peering and propositioning a woman sat on a bench, oil and acrylic on canvas, *Sod off*, oil on canvas, Christina Reading, 2023.

El santuario de Grace en el cuarto de arriba, acrílico sobre lienzo, *La lascivia tras AG*, un hombre fijando la mirada e insinuándose a una mujer sentada sobre un banco, óleo y acrilico sobre placa, *Vete al diablo*, óleo sobre tela Christina Reading, 2023.

Grace's sanctuary, 2023

The Leer, 2023

Sod off, 2023

My first response to Grace's story was to paint her bedroom, a room entirely hers to which she retreats at the end of the day. I wanted to expand on this moment of peace that she creates for herself at the end of the day and give her the space and time and quiet that she needs. In the painting of Grace's sanctuary in the room upstairs I have painted her as barely there – a subject that fades into her surroundings, barely detectable, a trace of herself. This painting made me curious more generally about whether this issue of gender-based violence has been represented by painters' art historically and how. In this vein my next paintings *The Leer after AG* is a reworking of the painting by Artemisia Gentileschi of *Susanna and the Elders* (1610.) This painting depicts a married women spied upon by two elders while bathing in the garden. They attempt to force themselves on her, demanding that she submit. They go on to accuse her of adultery. In my versions of the painting, I revisit the historical figurative language to try to highlight the sense of intimidation and aversion experienced by the women in the painting. My research shows me that I am not alone in drawing upon art history to consider the contemporary issue of GBV. For instance, the Turner Prize winning artist Rose Wylie depicts a *Woman Avoiding a Man's Stare* (1993). It is her response to Titian's series of paintings of *Venus with an Organist* (1550) of a man playing an organ and a woman who looks the other way trying to avoid his advances. Artemisia Gentileschi's *Judith Slaying Holofernes* (1614-1620) represents the tale from the Old Testament of the assassination of the General Holofernes by the heroine Judith. It shows the moment when Judith, helped by her maidservant, beheads the general after he has fallen asleep in a drunken stupor. Some feminist critics have interpreted these paintings as a form of visual revenge following Gentileschi's rape by Agostino Tasso in 1611. And I am interested in this sense of the awakening of the woman in Rose Wylie's and Artemesia Gentileschi's paintings, a woman who is no longer just passive and avoiding the man's leer but who actively confronts the perpetrator, returning and confronting his stare. No longer wanting to be a victim she decides to turn the tables, stand up for herself, defend herself. These reflections led me to paint *Sod off* depicting women taking revenge for the injuries inflicted upon them, their anger, their own capacity for violent retaliation.

Mi primera respuesta a la historia de Grace fue pintar su habitación, un cuarto completamente suyo donde se refugia al final del día. Quería profundizar en este momento de paz que ella crea para si misma al final del día y proporcionarle el espacio y tiempo y quietud que necesita. En el cuadro *El santuario de Grace en el cuarto de arriba*, la pinté como si apenas existiera: una persona que se camufla con su entorno, apenas visible, un rastro de si misma. Este cuadro despertó mi curiosidad por saber si a lo largo de la historia, los pintores habían representado el problema de la violencia de género y de qué manera lo habían hecho. En esta línea, mis siguientes obras *La lascivia tras AG* es una reinterpretación del cuadro de Artemisia Gentileschi, *Susana y los viejos* (1610). Esta pintura muestra a una mujer casada siendo espiada por dos viejos mientras se bañaba en el jardín. Intentan obligarla a aceptar una propuesta indecente, a la que ella se resiste. Los tipos proceden a acusarla de adulterio. En mis versiones de la pintura, retomo el lenguaje figurado histórico para destacar la sensación de intimidación y aversión que experimentan las mujeres del cuadro. Mi investigación me ha demostrado que no soy la única persona que se ha inspirado en la historia del arte al abordar el problema contemporáneo de la violencia de género. Por ejemplo, la artista Rose Wylie, galardonada con el Premio Turner, creó la obra *Mujer evitando la mirada de un hombre* (1993). Este cuadro es su respuesta a la serie de cuadros de Tiziano denominada *Venus recreándose en la música* (1550), en la que aparece un hombre tocando un órgano y una mujer mirando hacia el otro lado en un intento de evitar sus insinuaciones. El cuadro de Artemisia Gentileschi, *Judith matando a Holofernes* (1614-1620) representa el relato del Antiguo Testamento en el cual la heroína Judith asesina al general Holofernes. La obra muestra el momento en que Judith, con la ayuda de una sierva, decapita al general mientras este se queda profundamente dormido en un sopor etílico. Algunas críticas feministas han interpretado que estas pinturas representan una especie de venganza visual de Gentileschi tras haber sido víctima de una violación por parte de Agostino Tasso en 1611. Estas obras captaron mi interés en esta expresión de consciencia en las pinturas de Rose Wylie y Artemisia Gentileschi, quienes dejan de retratar a la mujer en una actitud pasiva, evitando la mirada lasciva del hombre, y la colocan en una confrontación activa contra el perpetrador, a quien desafía con la mirada. Lejos de querer ser una víctima, decide revertir la situación, valerse por sí misma y defenderse. Estas reflexiones me motivaron a pintar *Vete al diablo*, un cuadro que representa la venganza de las mujeres por las heridas que les han infligido, su ira y su propia capacidad de tomar represalias violentas.

Christina Reading lives and works in Brighton, UK. She studied at Central St Martins School of Institute of Art & Design, London; The University of the Creative Arts, Farnham; and The University of Brighton. Working in drawing, painting and text, Christina articulates internal narratives and shared conversations based on her own experience and memories, incorporating references to other literary, mythical, archival and poetic sources. She is a member of Studio 106 in Hove.

Chris Reading vive y trabaja en Brighton. Estudió en la Central School of Art and Design de Central Saint Martins, Londres; la Universidad de Artes Creativas en Farnham; y la Universidad de Brighton. A través de su trabajo en dibujo, pintura y texto, Christina articula narrativas internas y conversaciones compartidas basadas en sus propias experiencias y recuerdos, incorporando referencias de diversas fuentes, literarias, míticas, archivísticas y poéticas. Su obra aborda cuestiones como la narrativa, la teoría feminista y la creatividad. Además, es miembro de Studio 106 en Hove.

DEAR ELLA, Merci Roberts, 2023
QUERIDA ELLA, Merci Roberts, 2023

Dear Ella,

> There. Hello.
>
> Wish that you and I
> could chat together.
>
> It seems that you and I
> have braved this same weather.
>
> After the lockdowns lifted,
> the world said
> we'll get better.
>
> For some, it was a time
> they could clock out,
> be blocked out.
>
> For most, it was a time
> that we ached and we lost out.
>
> I've seen the burns from their tethers.
> From the people who take their
> 'birds without feathers'.
>
> It's relentless.
>
> that, sometimes,
> horrors lie behind the homes
> that victims can't hide in.
>
> High walls,
> crushed ankles,
> if they even think
> about climbing.

So, we all shrink so small,
just to survive it.

Minorities are told
'you need to stop whining',
it's tiring.

Women are gaslit by men,
who are gaslit by them,
and told to
'stop crying'…

These walls aren't inviting,
they hardly let light in;
It's frightening

that beyond bricks,
there's more pricks.

You don't hope for sirens.

To law enforcement,
the laws aren't
really that binding.

#Me too, so I'll believe you,
when you swear you're 'not lying'.

Dear Ella,

In the UK,
they clip wings
and crown kings

who don't want us thriving.

Smile in your face
like their estates
aren't built from its violence.
That's why it's with a huge sign
to draw the line
and say 'brown skins not invited.'

With a nation divided.

The like glaring off, our jewels
seem to be blinding.

The ropes
seem to be tightening.

It's not time to be silent.

The stats and facts
 are online, in books,
research, and writing.

So, I know
in my bones:
anyone to deny it.

is the one setting the prices
with lies that I am not buying.

Even if the sheep dem still buy it.

Dear Ella,

It goes beyond the Covid Pandemic,
It's sinister, systemic.
You are not hysteric,
like 'obey or never face this heaven' is.

Years of oppression
taught us not to question,
even though our education
was a fight and not a blessing.

Our own bloody gift to ourselves,
in the present, it's a lesson,
to break free from the
Patriarchal Prison that we're met with!

These phases –
like The Old Pages –
are snakeskin we are shedding.
It's upsetting

that these colonial stains
are polluted like rain

but actually clear through the rays,
that light up the way
on our path that we take.

Our choices are limited
because, before,
they were stolen.

We had to riot just to own them.

You can't bury your involvement.

Dear Ella,

I hate how we're made
to feel like burdens
as the earth spins.

I'm hurting.

Growing pains as we're learning
this Pains not deserving.

Told to leave it be. But believe,
this won't be curtains.

It's still clear till this day
that slavery built England,
now, we're all in the chains
of the wealthier families
who force their ways.

They still kill women and…

They set their wage.
high like the profit they still take.
From the world we built,
 is money they still make.
 Blood was spilt,
 it's time reparations be paid.

The past is written,
our foundations are laid.

Clearer than constellations in space.
It's no longer just about colour and race.

Dear Ella,

It's a royal pain,
a royal shame,
they bring nothing to the table,
Still teef from our plate.
Divide and displace,
reflect masters way.

Don't throw stones, they still say?

Reverse, revert,
And shift blame.

Suppression sparks rage.

In this glass house
that got passed down,
I can see they're afraid.

'Cause locks start to break,
they're ours to reshape.
Mark the art that I make:

archives, they can't hide,
or erase.

Dear Ella,

Walk tall in your direction.

Don't dare tread lightly
where you're stepping.

I'm sorry your identity
can't be your armour –
but, your mind stays a weapon.

Don't forget it or forget this:

Community's a med kit.
Were charged by stars.

Dear Ella,

we're electric.

We need growth in this space
as we march through the flames.

History is made
as we put pen to this page.

Dear Ella,

Take pride in your place.
I'll take pride on my stage.
Try your best to stand brave.

I'll be your guard in the flames.

Past the last breath that I'll take.
I'll be your guard at the gates.

Dear Ella,

From stars we are made.

Querida Ella de Merci Roberts – Un poema oral
Querida Ella:
Quisiera que charláramos tú y yo. Parece que tú y yo hemos desafiado este mismo clima. Después de que se levantaron los confinamientos, el mundo dijo que mejoraríamos. Para algunos, era un momento en el que podían marcar la salida y bloquearse. Para la mayoría, fue un momento en el que nos dolió y perdimos. He visto las quemaduras de sus ataduras, de la gente que se lleva sus pájaros sin plumas. Es implacable.

Que a veces los horrores se esconden detrás de las casas. Que las víctimas no pueden contratarlos, contratar lobos. Tobillos aplastados, si es que siquiera piensan en escalar para que todos nos encogamos tan pequeños solo para sobrevivir. A las minorías se les dice que tienen que dejar de cablear. Es agotador.

Las mujeres son manipuladas psicológiamente por hombres que son manipulados psicológicamente por ellas y se les dice que dejen de llorar. Estas paredes no son acogedoras. Apenas dejan entrar la luz. Es aterrador. Pero más allá de los ladrillos, hay más ******. No esperas que las sirenas lleguen a las fuerzas del orden. Las leyes no son realmente ese bandón. Yo también. Así que te creeré cuando jures que no estás mintiendo. Querida Ella.

En el Reino Unido cortan alas y coronan a los reyes que no quieren que anhelemos, que nos sonrian en la cara como si sus propiedades no estuvieran construidas con su violencia. Es por eso que es con un gran letrero para trazar la línea y decir pieles oscuras no invitadas. Con una nación dividida a la vista, la luz que se refleja de nuestras joyas parece ser cegadora. Las cuerdas parecen estar apretándose. No es momento de quedarse callado. Las estadísticas y los hechos están en línea, en libros, investigaciones y escritos, así que lo sé en mis huesos y él quería negarlo.

Es el que se pone en los precios con mentiras que no me voy a comprar. Incluso si las ovejas todavía lo compran, son Ella.

Va más allá del COVID. La pandemia es siniestra, sistémica. No eres histérica como obedecer o nunca enfrentar esto que es el cielo. Años de opresión nos enseñaron a no cuestionar, a pesar de que nuestra educación fue un fuego y no una bendición. Nuestro propio regalo sangriento a nosotras mismas en el presente es una lección para liberarnos de la prisión patriarcal con la que nos encontramos en estas fases como si las viejas páginas fueran piel de serpiente que estamos mudando. Es molesto que estas manchas coloniales estén contaminadas como la lluvia, pero en realidad se aclaren a través de los rayos que iluminan el camino que tomamos en nuestro camino.

Nuestras opciones son limitadas porque antes de que nos las robaran tuvimos que amotinarnos solo para poseerlas. No puedes enterrar tu participación.

Querida Ella.

Odio cómo nos hacen sentir como cargas mientras la tierra gira. Estoy sufriendo, dolores al crecer, a medida que aprendemos esto, dolores que no merecen que se les diga que lo dejen estar. Pero créanle, que esto no será el final. Hasta el día de hoy está claro que la esclavitud construyó Inglaterra. Ahora todos estamos en las cadenas de las familias más adineradas que fuerzan sus caminos. Todavía matan a las mujeres…

…y fijan su salario.

Me gusta que las ganancias que todavía sacan del mundo que construimos sea dinero. Todavía hacen que se derrame sangre. Es hora de que se paguen las reparaciones.

El pasado se escribe ahora. Los cimientos se establecen más claramente que las constelaciones en el espacio. Ya no se trata solo de color y raza, querida Ella.

Es un dolor real. Una verdadera vergüenza. No aportan nada a la mesa. Todavía toman té de nuestro juego. Las pantallas de Vardeno reflejan el camino de los maestros. No tires piedras el día. Por lo tanto, diga inverso, revertir y cambiar. La supresión de la culpa desata la rabia en esta casa de cristal que se transmitió. Puedo ver que tienen miedo porque la cerradura comienza a romperles los brazos para remodelar el arte que hago.

Los archivos. No pueden esconderse ni reemplazar su herramienta de trabajo Ella en tu dirección. No te atrevas a pisar con ligereza por donde pisas. Lamento que tu identidad no pueda ser tu armadura, pero tu mente sigue siendo un arma. No lo olvides ni te olvides de esto.

Las comunidades y el botiquín se cargaban con estrellas que bajaban la electricidad.

Necesitamos crecer en este espacio a medida que nos marchamos a través de las llamas. La historia se hace cuando ponemos la pluma en esta página, Ella. Siéntete orgullosa de tu lugar. Me sentiré orgullosa de mi escenario. Haz tu mejor esfuerzo para ser valiente. Seré tu guardia en las llamas. Pasado el último aliento que tomaré. Seré tu guardián de las puertas.

Son Ella.
De las estrellas estamos hechos.

It is through my own lived experience as an intersectional creative, that I can relate to Ella's feelings of marginalisation, surrounding Gender Based Violence. Drawing upon issues surrounding the Covid-19 pandemic, toxic masculinity, patriarchal structures, the #MeToo movement, racism, capitalism and colonialism, I wanted to express the all-too-common experience that Ella and I have had to endure. I hope that this piece can be seen and felt, by not only Ella, whose story inspired the piece, but by anyone who needs to feel empowered or can simply relate.

A través de mis propias experiencias vividas como creadora interseccional, puedo identificarme con los sentimientos de marginación que Ella experimenta con relación a la violencia de género. A partir de los problemas relacionados con la pandemia de Covid-19, la masculinidad tóxica, las estructuras patriarcales, el movimiento de #MeToo

(#Yotecreo), el racismo, el capitalismo y el colonialismo, quería expresar la experiencia sumamente cotidiana que Ella y yo hemos tenido que soportar. Espero que esta pieza pueda ser vista y sentida, no solo por Ella, en cuya historia está inspirada, sino por cualquier persona que necesite empoderamiento o que sencillamente pueda identificarse con ella.

Merci Roberts is a neuro-divergent and intersectional filmmaker, creative writer, musician, and spoken word poet. After growing up in East London, she studied a part-time degree at the University of Brighton and was awarded the David Thomas Award. Her most recent work was for the Brighton and Hove City Council's 'Exhale Project', producing a creative response about Brighton's involvement in the Atlantic Slave Trade – and contributing towards building a mural in the city.

Merci Roberts es neurodivergente e interseccional; es cineasta, escritora creativa, compositora y poeta oral. Después de crecer en el este de Londres, estudió una carrera a tiempo parcial en la Universidad de Brighton y fue galardonada con el Premio David Thomas. Su trabajo más reciente fue para el 'Exhale Project' del Ayuntamiento de Brighton and Hove, produciendo una respuesta creativa sobre la participación de Brighton en el comercio de esclavos en el Atlántico y contribuyendo a la construcción de un mural en la ciudad.

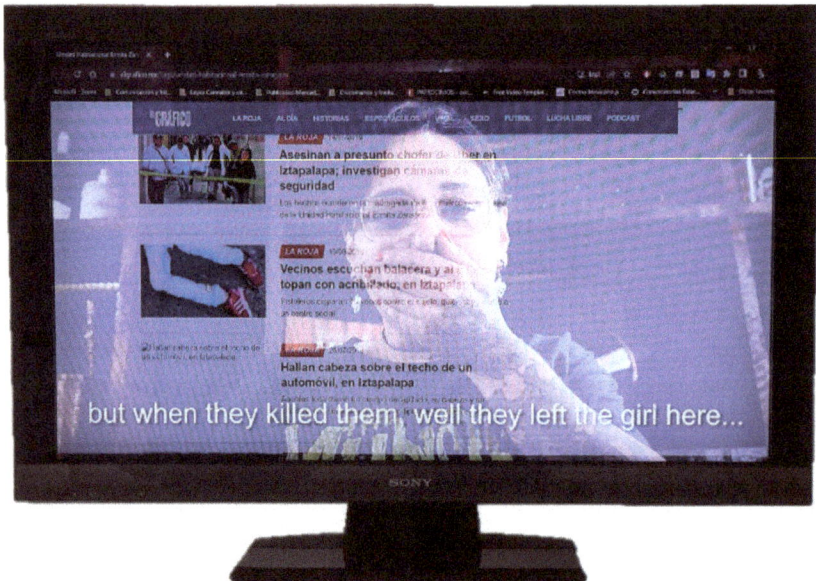

Viaje sin regreso Frederick Rodríguez, 2023[2]
Journey of no return Frederick Rodríguez, 2023

Video arte que es narrado por la actriz Ana Luisa Aguirre sobre el feminicidio de una mujer de 21 años en una Unidad Habitacional del oriente de la Ciudad de México. Fue encontrada por unas vecinas que salían a realizar compras para el desayuno, cubierta con una bolsa plástica negra, dentro de un bote de basura. La pieza abre preguntas sobre la violencia misógina llevada al extremo y, su articulación con condiciones sociales territoriales de extrema marginación y exclusión urbana. El abandono, la impunidad, y la vulnerabilidad, son denunciadas con gran indignación e impotencia por organizaciones de la sociedad civil, familiares y mujeres.

Video art narrated by actress Ana Luisa Aguirre about the femicide of a 21-year-old woman in a housing unit in the east of Mexico City. She was found by some neighbours who were out shopping for breakfast, covered with a black plastic bag, inside a rubbish bin. The piece opens up questions about misogynist violence taken to the extreme and its connection with territorial social conditions of extreme marginalisation and urban exclusion. Abandonment, impunity and vulnerability are denounced with great indignation and frustration by civil society organisations, family members and women.

Frederick Rodríguez es fotógrafo, productor y director-realizador con más de 30 de años de experiencia en la industria audiovisual. Ha expuesto para Shaped in MX 2015, Casa de Cultura de Guerrero 2010-12-14 y ha realizado producciones de cine documental, así como comerciales y proyectos artísticos alternativos.

Frederick Rodríguez is a photographer, producer and director–filmmaker with more than 30 years of experience in the audiovisual industry. He has displayed exhibitions for Shaped in MX 2015, Casa de Cultura de Guerrero 2010-12-14 and has made documentary films, as well as commercials and alternative art projects.

...The end of the night Sophie Kathleen Stevens, 2021
...El final de la noche Sophie Kathleen Stevens, 2021

Commissioned during the project: *The Immobilities of Gender-Based Violence in the Covid-19 Pandemic.* This work was a response to stories of gender-based violence during the pandemic.

Encargado durante el proyecto: *Las inmovilidades de la violencia de género en la pandemia de Covid-19.* Este trabajo fue una respuesta a las historias de violencia de género durante la pandemia.

Sophie Kathleen Stevens (they/them) is an Illustrator and artist based in Surrey, UK. Their vibrant and often political work focuses on their passion for LGBTQ+ empowerment, feminism and tackling taboos. They have a Diploma in Art and Design from the University of Creative Arts and believe in using art as activism. Sophie aims to build community, promote equality and inspire others by sharing their work online, running creative workshops, art classes and working with like-minded clients.

Sophie Kathleen Stevens (ellx/elle) es una ilustradora y artista que vive y trabaja en Surrey, Reino Unido. Su trabajo vibrante y a menudo político se centra en su pasión por el empoderamiento LGBTQ+, el feminismo y la lucha contra los tabúes. Tiene un Diploma en Arte y Diseño de la Universidad de Artes Creativas y cree en el uso del arte como activismo. Sophie tiene como objetivo construir una comunidad, promover la igualdad e inspirar a otros compartiendo su trabajo en línea, realizando talleres creativos, clases de arte y trabajando con clientes con ideas afines.

"All of my Life I have wanted to be able
to walk home in the dark and not be
frightened of men.
I don't think that will ever happen"

Walking home Jemma Treweek, 2023
La caminata a casa Jemma Treweek, 2023

My image was created to sum up the frustration and indignance I feel as an older woman who has spent a lifetime trying to keep myself and other women safe at night. I am not scared of ghosts or spirits or witches. I want to walk in the woods at night. I want to walk through my city and take the shortcut through the darkening park. I don't want to constantly think about how I will get home from an evening out. I don't want to warn my daughter to get an Uber, watch your drink, come home with friends, don't get too drunk, don't wear those shoes if you are walking home alone, wear sensible shoes so you can run. I don't want to browse rape alarms online, or buy a super sharp glittery weapon that masquerades as a keyring. As my mother warned me, I in turn warn my daughter, as she will no doubt warn hers and you will warn yours. Keep your wits about you. And even if you do all of these things, one day it will happen. Despite your constant updating of your personal risk assessment. A scary encounter will undoubtedly happen. All of my life I have felt this. We have felt this. I want to walk home at night and alone and not be scared of men. I don't think that will ever happen.

Creé mi imagen para resumir la frustración e indignación que siento como mujer mayor que ha pasado la vida tratando de mantenerme a salvo, tanto a mí misma como a otras mujeres, durante la noche. No me asustan los fantasmas, los espíritus, ni las brujas. Quiero caminar de noche en el bosque. Quiero caminar en mi ciudad y tomar el atajo por el parque en penumbras. No quiero estar constantemente pensando en cómo llegaré a casa después de una noche fuera. No quiero tener que advertirle a mi hija que tome un Uber, que tenga cuidado con las bebidas, que regrese a casa con amigos, que no se embriague demasiado, que no use esos zapatos si va a caminar de vuelta a casa, que lleve zapatos cómodos para poder correr. No quiero tener que buscar dispositivos anti-violación en línea ni comprar un arma afilada y brillante que pueda pasar por un llavero. Así como mi madre me advirtió, yo también prevengo a mi hija, y sin duda ella hará lo mismo con la suya, al igual que tú con la tuya. Tenemos que mantenernos en alerta. Y aun tomando todas esas precauciones, llegará un día en que enfrentarás al miedo, a pesar de que actualices constantemente tu evaluación de riesgo personal. Sin duda te encontrarás con una experiencia aterradora. Toda mi vida me he sentido así y todas nosotras lo hemos sentido. Quiero caminar a casa de noche, sola, y no sentir miedo de los hombres. No creo que eso llegue a suceder nunca.

Jemma Treweek is an illustrator and screen printer from the UK. Her work is infused with folklore and ritual and explores both historical reference and the strangeness of life and landscape. Her screen-printed works have been commissioned by music industry legends Foo Fighters and Iggy Pop among others, and her illustrations have featured in various books, on posters and in film. She has exhibited work throughout the UK, in Europe and the US.

Jemma Treweek es una ilustradora y serigrafista del Reino Unido. Su trabajo está impregnado de folclor y rituales, y explora tanto referentes históricos como la extrañeza de la vida y el paisaje. Sus serigrafías han sido encargadas por leyendas de la industria musical como los Foo Fighters e Iggy Pop, entre otros, y sus ilustraciones han aparecido en varios libros, carteles y películas. Ha presentado su obra por todo el Reino Unido, Europa y los EE. UU.

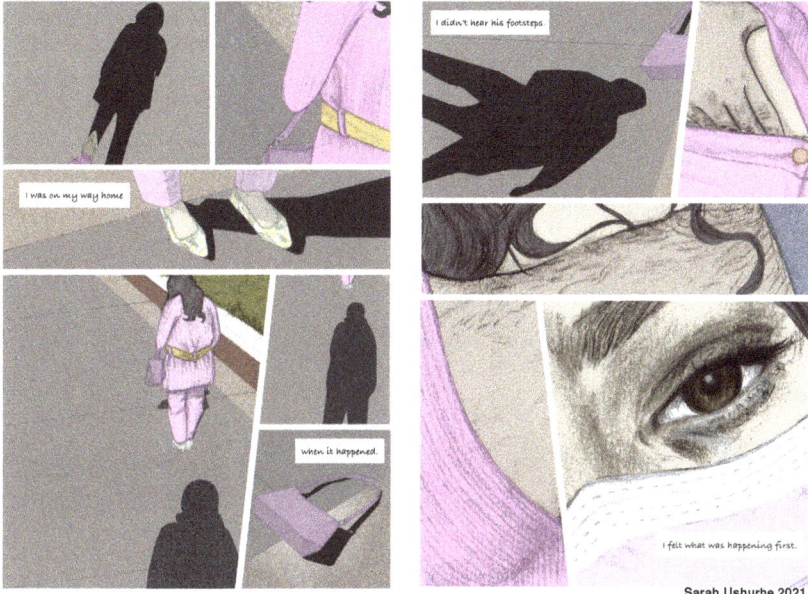

I was on my way, home Sarah Ushurhe, 2021
Iba de camino a casa, Sarah Ushurhe, 2021

Commissioned during the project: *The Immobilities of Gender-Based Violence in the Covid-19 Pandemic*. This work was a response to stories of gender-based violence during the pandemic.

Encargado durante el proyecto: *Las inmovilidades de la violencia de género en la pandemia de Covid-19*. Este trabajo fue una respuesta a las historias de violencia de género durante la pandemia.

Sarah Ushurhe is an artist, illustrator and writer based in the UK. She has produced a GIF-style art history short called 'Fanny Eaton: The Forgotten Pre-Raphaelite Model', which aired as part of the programme 'Get Animated! BBC Introducing Arts' on BBC Four. In 2021, she was an artist as part of the 'Not Quite Right For Us Anthology' digital tour. Last year, Sarah's work featured in the September issue of British Vogue in their Vogue's Gallery segment. Recently, her work featured on digital billboards across the UK as part of the artist in residence We are POCC Art Fund.

Sarah Ushurhe es una artista, ilustradora y escritora afincada en el Reino Unido. Ha producido un corto de historia del arte estilo GIF llamado 'Fanny Eaton: The Forgotten Pre-Raphaelite Model', que se emitió como parte del programa 'Get Animated! BBC Introducing Arts' en BBC Four. En 2021, participó como artista en la gira digital 'Not Quite Right For Us Anthology'. El año pasado, el trabajo de Sarah apareció en la edición de septiembre de la edición británica de Vogue en su segmento de la Galería de Vogue. Recientemente, su trabajo apareció en vallas publicitarias digitales en todo el Reino Unido como parte del artista en residencia We are POCC Art Fund.

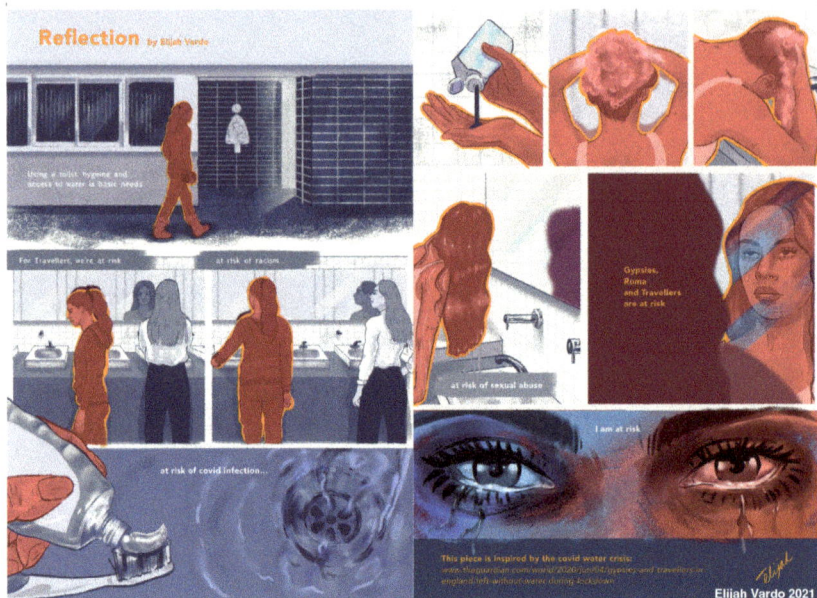

Reflection, Elijah Vardo, 2021
Reflejo, Elijah Vardo, 2021

Commissioned during the project: *The Immobilities of Gender-Based Violence in the Covid-19 Pandemic*. This work was a response to stories of gender-based violence during the pandemic.

Encargado durante el proyecto: *Las inmovilidades de la violencia de género en la pandemia de Covid-19*. Este trabajo fue una respuesta a las historias de violencia de género durante la pandemia.

Elijah Vardo es un artista, ilustrador y diseñador gráfico romaní afincado en el Reino Unido cuyo objetivo es representar la cultura romaní dentro de la comunidad artística y ver la representación que le hubiera gustado que hubiera mientras crecía.

Elijah Vardo is a Romani artist, illustrator and graphic designer based in the UK whose goal is to represent the Roma culture within the art community and see representation that he wished was there growing up.

Landscapes of Testimony, Ruchika Wason Singh, *2023*
Paisajes de testimonio, Ruchika Wason Singh, 2023

These works reconfigure the female body/part(s) as landscapes and seek to create a visual testimony of the stories narrated by the participants/ storytellers in the project 'Lockdown GBV Stories'. In all the stories I read as points of reference, the female body as the site of sexual invasions is a recurring theme. Considering this aspect I developed visual forms – the vagina, the torso and the vulture – to construct a re-imagined emblematic voyage into gendered trauma. Needless to say that the bodily experience of sexual violation is rooted in the organs and the body parts. What inspired the core of my imagination is the story by Jasmine, and her statement 'I felt just as a woman leaving the house like men were quite "vulturey"'. I think this sentence resonated with the feeling of vulnerability which all the stories talked about. For me it meant cultivating the vulture as the visual protagonist of the narratives of fear and bodily violations. The vulture is the sexual predator, a metaphor for human hedonistic tendencies, the shaper of anxieties and of sexual violation. My visual responses have developed from the above-mentioned emotional states of embodied experiences and are a cumulative imagination of emotionally disturbed and/or sexually abused women.

Estos trabajos reconfiguran la(s) parte(s)/cuerpo(s) femenino(s) como paisajes y buscan crear un testimonio visual de las historias narradas por las participantes/narradoras en el proyecto 'Lockdown GBV Stories'. En todas las historias que leí como puntos de referencia, el cuerpo femenino como lugar de invasiones sexuales es un tema recurrente. Teniendo en cuenta este aspecto, desarrollé formas visuales – la vagina, el torso y el buitre – para construir un viaje emblemático re-imaginado hacia el trauma de género. No hace falta decir que la experiencia corporal de la violación sexual tiene sus raíces en los órganos y partes del cuerpo. Lo que inspiró el núcleo de mi imaginación es la historia de Jasmine y su afirmación: 'Me sentí, al igual que una mujer saliendo de casa, como si los hombres parecieran bastante "buitres"'. Creo que esta frase resonó con el sentimiento de vulnerabilidad del que hablaban todas las historias. Para mí significó cultivar el buitre como protagonista visual de las narrativas de miedo y violaciones corporales. El buitre es el depredador sexual, una metáfora de las tendencias hedonistas humanas, el modelador de ansiedades y de violaciones sexuales. Mis respuestas visuales se han desarrollado a partir de los estados emocionales de experiencias encarnadas antes mencionados y son una imaginación acumulativa de mujeres emocionalmente perturbadas y/o abusadas sexualmente.

Ruchika Wason Singh is a visual artist, art educator and independent researcher based in Delhi, India. She is a Visiting Faculty at Ashoka University. In 2016, Ruchika founded the project *A.M.M.A.A. – The Archive for Mapping Mother Artists in Asia.* Ruchika's ongoing artistic practice focuses on environment through the prism of human habitation. Ruchika's writings have been published in Demeter Press (Canada), Routledge Publishers (UK) and Intellect Books (UK) among others. She lives and works in Delhi, India.

Ruchika Wason Singh es una artista visual, educadora del arte e investigadora independiente radicada en Delhi, India. Es profesora invitada en la Universidad de Ashoka. En 2016, Ruchika fundó el proyecto A.M.M.A.A.: The Archive for Mapping Mother Artists in Asia [Archivo para mapear a madres artistas en Asia (A.M.M.A.A., por sus siglas en inglés)]. La práctica artística continua de Ruchika se centra en el entorno desde la perspectiva del asentamiento humano. Los escritos de Ruchika se han publicado en Demeter Press (Canadá), Routledge Publishers (Reino Unido) e Intellect Books (Reino Unido), entre otros. Vive y trabaja en Delhi.

Notes

(1) The full set of artworks, including the films, can also be found at https://immobsgbv.edublogs.org.
(2) The full set of artworks, including the films, can also be found at https://immobsgbv.edublogs.org.

1 Introduction

Lesley Murray, Jess Moriarty, Paula Soto Villagrán
and Olga Sabido Ramos

It is a warm evening in Mexico City and the exhibition rooms at the Casa del Tiempo, a cultural centre at the Universidad Autonoma Metropolitana, are filling up quickly. The building is set back from the road so the sounds of city traffic are muffled and the space is airy and pleasant. A forlorn chant enters the room, growing louder and louder until Julia Antivilo appears, dressed in black with a red scarf on her head, scattering red rose petals. She is a performance artist and is here to open the exhibition: *Siento, luego resisto* (I feel, therefore I resist) that is the culmination of the international collaborative project on gender violence. Julia's art is based on dialogue and she has contributed an interactive piece to the exhibition. Visitors are asked to select words from the exhibition, or words that the exhibition evokes and type them on a red ribbon using a vintage typewriter. The action of writing in this way is considered poetic. Julia's artwork epitomises our project, which is premised on the layering of stories so that they are both shared and evocative.

This is a book about gender violence, told collaboratively by academics and artists, weaving together stories from a broad range of people in (mainly) the UK and Mexico who have experiences that they wanted to share. It draws from a UK Arts and Humanities Research Council funded knowledge exchange project: *Transforming Trans-National Landscapes of Gender-Based Violence Through Trans-Sensory Storying* (AHRC AH/X008843/1), which was a follow on to a research project: *The Immobilities of Gender-Based Violence in the Covid-19 Pandemic* (also funded by the Arts and Humanities Research Council AHRC AH/V013122/1). The collaboration for this project came about through the shared interest in understanding gender violence through the lens of mobilities of Lesley Murray and Paula Soto Villagrán. It was a natural progression from the first AHRC funded project in developing a methodology that was trans-national. Jess Moriarty was the expert on creative and life writing on the first project and Olga Sabido Ramos came on board as an expert in sensory studies. In terms of positioning, this project not only meant working with colleagues from another country, but also gave us the opportunity to collaborate and share between both countries. In an academic context that values and encourages individual work and competition, the project stimulated feminist collaborative work.

Our innovative methodology, trans-sensory storying is based on situated 'arts-based' accounts that are imbricated by the accounts of others, producing diverse and connected sensory outputs that can be used to elicit dialogue. This book is a trans-sensory story in itself, enriched through its myriad readings, an ongoing narrative project. In the knowledge exchange project that informed it, the stories take many forms including creative text, image, performance and installation. Our trans-national project invited artists and creative writers from diverse backgrounds in the UK and Mexico to respond to lived accounts of gender violence by creating comic stories, short stories, poems, 3D installations, fine art photography and painting and film. These were displayed in consecutive exhibitions in Mexico City and Brighton, which invited a range of audiences to engage in roundtable and panel discussions as well as arts-based workshops. This book brings together these visual, audial and textual stories and sets out a series of readings and analyses that seek to further knowledge on gender violence in different cultural contexts. We each reflect and analyse the collection, casting a transdisciplinary eye. We frame the stories with a critical commentary, which sets these stories in the context of gender violence in both countries.

Storytelling has the potential to invert the colonial gaze and to see and be seen in ways that challenge dominant hegemonic structures (Elers *et al.*, 2021) making it highly appropriate for work seeking to challenge and resist patriarchy. In this book – and on the project – we think of storytelling as how we tell stories. The techniques and mediums that we adopt to deliver a story might include prose, poetry, fine art, film, script, photography, graphic novel, life writing, sculpture, performance and so on. Storying is how we translate an experience into a form of storytelling, for example how we might choose to story a lived experience or story a piece of research data. The stories within this book and the stories (image and text) created for the exhibition are all rooted in the social and cultural context of researching gender violence and concerned with how we can use storying and storytelling to interrogate sociocultural forces and contribute to social change. The chapters in this book, like the work of the artists, are informed by our lived experiences with the project and each author has adopted an autoethnographic approach to speak personally and evocatively. Autoethnography blends the purposes, techniques and theories of social research – primarily ethnography – with the purposes, techniques and theories associated with genres of life writing, especially autobiography, memoir and personal essay (Manning & Adams, 2015; Murray, 2024) but also values forms such as drama, poetry and visual imagery, and so the chapters in this book use a combination of storytelling modes and techniques to tell a multilayered tale. This reflects how the project really was for us and also furthers our intention to deliver a feminist text that resists dominant patriarchal discourse that is synonymous with conventional academic research (Moriarty, 2019).

Autoethnography is a powerful method to explore research-sensitive topics like gender violence (Murray *et al.*, 2023). The virtue of trans-national storying gender violence rests on its pervasiveness across all continents and social groups. A major social problem that affects millions of women around the world, it is premised on profound gender inequalities and remains deeply embedded within cultures of misogyny that are resistant to change. According to a recent meta-analysis of global reports and research on reported gender violence, over one in four women across the world will be a victim of sexual violence by their partner in their lifetime (Sardinha *et al.*, 2022). Gender violence is prevalent not only in the domestic sphere, but across multiple sites, including online; and it takes many forms. It is grossly underreported and often those experiencing more commonplace forms of gender violence, such as catcalling, do not register this as violence. Gender violence is premised on a patriarchal culture that fails to link everyday experiences of gender violence with more serious and potentially fatal manifestations. It pervades women's lives across the globe and inextricably connects them. Storying is a way of sharing experiences that are otherwise singular and speaking to critical scholarship that seeks to move away from individualised to more structural contextualisations. The layering of voices also furthers debates around the giving of voice and its limitations (see, for example, Coddington, 2017)

The Covid-19 pandemic spotlighted gender violence as both a global issue (UN Women, 2020) and micro-spatial issue (Murray *et al.*, 2022). United Nations Women (date unknown) defines gender violence as 'harmful acts directed at an individual or a group of individuals based on their gender … rooted in gender inequality, the abuse of power and harmful norms'. The spatiality and mobilities of gender violence are often overlooked as responses to violence are compartmentalised. So, in the research project that preceded this one we defined gender violence as: a range of 'harmful acts' that result from a culture of misogyny, including physical, emotional and sexual violence, rape, stalking and harassment, that are perpetrated over a continuum of mobile spaces (Murray *et al.*, 2022). Experiences of gender violence can be particular to groups of women who may be differentiated and minoritised within their country, but share experiences with women across national borders. Yet it is rare for nations to look beyond their own borders in seeking the cultural transformations necessary for long-term change. Comparative international research is often difficult to carry out due to language barriers (Guizzo *et al.*, 2016). In its bilingual form, this book speaks to the urgent need to instigate connections between countries and between minoritised and marginalised communities in order to contribute to long-lasting spatio-cultural change. New and creative approaches are needed to open effective dialogue – ways of communicating that go beyond text and engage the senses. The book adopts the method of trans-sensory storying to push at the cultural boundaries that limit debate and recognition.

Gender Violence in Mexico and the UK

Gender violence is significantly underreported and not all forms of gender violence are considered crimes. Indeed, evidence suggests that the reporting rate in England and Wales is between 6% and 18% (Hohl & Stanko 2015; Venema, 2016). It is difficult to gain an overall picture of gender violence in the UK due to the ways it is reported and documented. It is thought that one in four women will experience domestic violence in their lifetime (Refuge, 2024); and that one in seven people in England and Wales will experience stalking (ONS, 2024). In Mexico, seven out of ten women have experienced violence throughout their lives (70%); of these, half have faced sexual violence (50%) and 38% physical violence (INEGI, 2024). These two types of violence are the most reported, as they are the most visible. However, the percentage of complaints or reports to an authority for sexual and physical violence is still very low, only 7% of crimes were reported or an investigation file was initiated (INEGI, 2024). When this violence is exercised by the partner, only 13% report it, when it happens at school it is only reported by 8% of women and 7% when it occurs in the family. Although it is in the community where most sexual violence is experienced, it is also the area where it is least reported (INEGI, 2024; INMUJERES, 2023). Consistent and reliable evidence is needed to gain the full picture of gender violence and effect sustainable change. This means that qualitative accounts should be positioned as viable sources of evidence alongside crime reports and statistics in making policy on gender violence.

The new UK policy document 'Tackling Violence Against Women and Girls' (HM Government, 2021) includes proposals to combat crimes against women and girls but has been criticised for not going far enough in addressing the pervasive issue in the context of falling prosecution of perpetrators of rape and domestic abuse. In contrast, Mexico has a General Law on 'Women's Access to a Life Free of Violence', enacted on 1 February 2007, which is a legal instrument that represents a great step forward in the fight against gender violence. It establishes the legal and administrative guidelines with which the state intervenes at all levels of government to guarantee and protect women's rights. Around 30 states in Mexico have laws for the prevention and attention to domestic violence and 29 states typify this problem as an autonomous crime in their penal codes. The government has developed sectoral programs that seek to prevent the structural causes of violence, as well as to establish services for the direct care of victims of gender violence. INMUJERES is responsible for promoting and fostering conditions for non-discrimination, equal opportunities and equal treatment for men and women. It is in charge of the commissioning, monitoring and evaluation of the National Program for Equal Opportunities and Non-Discrimination between Women and Men (PROEQUIDAD).

In Mexico City, a series of measures have been put into place to address gender violence (e.g. Soto-Villagrán, 2022, and this was one of the reasons for building our collaboration between Mexican and UK academics and artists. Nevertheless, 'widespread misogynistic culture rooted in Mexican society contribute[s] to creating an atmosphere of impunity that supports and normalises structural gender violence' (Infante-Vargas & Boyer, 2022: 216). Gender violence on public transport and in public spaces in Mexico City remains an everyday problem, with 70% of women feeling unsafe on the public transport networks. In comparison, in the UK, although the National Travel Survey found that the majority of people feel safe on public transport, 63% of women avoid travelling alone after dark and 19% have experienced gender violence. It is likely that the underlying picture in both countries is more complex than these statistics suggest. Following the same approach in both Mexico and the UK, addressing gender violence in relation to a continuum of immobilities (Murray *et al.,* 2022) activates new forms of dialogue and action. It brings about a transnational understanding of the cause of gender violence and of the ways in which, at different levels, it may become possible to challenge the entrenched cultural norms that perpetuate it.

Storying Gender Violence

Visual and textual stories convey the 'felt' experience of gender violence, engaging readers and audiences in the apparently 'mundane' as well as the 'shocking'. Such stories help question the reliance on crime statistics in evidencing gender violence, statistics which often distort situated and embodied experience and reflect and maintain exclusionary policies and practices, particularly for minoritised communities. Other scholars have used visual methods to reveal aspects of gender violence. For example, Bowstead (2021) investigated the journeys that women made as a result of domestic violence through photographs. She argues (Bowstead, 2021: 17) that the narratives 'highlight practical, emotional and legal issues for women on the move' and the images 'enable understandings of their sense and meanings of home, identity and belonging in their experiences of displacement and resettlement'.

We sought to go beyond isolated accounts to layer stories, to intricately connect them in order to reflect the complexities of experience. We began with mostly singular accounts of individual experience and evolved them into trans-sensory stories, artistic responses to lived accounts – in comic stories, short stories, poems, 3D installations, fine art photography and painting and film. In turn the showing of these artworks precipitated multi-sensory responses, which were themselves storied visually and textually. The trans-sensory stories are multi-layered and productive of cross-cultural dialogue. The book documents our project on trans-sensory storying of the immobilities of gender violence in the UK and Mexico. It aims to engage new audiences in dialogue through stories that are intense imbrications of narratives of gender violence. These interactive stories re-imagine the diverse landscapes of gender violence in cross-cultural urban spaces.

The underlying project, *The Immobilities of Gender-Based Violence in the Covid-19 Pandemic* (also funded by the Arts and Humanities Research Council AHRC AH/V013122/1) began in the pandemic, and sought to understand the ways in which the changing spatialities of Covid-19 and the responses to it, impacted on gender violence. This was conceptualised using terminology from the field of mobilities (Murray *et al.*, 2022), which is a cross-disciplinary and trans-disciplinary field of study that examines and makes sense of the interdependencies of movement. Across history, there has been the intermittent constraint and forcing of movements in order to exert control which has maintained gender roles. This immobilising became particularly evident during the Covid-19 pandemic, when there were marked changes in the spatialities of gender violence. There was a burgeoning of accounts of lived experiences of gender violence. We found that the Covid-19 pandemic opened up opportunities for escape that were not apparent beforehand, a societal pivot that cultivated transformation, but also reflection (Murray *et al.*, 2022). Thus, stories of gender violence emerged that recounted experiences before as well as during the pandemic, highlighting the omnipresence of gender violence across spaces and lifetimes.

Women's experiences with gender violence have been widely documented and shared in academic and professional work (Mirrlees-Black, 1995; Smith, 2001; Stanko, 2001; Weisz *et al.*, 2000). This transdisciplinary book seeks to go beyond documentation, following existing work on gendered violence in the arts (for example, Boesten & Scanlon, 2021; Fairey & Kerr, 2020). We also draw from work that has used creative methods in understanding gender violence, including decolonial methods (for example, Thomas *et al.*, 2022). Metta (2016: 134) suggests that telling stories that seek to change dominant discourse: 'places women and their lived experiences of gendered abuse and violence at the centre of self-narrative, plays a critical role in challenging the gendered discourses and structures that underpin the particular social contexts'. The artworks that were developed for the project helped the researchers and artists to explore past behaviours and events, personal actions and reasoning and moral values and attitudes (Foddy, 1993) and to rethink and reimagine these stories to gain perspective and discover meaning within each other's lived experiences (Kvale, 1996). Rather than coding and explaining the stories that were collected in the initial stage of the project, the exhibitions sought to value the stories and mix of writing styles and (via the artists' talks, discussions and workshops) to acknowledge the individual voices within the research instead of simply trying to code and/or report what happened (Dundar Jnr *et al.*, 2003). They also serve as a form of resistance. As the chapters illuminate, visual storying and storytelling evoke multi-sensory responses that challenge existing discourses. The artists themselves experienced the storying as a form of activism, especially in Mexico, following traditions of artivism in Latin America (see for example, McIlwaine *et al.*, 2024).

Working Across Languages

This is a bilingual (English and Spanish) book that reflects a bilingual and cross-cultural project. The aim of the research was to collaborate across national borders. We are, however, mindful of the use of such language and of all of the language in a collaboration of researchers from the 'Global South and Global North'. As Coetzee (2019: 2) argues this is replete with 'conflicts and debates that foreground discontinuity and the shifting, disputed and contextualised meanings … [of terms such as "decolonise" and "collaborate"]'. In disturbing the notion of decolonisation as a term that can potentially 'maintain rather than transform' (Coetzee, 2019: 3), she cites Ngũgĩ wa Thiong'o's book *Decolonising the Mind*:

> a neo-colonial situation which has meant the European bourgeoisie once again stealing our talents and geniuses as they have stolen our economies. In the eighteenth and nineteenth centuries Europe stole art treasures from Africa to decorate their houses and museums; in the twentieth century Europe is stealing the treasures of the mind to enrich their languages and cultures. (Ngũgĩ Thiong'o, 1987: xii)

Global South–North collaborations 'have been experienced by Southern collaborators as being extractive and unequal, and centring' (Roy, 2023: 1237). Language can be central to the experience of this uneven landscape of power. Temple (2006) suggests that there is some work that looks at concepts and words across languages (Bradby, 2002; Rhodes & Nocon, 2003) but little on the impact of working across languages. It seems that much of the existing research on cross-language research is on the role of interpreters and translators rather than the interplay between researchers. We are meaning-makers and we do this through language and the nuances of language. Here we are not only working across languages but across disciplines. And this is why we identify storytelling as being crucial to our methods – it offers a way of doing academic work that is inclusive, engaging and that can be far reaching. It draws audiences into the research instead of excluding them via the vernacular of conventional academic work which is often male, white, omnipotent. Even producing a text that is bilingual offered a challenge. For a while, it felt as if the book would have to be abandoned as it seemed only possible to produce it in English. This would have alienated the artists and collaborators in Mexico and also potential readers of the work who might then go on to use and evolve methods and findings we developed. We are thankful to our publishers for supporting the book.

In this cross-cultural and multilingual collaboration we were sitting with discomfort in a way that can 'potentially reveal, contest and transform norms' (García-Gonzales et al., 2022: 152) and thereby challenge hierarchies of power. The multilingual project both foregrounds and problematises the conflicting elements in play, including the geopolitics, ethnicities, backgrounds and experiences of the team in relation to GBV and to working as an international collaborative team that spans the 'Global North' and 'Global South'. Like García-Gonzales et al., we follow an abundance of feminist scholarship that has debated these issues. Language was, of course, a fundamental issue and we reflected on our positionalities as follows.

Lesley

For me, this project has highlighted my own 'missing' language (García-Gonzales et al., 2022: 159), not only as an Irish person without the Irish language (I am trying to learn now), but as a scholar less able to take risks. So I am aware of my missing Spanish and my attempts to find it. I am mindful of the dominance of English in academia despite the influence of Spanish texts in my field of study, albeit with its colonial associations. As always, the English of our collaborators is much better than my Spanish, so my attempts fade. I could only read from a prepared script at the opening of the exhibition in Mexico City and this was far from fluid.

Jess

In Mexico City, I floundered. My Spanish hideously limited and constantly having to rely on the language skills and kindness of strangers to get anywhere, to do anything. We even visited a museum where the impact of colonialism on Mexico was explored and apart from 'si' 'por favor', I spoke in English and was aided by kindly Mexicans and Lesley – who speaks better Spanish than she says here. My discomfort with my own ignorance didn't help anything nor salve my guilt. While I advocate for decolonial approaches, the project highlighted that I am still part of the problem.

Olga

For me, English has always been a requirement imposed by the academy. It is a language in which I do not feel confident, however the trust and mutual support with Paula allowed it to flow. I remember being surprised to have given a guided tour of the exhibition in Brighton, although it also became frustrating not to be able to convey certain emotions and affective experiences, as each language has its own emotional lexicons.

Paula

English for me has always been a requirement to validate my work. In fact, in the first communications with Lesley, I raised it as a problem. 'My English is not good', I told her, however we agreed that the artistic work would allow us to establish communication beyond language. Later I understood that the great challenge of translation and interpretation in this project would not only be the English language but the encounter with artistic language. Creating with the artists a space of trust and dialogue about their works, about expectations and the co-creation of the exhibition, was only possible through careful feminist work built together with Olga.

Hoover (2020) writes about how 'processes of translating knowledges and language interweave when carrying out research in different linguistic contexts'. We are always translating regardless of language differences (Orsini & Srivastava, 2013), reflecting the myriad differences cited above. As Haraway argues, we need a feminist approach that 'loves … the sciences and politics of interpretation, translation, stuttering, and the partly understood', one where 'translation is always interpretive, critical and partial' (Haraway, 1988: 589). We adopted such an approach, moving backwards and forwards through English and Spanish. The difficulties in terms of logistics of the project gave rise to the use of AI translation. We used Microsoft Word translate in moving between languages in the chapters and adapted the wording – both English and Spanish – as another layer of translation.

It is important to give all researchers the opportunity to contribute through 'intellectual auto/biographies' (Stanley, 1990: 62) – that are ways to place ourselves in the research and understand what this brings 'by locating acts of understanding in an explication of the grounded contexts these are located in and arise from'. Interpreters too are active in the research rather than objective conduits of information. Caretta (2015) applies the notion of situated knowledge by Haraway (1991: 489) that 'highlights the contingent, hierarchical, contextual, experiential and relational nature of knowledge production'. In this project, knowledge production is approached with care so that it is, as Caretta proposes, 'mutually agreed upon knowledge'. Our feminist epistemological approach is reflexive and acknowledges and incorporates the subjectivities of researchers, artists, interpreters and participants.

Book Structure

As discussed, the knowledge exchange project that generated the visual stories in this book was a follow on to a research project that took place during the Covid-19 pandemic and centres on the concept of im/mobilities in producing gender violence. This is detailed here, in Chapter 2, as it articulates our theoretical framing of gender violence in relation to im/mobilities. The chapter therefore summarises the project (for more detail see Murray *et al.*, 2022, 2023; Parks *et al.*, 2022) to illustrate the ways in which gender violence is experienced across multiple connected spaces. The project, which analysed stories of gender violence in the UK only, sets the context for our international knowledge exchange project. As well as linking spaces of gender violence, one of the key findings from this project was that amplified sensory and emotional responses precipitate turning points in gender violence responses. Gender violence is 'felt' across connected urban mobile spaces – from the workplace, to public transport, to the street and is precipitated by immobilities. The chapter shows how engaging with the lived experience of gender violence through stories is essential to a full understanding of the ways in which gender violence accumulates in the body across space and time. As part of this project, we have been able to identify methods of best practice around workshopping with people who have experienced gender violence (Parks *et al.*, 2022) that focus on doing this work sensitively and ethically; we also devised ways of disseminating research that is personal, storied, creative, human (Murray *et al.*, 2023). We discuss this as part of a 'turn' in academic work that seeks to work in collaboration with people, rather than doing research about them.

In Chapter 3, we set out our methodology of trans-sensory storying. The seeds of this method were in the original research project that was wholly based in the UK, but the method was co-produced in the international follow-on project. The chapter sets out the journey of our trans-sensory method through the project. It explains how trans-sensory storying emerges through dialogue, across the research team and with our artists and collaborators. The chapter also introduces some of the trans-sensory stories, setting up the chapters that follow, which position the artworks in conversation with each other. These conversations are articulated through a series of overarching themes that form the central thread of each chapter. In Chapter 3, we introduce the artworks of Tanaka Mhishi, Rosy Carrick, Maria Antonieta de la Rosa and Barbara Muñoz de Cote in beginning the trans-sensory story of the book. Here, the visual and textual stories not only convey the felt and embodied experience of gender violence, but represent the ways in which stories are both fleeting and never-ending. Trans-sensory stories are never fully told but are beginnings that evoke further engagements.

A key theme throughout the book is the role of visual and textual storying in evoking sensory and emotional engagements with gender violence. The following four chapters (Chapters 4–7) focus in on specific visual and textual responses, across the UK and Mexico and place them in dialogue. Each chapter reveals how these trans-sensory stories offer up the opportunity to reveal possibilities, to transform experiences of gender violence as well as influence policy and support. Visual and textual stories bring experiences to life in different ways and the chapters contend with this in varying ways. These further cross-cultural understandings by documenting and comparing the artistic outputs from the UK and Mexico. As well as connecting the cultural contexts of Mexico and the UK, we are also focusing in on the liminal stories of gender violence, which are often missing. Chapter 4 extrapolates on the spatio-temporal dimensions of gender violence, following on from the discussion in Chapter 2. It considers scale, the spatial continuum of gender violence, the placedness of gender violence and the relationship between space and resistance through the artworks of Vanessa Marr, Ana Barreto, Alejandro Collado, Dora Bartilotti and Frederick Rodríguez. Chapter 5 takes this thinking in a different direction by focusing in on a feminist reading of the 'streetwalker' as both writer and resistive of the city. Drawing from the artworks created in the first project, *The Immobilities of Gender-Based Violence*: Ottilie Hainsworth, Sabba Khan, Karolina Jonc Buczek, Woodrow Phoenix, Sophie Kathleen Stevens, Sarah Ushurhe and Elijah Vardo as well as the follow-on project's Sonia Madrigal, Ana Barreto, Dahlia de la Cerda and Jemma Treweek, the chapter discusses the mobility of visual narratives and their role in storying gender violence. In Chapter 6, Soto Villagrán and Sabido Ramos take the reader through the artistic narratives of Tony Gammidge and Dahlia de la Cerda to identify the linkage between senses and emotion. Chapter 7 is a collaboration between researcher Jess Moriarty and artist Vicki Painting in which they adopt a feminist duoethnographic approach (Norris *et al.*, 2012) to navigate and deliberate the artworks of Jemma Treweek, Chris Reading, Ruchika Wason Singh and the GeoBrugas Collective (Karla Helena Guzman and Valeria Ysunza Pérez-Gil) in an elaboration of the role of storying in understanding gender violence.

In this book we explore the strategies that helped the researchers and artists to navigate working on gender violence. This includes working collectively and creatively, but also using story to offer insights into our lived experiences and the lived experiences of the women we researched. 'To be authentic doesn't necessarily mean telling it all. As if that were even possible' (Helps, 2018: 60). Framed by the twenty-six artistic responses to gender violence that are shown here, the book seeks to demonstrate the ways in which im/mobilities produce gender violence. It also sets out a new methodology, trans-sensory storying, which seeks to problematise the ways in which gender violence, on multiple levels from the very local to the global, is understood and evidenced so that it is considered as the complex and interconnected web of gendered violence that necessitates social and cultural transformation.

References

Boesten, J. and Scanlon, H. (eds) (2021) *Gender, Transitional Justice and Memorial Arts*. Routledge.

Bowstead, J. (2021) *Women on the Move Vol. 1 Journeyscapes of Domestic Violence*. Dakie Publishing.

Bradby, H. (2002) Translating culture and language: A research note on multilingual settings. *Sociology of Health & Illness* 24 (6), 842–855.

Caretta, M.A. (2015) Situated knowledge in cross-cultural, cross-language research: A collaborative reflexive analysis of researcher, assistant and participant subjectivities. *Qualitative Research* 15 (4), 489–505.

Coddington, K. (2017) Voice under scrutiny: Feminist methods, anticolonial responses, and new methodological tools. *The Professional Geographer* 69 (2), 314–320.

Coetzee, C. (2019) Ethical?! Collaboration?! Keywords for our contradictory times. *Journal of African Cultural Studies* 31 (3), 257–295. https://doi.org/10.1080/13696815.2019.1635437.

Dunbar, C., Rodriguez, D. and Parker, L. (2001) 14 race, subjectivity, and the interview process. In J.F. Gubrium, J.A. Holstein (eds) 14 Race, subjectivity, and the interview process (pp. 279–298). SAGE Publications, Inc. https://doi.org/10.4135/9781412973588.n18.

Elers, P., Elers, S., Dutta, M.J. and Torres, R. (2021) Applying the culture-centered approach to visual storytelling methods. *Review of Communication* 21 (1), 33–43.

Fairey, T. and Kerr, R. (2020) What works? Creative approaches to transitional justice in Bosnia and Herzegovina. *International Journal of Transitional Justice* 14 (1), 142–164.

Foddy, W. (1993) *Constructing Questions for Interviews and Questionnaires: Theory and Practice in Social Research*. Cambridge University Press.

García-González, A., Hoover, E., Francis, A., Rush, K. and Forero Angel, A.M. (2022) When discomfort enters our skin: Five feminists in conversation. *Feminist Anthropology* 3, 151–169.

Guizzo, G., Alldred, P. and Foradada-Villar, M. (2016) Lost in translation? Comparative and international work on gender-related violence. In N. Lombard (ed.) *The Routledge Handbook of Gender and Violence* (Chapter 18). Routledge.

Haraway, D. (1988) Situated knowledges: The science question in feminism and the privilege of partial perspective. *Feminist Studies* 14 (3), 575–599.

Haraway, D. (1991) *Simians, Cyborgs, and Women: The Reinvention of Women*. Routledge.

Helps, S. (2018) Telling and not telling: Sharing stories in therapeutic spaces from the other side of the room. In L. Turner, N.P. Short, A. Grant and T.E. Adams (eds) *International Perspectives on Autoethnographic Research and Practice* (pp. 55–63). Routledge.

Hohl, K. and Stanko, E.A. (2015) Complaints of rape and the criminal justice system: Fresh evidence on the attrition problem in England and Wales. *European Journal of Criminology* 12 (3), 324–341.

Hoover, E.M. (2020) With Glissant in and through ... translation. *GeoHumanities* 6 (2), 432–440. https://doi.org/10.1080/2373566X.2020.1803759.

HM Government (2021) *Tackling Violence Against Women and Girls Strategy*. HM Government.

INEGI (2024) Encuesta Nacional de Victimización y Percepción sobre Seguridad Pública (National Survey on Victimization and Perception of Public Safety). INEGI (Instituto Nacional de Estadística y Geografía).

INMUJERES (2023) Desigualdad en cifras. Año 9, Boletín N° 4 abril de 2023. http://cedoc. inmujeres.gob.mx/documentos_download/BA9N04.pdf (accessed September 2025).

Infante-Vargas, D. and Boyer, K. (2022) Gender-based violence against women users of public transport in Saltillo, Coahuila, Mexico. *Journal of Gender Studies* 31 (2), 216–230. DOI: 10.1080/09589236.2021.1915753.

Kvale, S. (1996) *Interviews: An Introduction to Qualitative Research Interviewing*. SAGE.

Manning, J. and Adams, T.E. (2015) Popular culture studies and autoethnography: An essay on method. *The Popular Culture Studies Journal* 3, 187–221.

McIlwaine, C., Evans, Y., Heritage, P., Krenzinger, M. and Sousa Silva, E. (2024) *Gendered Urban Violence among Brazilians*. Manchester University Press.

Metta, M. (2016) Embodying feminist mothering: narratives of resistance through patriarchal terrorism from both mother and child's perspectives. In L. Comerford, H. Jackson and K. Kosior (eds) *Feminist Parenting* (pp. 144–167). Demeter Press.

Mirrlees-Black, C. (1995) Estimating the extent of domestic violence: Findings from the 1992 British Crime Survey. Research Bulletin 37. Home Office Research and Statistics Directorate.

Moriarty, J. (2019) *Autoethnographies from the Neoliberal Academy: Rewilding, Writing and Resistance In Higher Education*. Routledge.

Murray, L. (2024) Re-storying gendered im/mobilities through a mobile and generationed autoethnography. *Mobilities*. See https://doi.org/10.1080/17450101.2024.2330567.

Murray, L., Moriarty, J., Holt, A. and Lewis, S. (2022) The unexceptional im/mobilities of gender-based violence in the Covid-19 pandemic. *Mobilities* 18 (3), 552–565.

Murray, L., Moriarty, J., Holt, A., Lewis, S. and Parks, M. (2023) Trans/feminist collaborative autoethnographic storying of gender-based violence, during the Covid-19 pandemic. *Journal of Gender-Based Violence* 7 (3), 399–413.

Murray, L., Holt, A. and Moriarty, J. (2024) Storying older women's immobilities and gender-based violence in the Covid 19 pandemic. In D. Fitzgerald and F. Cooper (eds) Knowing Covid-19: The pandemic and beyond (pp. 136–155). Manchester University Press. https://doi.org/10.7765/9781526178657.00012.

Ngũgĩ wa Thiong'o. (1987) *Decolonising the Mind: The Politics of Language in African Literature*. James Currey.

Norris, J., Sawyer, R.D. and Lund, D. (eds) (2016) *Duoethnography: Dialogic Methods for Social, Health, and Educational Research*. Routledge.

Office for National Statistics (ONS) (2024) 'I feel like I am living someone else's life': one in seven people a victim of stalking. See https://www.ons.gov.uk/peoplepopulationandcommunity/crimeandjustice/articles/ifeellikeiamlivingsomeoneelseslifeoneinsevenpeopleavictimofstalking/2024-09-26#:~:text=Aroundper cent20oneper cent20inper cent20sevenper cent20people,lastingper cent20impactper cent20onper cent20people'sper cent20lives (accessed October 2024).

Orsini, F. and Srivastava, N. (2013) Translation and the postcolonial. *Interventions* 15 (3), 323–31. https://doi.org/10.1080/1369801X.2013.824749.

Parks, M., Holt, A. Lewis, S. Moriarty, J., Murray, L. (2022) Silent footsteps – Renga poetry as a collaborative, creative research method reflecting on the immobilities of gender-based violence in the Covid-19 Pandemic, *Cultural Studies <=> Critical Methodologies*. See https://doi.org/10.1177/15327086221098993.

Refuge (2024) Refuge responds to latest 'Domestic abuse in England and Wales overview' from the Office of National Statistics, 28th October, 2024. https://refuge.org.uk/news/refuge-responds-to-latest-domestic-abuse-in-england-and-wales-overview-from-the-office-of-national-statistics/ (accessed October 2025).

Rhodes, P. and Nocon, A. (2003) A problem of communication? Diabetes care among Bangladeshi people in Bradford. *Health and Social Care in the Community* 11 (1), 45–54.

Roy, S. (2023) Dissonant intimacies: Coloniality and the failures of South–South collaboration. *The Sociological Review* 71 (6), 1237–1257. https://doi.org/10.1177/00380261231181775.

Sardinha, L., Maheu-Giroux, M., Stöckl, H., Meyer, S.R. and García-Moreno, C. (2022) Global, regional, and national prevalence estimates of physical or sexual, or both, intimate partner violence against women in 2018. *The Lancet* 399, 803–813.

Smith, A. (2001) Domestic violence laws: The voice of battered women. *Violence and Victims* 16 (1), 91–111.

Soto-Villagrán, P. (2022) Paisajes del cuidado en la Ciudad de México. Experiencias, movilidad e infraestructuras. *Íconos – Revista De Ciencias Sociales* (73), 57–75. https://doi.org/10.17141/iconos.73.2022.5212.

Stanko, E.A. (2001) The day to count: Reflections on a methodology to raise awareness about the impact of domestic violence in the UK. *Criminal Justice* 1 (2), 215–226.

Stanley, L. (1990) Moments of writing: Is there a feminist auto/biography? *Gender & History* 2, 58–67.

Temple, B. (2006) Being bilingual: Issues for cross-language research. *Journal of Research Practice* 2 (1), M2.

Thomas, S.N., Weber, S. and Bradbury-Jones, C. (2022) Using participatory and creative methods to research gender-based violence in the global south and with Indigenous communities: Findings from a scoping review. *Trauma, Violence, & Abuse* 23 (2), 342–355.

UN Women. Frequently Asked questions: Types of violence against women and girls. See https://www.unwomen.org/en/what-we-do/ending-violence-against-women/faqs/types-of-violence. (accessed April 2025).

Venema, R. (2016) Police officer schema of sexual assault reports real rape, ambiguous cases, and false reports. *Journal of Interpersonal Violence* 31 (5), 872–899.

Weisz, A.N., Tolman, R.M. and Saunders, D.G. (2000) Assessing the risk of severe domestic violence: The importance of survivors predictions. *Journal of Interpersonal Violence* 15 (1), 75–90.

1 Introducción

Lesley Murray, Jess Moriarty, Paula Soto Villagrán
y Olga Sabido Ramos

Es una tarde cálida en la Ciudad de México y las salas de exposición de la Casa del Tiempo, un centro cultural de la Universidad Autónoma Metropolitana, se llenan rápidamente. El edificio está alejado de la carretera, por lo que los sonidos del tráfico de la ciudad se amortiguan y el espacio es aireado y agradable. Un canto desolado entra en la habitación, haciéndose cada vez más fuerte hasta que aparece Julia Antivilo, vestida de negro con un pañuelo rojo en la cabeza, esparciendo pétalos de rosas rojas. Es artista de performance y está aquí para inaugurar la exposición: *Siento, luego resisto*, que es la culminación del proyecto colaborativo internacional sobre violencia de género (VBG). El arte de Julia se basa en el diálogo y ha contribuido con una pieza interactiva a la exposición. Se pide a los visitantes que seleccionen palabras de la exposición, o palabras que la exposición evoca, y las escriban en una cinta roja con una máquina de escribir antigua. La acción de escribir de esta manera se considera poética. La obra de arte de Julia personifica nuestro proyecto, que se basa en la superposición de historias para que sean compartidas y evocadoras.

Este es un libro sobre la violencia de género, colaborativamente construido por académicos y artistas, que entrelaza historias de una amplia gama de personas principalmente en el Reino Unido y México que tienen experiencias que querían compartir. Se basa en un proyecto de intercambio de conocimientos financiado por el Consejo de Investigación de Artes y Humanidades del Reino Unido: *Transformación de los paisajes transnacionales de la violencia de género a través de la narración transsensorial* (AHRC AH/X008843/1), que fue una continuación de un proyecto de investigación: *Las inmovilidades de la violencia de género en la pandemia de Covid-19* (también financiado por el Consejo de Investigación de Artes y Humanidades AH/V013122/1). La colaboración para este proyecto surgió a través del interés compartido por comprender la violencia de género a través de la lente de las movilidades de Lesley Murray y Paula Soto Villagrán. Fue una progresión natural desde el primer proyecto financiado por AHRC en el desarrollo de una metodología que era transnacional. Jess Moriarty fue la experta en escritura creativa y de vida en el primer proyecto y Olga Sabido Ramos se incorporó como experta en estudios sensoriales. En términos de posicionalidad, este proyecto significó no solo una colaboración con colegas de otro país, sino que nos dio la oportunidad de colaborar y compartir entre ambos países. En un contexto académico que valora y estimula el trabajo individual y la competencia, el proyecto estimuló un trabajo colaborativo feminista.

Nuestra metodología innovadora, la narración trans-sensorial, se basa en relatos situados 'basados en el arte' que están imbricados por los relatos de otros, produciendo salidas sensoriales diversas y conectadas que se pueden utilizar para provocar el diálogo. Este libro es una historia trans-sensorial en sí misma, enriquecida a través de sus innumerables lecturas, un proyecto narrativo en curso. En el proyecto de intercambio de conocimientos que lo informó, las historias adoptan muchas formas, como el texto creativo, la imagen, la actuacion y la instalación. Nuestro proyecto transnacional invitó a artistas y escritores creativos de diversos orígenes en el Reino Unido y México a responder a los relatos vividos de la violencia de género mediante la creación de historias, cómics, cuentos, poemas, instalaciones en 3D, fotografía artística, videos, pintura y cine. Estos se exhibieron en exposiciones consecutivas en la Ciudad de México y Brighton, que invitaron a una variedad de audiencias a participar en conversaciones abiertas, visitas guiadas, paneles de discusión, así como en talleres basados en las piezas de arte. Este libro reúne estas historias visuales, auditivos y textuales y plantea una serie de lecturas y análisis que buscan profundizar en el conocimiento sobre la violencia de género en diferentes contextos culturales. Cada uno de nosotros reflexiona y analiza la colección, con una mirada transdisciplinaria. Enmarcamos las historias con un comentario crítico, que las sitúa en el contexto de la violencia de género en ambos países.

La narración de historias tiene el potencial de invertir la mirada colonial y de ver y ser visto de maneras que desafían las estructuras hegemónicas dominantes (Elers *et al.*, 2021), por lo que es muy apropiado para el trabajo que busca desafiar y resistir al patriarcado. En este libro, y en el proyecto, pensamos en la narración como la forma en que contamos historias. Las técnicas y el medio que adoptamos para entregar una historia pueden incluir prosa, poesía, bellas artes, cine, guión, fotografía, novelas gráficas, escritura de vida, escultura, actuaciones, etc. La narración de historias es la forma en que traducimos una experiencia, por ejemplo, podríamos elegir contar una historia de una experiencia vivida o contar una historia de datos de investigación. Las historias de este libro y las historias (imagen y texto) creadas para la exposición están todas arraigadas en el contexto social y cultural de la investigación de la violencia de género, y apuntan a cómo podemos utilizar la interpretacion y la narracion para interrogar las fuerzas socioculturales y contribuir al cambio social. Los capítulos de este libro, al igual que el trabajo de los artistas, se basan en nuestras experiencias vividas con el proyecto y cada autor ha adoptado un enfoque autoetnográfico para hablar de manera personal y evocadora. La autoetnografía combina los propósitos, técnicas y teorías de la investigación social, asociados con los géneros de la escritura de vida, especialmente la autobiografía, las memorias y el ensayo personal (Manning y Adams, 2015; Murray, 2024), pero también valora formas como el drama, la poesía y las imágenes visuales. Por tanto, los capítulos de este libro utilizan una combinación de modos y técnicas de narración para contar una historia de múltiples capas. Esto refleja cómo era realmente el proyecto para nosotras, y también promueve nuestra intención de entregar un texto feminista que se resista al discurso patriarcal dominante que es sinónimo de investigación académica convencional (Moriarty, 2019).

La autoetnografía es un método poderoso para explorar temas sensibles de investigación como la violencia de género (Murray *et al.*, 2022). La virtud de las historias transnacionales sobre la violencia de género es que prevalen en todos los continentes y grupos sociales. Se trata de un importante problema social que afecta a millones de mujeres en todo el mundo, que se basa en profundas desigualdades de género y sigue profundamente arraigado en culturas de misoginia que se resisten al cambio. Según un reciente meta-análisis de informes e investigaciones mundiales sobre la violencia de género denunciado, más de una de cada cuatro mujeres en todo el mundo será víctima de violencia sexual por parte de su pareja a lo largo de su vida (Sardinha *et al.*, 2022). La violencia de género es frecuente no solo en el ámbito doméstico, sino en múltiples sitios, incluso espacios digitales y adopta muchas formas. Se denuncia muy poco y, a menudo, las personas que experimentan las formas más comunes de violencia de género, como los piropos, no lo registran como violencia. La violencia de género se basa en una cultura patriarcal que no logra vincular las experiencias cotidianas de violencia de género con efectos más graves y potencialmente fatales. Invade la vida de las mujeres en todo el mundo y las conecta inextricablemente. Contar historias es una forma de compartir experiencias que de otro modo serían singulares y abordar la crítica académica que busca alejarse de las contextualizaciones individualizadas hacia las más estructurales. La superposición de voces también fomenta los debates en torno a la concesión de voz y sus limitaciones (véase, por ejemplo, Coddington, 2017).

La pandemia de Covid-19 puso en relieve la violencia de género como un problema tanto global (ONU Mujeres, 2020) como microespacial. Naciones Unidas Mujeres (fecha desconocida) define la violencia de género como 'actos nocivos dirigidos contra una persona o un grupo de personas por razón de su género... arraigadas en la desigualdad de género, el abuso de poder y las normas nocivas'. La espacialidad y las movilidades de la violencia de género a menudo se pasan por alto, ya que las respuestas a la violencia son compartimentadas. Así, en el proyecto de investigación que precedió, definimos la violencia de género como una serie de 'actos nocivos' que resultan de una cultura de misoginia, incluyendo la violencia física, emocional y sexual, el acecho y el acoso, que se perpetran a lo largo de un continuo de espacios móviles (Murray *et al.*, 2022). Las experiencias de violencia de género pueden ser particulares a grupos de mujeres que pueden estar diferenciadas y minorizadas dentro de su país, pero que comparten similitudes con mujeres más allá de las fronteras nacionales. Sin embargo, es raro que las naciones miren más allá de sus propias fronteras en busca de las transformaciones culturales necesarias para un cambio a largo plazo. La investigación comparativa internacional suele ser difícil de llevar a cabo debido a las barreras lingüísticas (Guizzo, 2016). En su forma bilingüe, este libro habla de la urgente necesidad de instigar conexiones entre países y entre comunidades minoritarias y marginadas con el fin de contribuir a un cambio espacio-cultural duradero. Se necesitan enfoques nuevos y creativos para abrir un diálogo efectivo, formas de comunicación que vayan más allá del texto e involucren los sentidos. El libro adopta el método de la narración trans-sensorial para empujar los límites culturales que limitan el debate y el reconocimiento.

Violencia de Género en México y el Reino Unido

La violencia de género se denuncia muy poco y no todas las formas de violencia de género se consideran delitos. De hecho, la evidencia sugiere que la tasa de denuncias en Inglaterra y Gales se sitúa entre el 6% y el 18% (Hohl y Stanko, 2015; Venema, 2016). Es difícil obtener una imagen general de la violencia de género en el Reino Unido debido a las formas en que se informa y documenta. Se cree que una de cada cuatro mujeres sufrirá violencia doméstica a lo largo de su vida (Refugio, 2024); y que una de cada siete personas en Inglaterra y Gales experimentará acoso (ONS 2024). En efecto, en el caso de México, siete de cada diez mujeres han experimentado violencia a lo largo de su vida (70.1%); de estas, la mitad han enfrentado violencia sexual (49.7%) y el 34.7% violencia física. Estos dos tipos de violencia son los que más se denuncian, ya que son los más visibles. Sin embargo, el porcentaje de quejas o denuncias ante alguna autoridad por violencia sexual y física aún es muy bajo, solamente el 7% de delitos fueron denunciados o se inició una investigación (INEGI, 2024). Cuando estas violencias son ejercidas por la pareja sólo el 13.1% denuncia, cuando sucede en la escuela solo es denunciada por 7.8% de las mujeres y el 7.1% cuando ocurren en la familia. Aunque es en el espacio comunitario donde más violencia sexual se vive, también es el ámbito donde menos se denuncia (INEGI, 2021; INMUJERES, 2023). Se necesitan pruebas coherentes y fiables para obtener una imagen completa de la violencia de género y lograr un cambio sostenible. Esto significa que los relatos cualitativos deben posicionarse como fuentes viables de evidencia junto con los informes de delitos y las estadísticas, en la formulación de políticas sobre violencia de género.

El nuevo documento político del Reino Unido 'Abordar la violencia contra las mujeres y las niñas' (Gobierno de Su Majestad, 2021) incluye propuestas para combatir los delitos contra las mujeres y las niñas, pero ha sido criticado por no ir lo suficientemente lejos a la hora de abordar el problema generalizado en el contexto de la disminución del enjuiciamiento de los autores de violaciones y abusos domésticos. En contraste, México cuenta con una Ley General de 'Acceso de las Mujeres a una Vida Libre de Violencia', promulgada el 1 de febrero de 2007, la cual es un instrumento legal que representa un gran avance en la lucha contra la violencia de género. Establece las directrices legales y administrativas con las que el Estado interviene en todos los niveles de gobierno para garantizar y proteger los derechos de las mujeres. Alrededor de 30 estados de la República Mexicana cuentan con leyes para la prevención de y atención a la violencia intrafamiliar y 29 estados tipifican este tema como un delito autónomo en sus códigos penales. El gobierno ha desarrollado programas sectoriales que buscan prevenir las causas estructurales de la violencia, así como establecer servicios para la atención directa a las víctimas de violencia de género. La organización INMUJERES se encarga de promover y fomentar las condiciones de no discriminación, igualdad de oportunidades e igualdad de trato entre hombres y mujeres. Tiene a su cargo la fomentacion, seguimiento y evaluación del Programa Nacional de Igualdad de Oportunidades y No Discriminación entre Mujeres y Hombres (PROEQUIDAD).

En la Ciudad de México, se ha puesto en marcha una serie de medidas para abordar la violencia de género (por ejemplo, Soto-Villagrán, 2021) y esta fue una de las razones para construir nuestra colaboración entre académicos y artistas mexicanos y británicos. Sin embargo, 'la cultura misógina generalizada y arraigada en la sociedad mexicana contribuye a crear una atmósfera de impunidad que apoya y normaliza la violencia de género estructural' (Infante-Vargas y Boyer, 2022: 216). La violencia de género en el transporte público y en los espacios públicos de la Ciudad de México sigue siendo un problema cotidiano, ya que el 70% de las mujeres se sienten inseguras en las redes de transporte público. En comparación, en el Reino Unido, aunque la Encuesta Nacional de Viajes encontró que la mayoría de las personas se sienten seguras en el transporte público, el 63% de las mujeres evitan viajar solas después del anochecer y el 19% ha experimentado violencia de género. Es probable que el panorama subyacente en ambos países sea más complejo de lo que sugieren estas estadísticas. Siguiendo con el enfoque tanto en México como en el Reino Unido, abordar la violencia de género en relación con un continuo de inmovilidades (Murray *et al.*, 2022) activa nuevas formas de diálogo y acción. Genera una comprensión transnacional de la causa de la violencia de género y de las formas en que, a diferentes escalas, puede ser posible desafiar las normas culturales arraigadas que la perpetúan.

Historias de Violencia de Género

Las historias visuales y textuales transmiten la experiencia 'sentida' de la violencia de género, involucrando a los lectores y al público en lo aparentemente 'mundano' así como en lo 'impactante'. Estas historias ayudan a cuestionar el uso intensivo de las estadísticas de criminalidad para evidenciar la violencia de género, unas estadísticas que a menudo distorsionan la experiencia situada y encarnada, y reflejan y mantienen políticas y prácticas excluyentes, particularmente para las comunidades minoritarias. Otros estudios han utilizado métodos visuales para revelar aspectos de la violencia de género. Por ejemplo, Bowstead (2021) investigó los viajes que realizaban las mujeres como consecuencia de la violencia doméstica a través de fotografías. Argumenta (Bowstead, 2021: 17) que las narrativas 'ponen de relieve cuestiones prácticas, emocionales y legales para las mujeres en movimiento' y las imágenes 'permiten comprender su sentido y el significado de hogar, identidad y pertenencia en sus experiencias de desplazamiento y reasentamiento'. Buscamos ir más allá de los relatos aislados para superponer historias, para conectarlas de manera intrincada y reflejar las complejidades de la experiencia. Comenzamos con relatos en su mayoría singulares de experiencias individuales y los convertimos en historias trans-sensoriales, respuestas artísticas a relatos vividos – en historietas, cuentos, poemas, instalaciones en 3D, fotografía artística y pintura y cine. A su vez, la exhibición de estas obras de arte estimuló respuestas multisensoriales, que a su vez fueron visual y textualmente significativas. Las historias trans-sensoriales tienen múltiples capas y producen un diálogo intercultural. El libro documenta nuestro proyecto sobre la narración trans-sensorial de las inmovilidades de la violencia de género en el Reino Unido y México. Su objetivo es entablar un diálogo con nuevas audiencias a través de narrativas de la violencia de género e historias interactivas que reimaginan los diversos paisajes de la violencia de género en espacios urbanos interculturales.

El proyecto *The Immobilities of Gender-Based Violence in the Covid-19 Pandemic* (Arts and Humanities Research Council AHRC AH/V013122/1) comenzó en la pandemia y buscó entender las formas en que las espacialidades cambiantes de Covid-19 y las respuestas a ella impactaron en la violencia de género. Esto se conceptualizó utilizando terminología del campo de las movilidades (Murray *et al.*, 2022), que es un campo de estudio interdisciplinario y transdisciplinario que examina y da sentido a las interdependencias del movimiento. A lo largo de la historia, ha habido una fuerza restrictiva intermitente de los movimientos para ejercer control que ha mantenido los roles de género (Murray y Khan, 2020). Esta inmovilización se hizo particularmente evidente durante la pandemia de Covid-19, cuando se produjeron cambios marcados en las espacialidades de la violencia de género. Hubo un florecimiento de relatos de experiencias vividas de violencia de género. Descubrimos que la pandemia de Covid-19 abrió oportunidades de escape que no eran evidentes de antemano, un pivote social que cultivó la transformación, pero también la reflexión (Murray *et al.*, 2022). Así, surgieron historias de violencia de género que relataban experiencias anteriores y durante la pandemia, destacando la omnipresencia de la violencia en todos los espacios y vidas.

Las experiencias de las mujeres con la violencia de género han sido ampliamente documentadas y compartidas en el trabajo académico y profesional (Mirrlees-Black, 1995; Smith, 2001; Stanko, 2001; Weisz *et al.*, 2000). Este libro transdisciplinario busca ir más allá de la documentación, siguiendo el trabajo existente sobre la violencia de género en las artes (por ejemplo, Boesten y Scanlon, 2021; Fairey y Kerr, 2020). También nos basamos en trabajos que han utilizado métodos creativos para comprender la violencia de género, incluidos los métodos decoloniales (por ejemplo, Thomas *et al.*, 2022). Metta (2016: 134), sugiere que contar historias que buscan cambiar el discurso dominante: 'coloca a las mujeres y sus experiencias vividas de abuso y violencia de género en el centro de la autonarrativa, juega un papel fundamental en el desafío de los discursos y estructuras de género que sustentan los contextos sociales particulares'. Las obras artísticas que se desarrollaron para el proyecto ayudaron a los investigadores y artistas a explorar comportamientos y eventos pasados, acciones y razonamientos personales, y valores y actitudes morales (Foddy, 1993) y a repensar y reimaginar estas historias para ganar perspectiva y descubrir el significado dentro de las experiencias vividas por cada uno (Kvale, 1996). En lugar de codificar y explicar las historias que se recopilaron en la etapa inicial del proyecto, las exposiciones buscaron valorar las historias y la mezcla de estilos de escritura y (a través de las charlas, discusiones y talleres de los artistas) reconocer las voces individuales dentro de la investigación en lugar de simplemente tratar de codificar y/o informar sobre lo sucedido (Dundar Jr. *et al.*, 2003). También sirven como una forma de resistencia. A medida que los capítulos iluminan, la narración visual y la narración evocan respuestas multisensoriales que desafían los discursos existentes. Los propios artistas experimentaron el storying como una forma de activismo, especialmente en México, siguiendo las tradiciones del artivismo en América Latina (véase, por ejemplo, McIlwaine *et al.*, 2024).

Trabajar en Varios Idiomas

Este es un libro bilingüe (inglés y español) que refleja un proyecto bilingüe e intercultural. El objetivo de la investigación era colaborar más allá de las fronteras nacionales. Sin embargo, somos conscientes del uso de este lenguaje y de todo el lenguaje en una colaboración entre investigadores del 'Sur Global y del Norte Global'. Como argumenta Coetzee (2019: 2), esto está repleto de 'conflictos y debates que ponen en primer plano la discontinuidad y los significados cambiantes, disputados y contextualizados... [de términos como 'descolonizar' y 'colaborar']. Al cuestionar la noción de descolonización como un término que potencialmente puede 'mantener en lugar de transformar' (Ceotzee, 2019: 3), cita el libro de Ngũgĩ wa Thiong'o, *Descolonizar la mente*:

> una situación neocolonial que ha hecho que la burguesía europea nos robe una vez más nuestros talentos y genios como ha robado nuestras economías. En los siglos XVIII y XIX Europa robó tesoros artísticos de África para decorar sus casas y museos; en el siglo XX Europa está robando los tesoros de la mente para enriquecer sus lenguas y culturas. (Ngũgĩ wa Thiong'o, 1987: xii)

Las colaboraciones globales Sur-Norte 'han sido experimentadas por los colaboradores del Sur como extractivas y desiguales, y centradas' (Roy, 2023: 1237). El lenguaje puede ser central en la experiencia de este panorama desigual de poder. Temple (2006) sugiere que hay algunos trabajos que analizan conceptos y palabras en todas las lenguas (Bradby, 2002; Rhodes y Nocon, 2003), pero poco sobre el impacto de trabajar con más de un idioma a la vez. Parece que gran parte de la investigación existente sobre la investigación interlingüística se centra en el papel de los intérpretes y traductores más que en la interacción entre investigadores. Somos creadores de significado, y lo hacemos a través del lenguaje y los matices del lenguaje. Aquí no solo trabajamos en varios idiomas, sino también en todas las disciplinas. Y es por eso que identificamos la narración de historias como crucial para nuestros métodos: ofrece una forma de hacer trabajo académico que es inclusiva, atractiva y que puede tener un gran alcance. Atraer al público a la investigación en lugar de excluirlo a través de la lengua vernácula del trabajo académico convencional, que a menudo es masculino, blanco y omnipotente. Incluso producir un texto bilingüe ofrecía un reto y, durante un tiempo, se sintió como si el libro tuviera que ser abandonado, ya que parecía que solo era posible producirlo en inglés, lo que habría alienado a los artistas y colaboradores en México y también a los posibles lectores de la obra, quienes luego podrían utilizar y evolucionar los métodos y hallazgos que desarrollamos.

En esta colaboración intercultural y multilingüe, nos sentamos con incomodidad de una manera que puede 'potencialmente revelar, impugnar y transformar normas' (García-Gonzáles *et al.*, 2022: 152) y, por lo tanto, desafiar las jerarquías de poder. El proyecto multilingüe pone en primer plano y problematiza los elementos conflictivos en juego, incluida la geopolítica, las etnias, los orígenes y las experiencias del equipo en relación con la violencia de género y con el trabajo como un equipo colaborativo internacional que abarca el 'Norte Global' y el 'Sur Global'. Al igual que García-Gonzales *et al.*, seguimos una gran cantidad de estudios feministas que han debatido estos temas. El idioma era, por supuesto, una cuestión fundamental y reflexionamos sobre nuestras posiciones de la siguiente manera.

Lesley

Para mí, este proyecto ha puesto en relieve mi propia lengua 'perdida' (García-Gonzales *et al.*, 2022: 159), no solo como persona irlandesa sin la lengua irlandesa (estoy tratando de aprender ahora), sino como académica menos capaz de asumir riesgos. Así que soy consciente de mi español perdido y de mis intentos de encontrarlo. Soy consciente del dominio del inglés en la academia a pesar de la influencia de los textos españoles en mi campo de estudio, aun con sus asociaciones coloniales. Como siempre, el inglés de nuestros colaboradores es mucho mejor que mi español, por lo que mis intentos se desvanecen. Sólo pude leer un guión preparado en la inauguración de la exposición en la Ciudad de México y esto estuvo lejos de ser fluido.

Jess

En la Ciudad de México, me tambaleé. Mi español era horriblemente limitado y constantemente tenía que depender de las habilidades lingüísticas y la amabilidad de los extraños para llegar a cualquier lugar, para hacer cualquier cosa. Incluso visitamos un museo donde se exploró el impacto del colonialismo en México y, aparte de 'si' 'per favore', hablé en inglés y fui ayudada por amables mexicanos y Lesley, que habla mejor español de lo que dice aquí. El malestar causado por mi propia ignorancia no ayudó en nada ni alivió mi culpa. Si bien abogo por los enfoques decoloniales, el proyecto puso de manifiesto que sigo siendo parte del problema.

Olga

Para mí el inglés siempre ha sido un requisito impuesto por la academia. Es una lengua en la que no me siento segura, sin embargo la confianza y el apoyo mutuo con Paula permitieron que fluyera. Recuerdo que me sorprendió haber dado una visita guiada por la exposición en Brighton, aunque también llegó a ser frustrante no poder transmitir ciertas emociones y experiencias afectivas, pues cada lengua tiene sus propios léxicos emocionales.

Paula

El inglés para mí siempre ha sido una exigencia para validar mi trabajo. De hecho, en las primeras comunicaciones con Lesley, lo plantee como un problema – 'mi inglés no es bueno' le decía – sin embargo coincidimos en que el trabajo artístico nos permitiría establecer una comunicación más allá del idioma. Posteriormente entendí que el gran desafío de traducción e interpretación en este proyecto no sería solo el idioma inglés sino el encuentro con el lenguaje artístico. Crear con las artistas un espacio de confianza y diálogo sobre sus obras, sobre las expectativas y la co-creación de la exhibición, solo fue posible a través de un cuidadoso trabajo feminista construido junto a Olga.

Hoover (2020) escribe sobre cómo 'los procesos de traducción de conocimientos y el lenguaje se entrelazan cuando se llevan a cabo investigaciones en diferentes contextos lingüísticos'. Siempre estamos traduciendo independientemente de las diferencias lingüísticas (Orsini y Srivastava, 2013), lo que refleja las innumerables diferencias citadas anteriormente. Como argumenta Haraway, necesitamos un enfoque feminista que 'ame... las ciencias y las políticas de la interpretación, la traducción, la tartamudez y lo parcialmente comprendido', uno en el que 'la traducción es siempre interpretativa, crítica y parcial' (Haraway, 1988: 589, en Hoover, 2020: 433). Adoptamos ese enfoque, moviéndonos hacia atrás y hacia adelante a través del inglés y el español. Las dificultades en cuanto a la logística del proyecto dieron lugar al uso de la traducción con IA. Utilizamos la traducción de Microsoft Word para movernos entre idiomas en los capítulos y adaptamos la redacción, tanto en inglés como en español, como otra capa de traducción.

Es importante dar a todos los investigadores la oportunidad de contribuir a través de 'autobiografías intelectuales' (Stanley, 1990: 62), que son formas de situarnos en la investigación y comprender lo que esto aporta 'ubicando los actos de comprensión en una explicación de los contextos fundamentados en los que se encuentran y de los que surgen'. Los intérpretes también son activos en la investigación más que conductos objetivos de información. Caretta (2015) aplica la noción de conocimiento situado de Haraway (1991: 489) que 'pone de relieve la naturaleza contingente, jerárquica, contextual, experiencial y relacional de la producción de conocimiento'. En este proyecto, la producción de conocimiento se aborda con cuidado para que sea, como propone Caretta, 'conocimiento mutuamente acordado'. Nuestro enfoque epistemológico feminista es reflexivo y reconoce e incorpora las subjetividades de investigadoras, artistas, intérpretes y participantes.

Estructura del Libro

Como se ha comentado, el proyecto de intercambio de conocimientos que generó las historias visuales de este libro fue una continuación de un proyecto de investigación que tuvo lugar durante la pandemia de Covid-19 y se centra en el concepto de in/movilidades en la producción de violencia de género. Esto se detalla aquí, en el capítulo 2, ya que articula nuestro marco teórico de la violencia de género en relación con las in/movilidades. Por lo tanto, el capítulo resume el proyecto (para más detalles, véase Holt y Lewis, 2023; Murray *et al.*, 2022, 2023, 2024; Parks *et al.*, 2022) para ilustrar las formas en que se experimenta la violencia de género en múltiples espacios conectados. Este proyecto, que analizó historias de violencia de género solo en el Reino Unido, establece el contexto para nuestro proyecto de intercambio internacional de conocimientos. Además de vincular los espacios de la violencia de género, uno de los principales hallazgos de este proyecto fue que las respuestas sensoriales y emocionales amplificadas precipitan puntos de inflexión en las respuestas a la violencia de género. La violencia de género se 'siente' en los espacios móviles urbanos conectados, desde el lugar de trabajo hasta el transporte público y la calle, y se precipita por las inmovilidades. El capítulo muestra cómo la participación en la experiencia vivida de la violencia de género a través de historias es esencial para una comprensión completa de las formas en que la violencia de género se acumula en el cuerpo a través del espacio y el tiempo. Como parte de este proyecto, hemos podido identificar métodos de mejores prácticas en torno a la organización de talleres con personas que han experimentado la violencia de género (Parks *et al.*, 2022) que se centran en realizar este trabajo de forma sensible y ética, y también hemos ideado formas de difundir la investigación que es personal, histórica, creativa y humana (Murray *et al.*, 2022). Discutimos esto como parte de un giro en el trabajo académico que busca trabajar en colaboración con las personas, en lugar de hacer investigación sobre ellas.

En el capítulo 3, exponemos nuestra metodología de narración trans-sensorial. Las semillas de este método estaban en el proyecto de investigación original que se basó íntegramente en el Reino Unido, pero el método se coprodujo en el proyecto internacional de seguimiento. El capítulo expone el recorrido de nuestro método trans-sensorial a través del proyecto. Explica cómo la narración trans-sensorial emerge a través del diálogo, entre el equipo de investigación y con nuestros artistas y colaboradores. El capítulo también presenta algunas de las historias trans-sensoriales, configurando los capítulos que siguen, que ponen las obras de arte en conversación entre sí. Estas conversaciones se articulan a través de una serie de temas generales que forman el hilo conductor de cada capítulo. En el capítulo 3, presentamos las obras de Tanaka Mhishi, Carrick, Maria Antonieta de la Rosa y Barbara Muñoz de Cote para comenzar la historia trans-sensorial del libro. Aquí, las historias visuales y textuales no solo transmiten la experiencia sentida y encarnada de la violencia de género, sino que representan las formas en que las historias son fugaces e interminables. Las historias trans-sensoriales nunca se cuentan por completo, pero son comienzos que evocan nuevos compromisos.

Un tema clave a lo largo del libro es el papel de la narración visual y textual en la evocación de compromisos sensoriales y emocionales con la violencia de género. Los siguientes cuatro capítulos (capítulos 4–7) se centran en respuestas visuales y textuales específicas en el Reino Unido y México y las ponen en diálogo. Cada capítulo revela cómo estas historias trans-sensoriales ofrecen la oportunidad de revelar posibilidades para transformar las experiencias de violencia de género, así como para influir en las políticas y el apoyo. Las historias visuales y textuales dan vida a las experiencias de diferentes maneras y los capítulos lidian con esto de diversas maneras. Estos fomentan la comprensión intercultural al documentar y comparar las producciones artísticas del Reino Unido y México. Además de conectar los contextos culturales de México y el Reino Unido, también nos estamos enfocando en las historias liminales de la violencia de género, que a menudo están ausentes. En el capítulo 4 se extrapolan las dimensiones espacio-temporales de la violencia de género, a raíz de lo expuesto en el capítulo 2. Considera la escala, el continuo espacial de la violencia de género, la ubicación de la violencia de género y la relación entre el espacio como resistencia a través de las obras de Vanessa Marr, Ana Barreto, Alejandro Collado, Dora Bartilotti y Frederick Rodríguez. El capítulo 5 lleva este pensamiento en una dirección diferente al centrarse en una lectura feminista de la 'caminante callejera' como escritora y resistente de la ciudad. A partir de las obras de arte creadas en el primer proyecto, *Las inmovilidades de la violencia de género*: Ottilie Hainsworth, Sabba Khan, Karolina Jonc Buczek, Woodrow Phoenix, Sophie Kathleen Stevens, Sarah Ushurhe y Elijah Vardo, así como de Sonia Madrigal, Ana Barreto, Dahlia de la Cerda y Jemma Treweek del proyecto posterior, el capítulo analiza la movilidad de las narrativas visuales y su papel en la narración de la violencia de género. En el capítulo 6, Soto Villagrán y Sabido Ramos llevan a las personas lectoras a través de las narrativas artísticas de Tony Gammidge y Dahlia de la Cerda para identificar el vínculo entre los sentidos y la emoción. El capítulo 7 es una colaboración entre la investigadora Jess Moriarty y la artista Vicki Painting en la que adoptan un enfoque duoetnográfico feminista (Norris *et al*., 2015) en la que navegan y deliberan sobre las obras de Jemma Treweek, Chris Reading, Ruchika Wason Singh y la Colectiva GeoBrujas (Karla Helena Guzmán y Valeria Ysunza Pérez-Gil) en una elaboración del papel de la narración de historias en la comprensión de la violencia de género.

En este libro exploramos las estrategias que ayudaron a las investigadoras y artistas a navegar el trabajo sobre las experiencias de violencia de género, que incluyen el trabajo colectivo y creativo, pero también el uso de la historia para ofrecer información sobre nuestras experiencias vividas y las experiencias vividas de las mujeres que investigamos. 'Ser auténtica no significa necesariamente contarlo todo. Como si eso fuera posible'. (Helps, 2018: 60). Enmarcado por las veintiséis respuestas artísticas a la violencia de género que se muestran aquí, el libro busca demostrar las formas en que las in/movilidades producen violencia de género. También plantea una nueva metodología, el relato trans-sensorial, que busca problematizar las formas en que se entiende y evidencia la violencia de género, en múltiples escalas, desde lo más local hasta lo global, de manera que se considere como la red compleja e interconectada de violencia de género que requiere una transformación social y cultural.

2 The Immobilities of Gender-Based Violence in the Covid-19 Pandemic in the UK

Lesley Murray and Jess Moriarty

Introduction

The Covid-19 pandemic produced a slowing down of everyday life and this revealed aspects of social and cultural life that were otherwise not visible. Across the world, as well as directly causing death and illness, the pandemic instigated sweeping changes to social and spatial practices, including changes in the patterns of gender-based violence. The research project: *The Immobilities of Gender-Based Violence in the Covid-19 Pandemic*[1] came about in response to a UK Arts and Humanities Research Council call for proposals that sought to generate understandings of the pandemic in the UK. The project aimed to create knowledge on the ways in which the forcing and curtailment of movement generated changes in patterns of gender violence. It also demonstrated the interconnections of gender violence across multiple connected spaces (Murray *et al.*, 2022, 2023) and the value as well as unevenness of storying gender violence (Moriarty & Parks, 2022; Murray *et al.*, 2024; Parks *et al.*, 2022). Unlike the chapters in the remainder of the book, this chapter focuses on this UK based project in the trans-sensory methodology, which is discussed in Chapter 3.

Although there had been some scholarship on the geographies of gender violence (Bows & Fileborn, 2022), this project aimed to explore the interconnected spaces of gender violence through a mobilities lens. The reconfigurations of mobilities had precipitated a number of rapid response papers, which were published during the pandemic on mobilities (e.g. Adey *et al.*, 2021) and gender violence (e.g. Mittal & Sing, 2020). These studies had grasped the urgency in understanding the fundamental societal shifts that the pandemic had produced and our project set out to bring them into dialogue. We did so through a transdisciplinary methodology that centred on storying a combination of sociological, criminological and creative writing perspectives. The theoretical framing of our methodology used the concept of im/mobilities, which has been developing in recent years as a way of articulating the tensions inherent in systems of mobilities that are uneven. Following on from scholarship in gendered im/mobilities (Boyer *et al.*, 2017; Murray & Khan, 2020; Shewly *et al.*, 2020) we used this concept to illustrate the ways in which patriarchal determinants of gendered mobilities produce gender violence. The key findings from the project were that gender violence takes place across multiple connected spaces in which women are immobilised in multiple and interrelated ways (Murray *et al.*, 2022); and that storying reveals new knowledge of gender violence in times of global crisis, not only in understanding its spatial re-patterning but orchestrating temporal shifts that allowed reflections across lifetimes. The key finding that led to the development of the trans-sensory storying methodology that underpins this book is that arts-based stories communicate the 'felt' experience of gender violence that allowed diverse audiences to engage with the apparently 'mundane' as well as more exceptional.

The Immobilities of Gender Violence

Gender violence, including physical, emotional and sexual violence, rape, stalking and harassment, occurs across a multitude of spaces: public space, intimate space, workplaces and online. These spaces are mobile in that they are constantly in co-production, locked into co-dependence (Lefebvre, 1991; Massey, 2005), yet they are often considered static and unconnected. This project set out to look across mobile spaces during the Covid-19 pandemic and to map out the policy response at that time. In doing so, we found that approaches to gender violence differed across the four nations of the UK, with each responding in different ways and with different levels of urgency. There was some evidence of devolved governments taking a broader approach to the gathering of evidence and working across departments. In Scotland domestic abuse and other forms of violence against women and girls were addressed during Phase 3 of Scotland's route map in 2021 and this included qualitative evidence on the impact of Covid-19 on people experiencing domestic abuse and other forms of violence against women and girls. In Wales, the government worked with the police over the 2020 Christmas period to protect victims of domestic abuse; and the Welsh Institute for Health and Social Care produced guidance for practitioners. In Northern Ireland, the first specific domestic abuse legislation came into force during the pandemic and for the first time non-physical abusive behaviour became a crime. All governments made some additional funding available to domestic abuse organisations, including women's refuges. None of the UK governments produced advice that encompassed the spatial intersections of gender violence nor connected gender violence across different places.

Before the global pandemic, international high-profile campaigns such as #MeToo, TimesUp and Hollaback! raised public awareness of the prevalence of gender violence. The campaigns illuminated the continued presence of gender violence in women's lives, its acceptance as something that is commonplace for many women. However, like governmental responses, there was a tendency to take a comparatively narrow lens, placing gender violence in particular sociocultural and spatial contexts. This meant that the spotlight on gender violence was relatively short-lived. In the meantime, there has, and continues to be, a large number of research studies, carried out across disciplines that seeks better understandings of gender violence. Scholarship in geography and anthropology has focused in on the spatialities of gender violence (for example Bows & Fileborn, 2022) and a number of studies sought new understandings of gender violence through creative and arts-based approaches (for example, Cani & Mandolini, 2022). This project sought to look through the lenses of mobilities, (Sheller, 2018; Urry, 2007) and particularly gendered mobilities (Uteng, 2008), and storying. The premise was that a transdisciplinary approach can look beyond the boundaries of disciplines like criminology; adopt a more mobile approach drawing from the literature on gendered mobiltiies; and develop a methodology of storying.

Mobilities is a field of study that has grown since the early 2000s, incorporating previous scholarship on transport geography, urban sociology and social anthropology, and bringing together a wide range of disciplinary perspectives to more fully understand movement and its meanings. The concept of immobilities was foregrounded from its inception (Hannam *et al.,* 2006: 3) in recognition of the relationalities of movement: 'There are new places and technologies that enhance the mobility of some peoples and places even as they also heighten the immobility of others'. This unevenness of mobilities is particularly gendered (Boyer *et al.,* 2017; Murray & Khan, 2020; Shewly *et al.,* 2020). For example, the continuing burden of caring on women means that they are more often immobilised in spaces close to home, whilst the daily bounds of travel for men continue to be more extensive.

The project set out to show that this uneven relationality of mobility generates and sustains gender violence. We already knew that gender violence takes place in a range of sites, such as workplaces, universities, schools and colleges, surgeries and hospitals, shops, cinemas, libraries, sports venues and parks, as well as within an increasingly wide range of online spaces. It also occurs in mobile social spaces – in cars, on trains, buses and planes and on mobile media. The latter is emerging as increasingly significant, for example, mobile phones (with GPS) can be used to track movements in cases of stalking; and visual images can be circulated with malicious intent in the form of rape videos, revenge porn, sexting, etc. Gender violence is prevalent in mobile spaces of transport as well as street spaces (Jarrigeon, 2012; Lewis, 2024; Tillous, 2016) and online spaces (Powell & Henry, 2017). We also already knew that particular forms of gender violence do not begin and end within a single location. For example, coercive control perpetrated by a partner is effective because it operates through every room of a home, and from the home to the car to the workplace, both online and offline. Understanding the intersectionality (Collins & Bilge, 2016; Crenshaw, 1991) of gender violence was critical to the project. We were mindful that injustices in urban space that underpin gender violence do not pertain only to women and men. Gender is not a binary concept but is fluid. People identifying as transgender, in particular, are often immobilised, for example, around the use of toilet facilities that segregate according to binary divisions of gender. The changing rules of social interaction that have emerged in the pandemic allowed us to break free from conventional approaches to gender violence.

Restrictions on movement that were put in place during the pandemic resulted in escalating burdens for women – including caring, schooling, working, emotional labour (Adey *et al.*, 2021) and generation-defining upheavals for children. The Covid-19 crisis produced gender violence, with a surge in reports of domestic abuse and changes in patterns of other forms of gender violence in all parts of the UK. A UN Woman report (2020) described a worldwide increase in domestic abuse as a 'shadow pandemic' that saw many victims trapped at home with their abuser. The National Domestic Abuse Helpline in the UK received 49% more calls than usual in the week ending 5 April 2020. A survey by children's charity Plan International and the campaign group *Our Streets Now* found that 19% of young women and girls (aged 14–21) in the UK experienced street harassment during the spring lockdown, rising to 51% during the summer as restrictions were lifted. There were also widespread reports of increases in online harassment as more people worked remotely (Etheridge *et al.*, 2020). Gender violence was socially and spatially reconfigured in the Covid-19 pandemic, highlighting the importance of understanding its immobilities. We understood gender violence not only as a continuum of violence (Kelly, 1987) but in a continuum of socio-spatial conditions. Covid-19 exposed and exacerbated existing social and spatial inequalities, including gender violence, with variations in financial and psychological stress, substance misuse (alcohol/drugs) and isolation. *The Immobilities of Gender-Based Violence During the Covid19 Pandemic* research project studied these impacts of the reconfiguring of space and movement on gender violence by adopting the methodology of storying.

Why Storying?

The production and analysis of narrative cuts across disciplines. As well as being central to literature and creative writing, it has a history in the broader humanities and in social science. Stories have the ability to produce insights into contextual circumstances most people may not have experienced first-hand (Garro & Mattingly, 2000) and research exploring human stories is often considered as the 'flip side' of established discourses (Bamberg, 2004). Storying can challenge dominant societal narratives and 'carry rhetorical weight' (Garro & Mattingly, 2000: 5) making it highly appropriate for feminist qualitative research seeking to challenge patriarchy. Frank (2012: 38) argues that 'people's stories report their reality as they need to tell it, as well as reporting what they believe their listeners are prepared to hear'. This argument views stories as representations of the truth and Taylor (2006) cautions researchers to question the authenticity of narrative in research. The project – and to some extent, this book – was not concerned with truth or fact, which are not always helpful in critical understanding (Disch, 1993). Instead, we identified methods for storying autobiographical experiences of gender violence as a potential way of reclaiming stories whilst navigating the legal, ethical and moral dilemmas sometimes associated with autobiographical writing in research (Lincoln, 2009). We aimed to engage people with the research by making stories that more accessible than conventional academic texts. We avoided the stereotypes that have often led to critique around battle-weary narratives of gender violence (Hakken, 2010) and bad romance tropes (Polletta *et al.*, 2011) that can potentially harm and undermine lived experiences of gender violence.

Storying allows us to get to aspects of ethical research that are often difficult to access. The processes of storytelling – using both image and text – raises issues of consent. As well as the writer or creator, storytelling often involves others who might be identified in the text. As Adams (2008: 184) suggests 'we must […] receive informed consent to include these others in our writing or [at the very least] justify why we did not'. Ellis (2007: 26) argues that, in writing sexual trauma, getting consent could well result in greater harm. The abuser could get arrested or may harm [the victim] again and therefore storytelling rather than reporting or focusing on notions of truth can offer, 'a reflexive attempt to construct meaning in our lives and heal or grow from our pain'. Misdirected or overgeneralised positivity in narratives of abuse can increase harm. Sinclair, Hart and Lomas found that an optimistic bias can put victims in danger with empathy, hope, acceptance and resilience being associated with the inability to leave abusive relationships. As Helps (2018: 60) suggests, some stories 'shouldn't and can't be told' because the telling of the story in a particular place and time may cause harm.

In this project we were, ultimately, careful to gather stories from others that had already been told and offer stories ourselves that we wanted to tell, while being clear that others would remain untold (Murray *et al.*, 2022; Parks *et al.*, 2022). As Hunt (2000: 75) argues, by fictionalising our own autobiography, the writer is able 'to move beyond entrapment in a single image of herself and to expand the possibilities for self' and that by storying the self, women are able to express themselves in a way that gives them permission to be different and even restored. This is why the arts and storytelling were identified as being a way of interpreting the data that wouldn't reduce or undermine the narratives of those disclosing lived experience of gender violence, but instead evoke meaning and create new works that would inspire new thinking and practice-based methods that might also lead to social change. The research sought to uncover nuances that may elude quantitative studies and stories were the key to understanding the immobilities of gender violence and their complexity. Plummer (1995) argues that people tell stories, which are not only personal, but which also form part of larger cultural, and historical narratives. Narrative puts the personal and the social in the same space; in an overlapping, intricate relationship (Speedy, 2008). Narrative portraiture can add to the existing field of narrative research by placing the research participants at the centre of the research. The project and this book value the telling and sharing of stories by the artists and the researchers, to deepen connection and understanding and to co-create meaning and understanding of gender violence.

Transdisciplinary Storying Method

The methodology adopted in the project *The Immobilities of Gender-Based Violence* was a transdisciplinary storying approach, drawing on sociology, criminology and creative writing scholarship. We went on to evolve this methodology into the trans-sensory storying methodology that underpins this book so it is important to set this out clearly here. The strategy was informed by mobile methods (Fincham *et al.*, 2010; Murray & Cortes, 2019), and specifically on work in the humanities and mobilities (Merriman & Pearce 2017) and criminology and mobilities (Lewis *et al.*, 2021), which centres on the interdependencies of embodied and imagined mobilities. In incorporating a storying approach, for the reasons set out above, we combined methods of life writing and narrative analysis to seek an alternative understanding of gender violence. Our disciplinary expertise in applying these methods was interwoven. Although the processes of storying and storytelling are more often associated with disciplines such as creative writing, narrative methods are integral to sociological research, although this was not consistently acknowledged until the 1980s (Hyvärinen, 2010; Lawlor, 2002; Riessman 2008).

In focusing in on stories of gender violence, our initial plan was to collect accounts from experiences during the pandemic, to demonstrate the ways in which gender violence had changed in the new socio-spatial context. The methods were devised in three phases: Phase 1, an analysis of existing stories of gender violence; Phase 2, the making of new stories of gender violence in creative workshops; and Phase 3 using the analysis from the first two phases for deliberation in policy workshops. Phase 1 of the project began as planned as we gathered stories that were already in the public domain, from websites that were focused on gender violence, campaign groups, newspapers and magazines. These were stories of gender violence that had been written during the pandemic and Covid-19 lockdowns. We took care in our curation of the stories, mindful of the trust that the storymakers place in sharing them. We collected hundreds of stories, that ranged in length from a few sentences to a few pages. As we organised them in NVivo, we began to see that although the stories were written during the pandemic, they did not necessarily recount experiences of gender violence during this time. Instead, the pandemic seemed to have offered a period of respite in which it became possible to reflect over lifetimes.

We took this through to our analysis, a combination of thematic and narrative. In our transdisciplinary thematic analysis we maintained a spirit of care and respect for our disciplinary tensions. So, while remaining deliberate and rigorous (Braun & Clarke, 2006), we avoided an overly prescriptive coding process and instead worked collectively, across our disciplines, in sorting the data into broad categories or codes that we then analysed using both thematic and narrative analysis, the former involving a more structured recoding. In contrast to thematic analysis, in narrative analysis the emphasis is on the ways in which the story itself as well as its content are under scrutiny. This means examining the ways stories are told; how they are sequenced in making sense of aspects of everyday lives; and the patterns of meaning and practice in stories that further understanding of particular social phenomena (Riessman, 1990). The plan had been to overlap the different phases of the research and so we started Phase 2 before completing the analysis of the existing stories. It was at this point that we realised that the strategy we had planned needed to be rethought.

Like many researchers across the world, due to the impacts of the pandemic, we were forced to pivot and adapt our methods. Phase 1 had not relied on direct participation as we were collecting stories that already existed. However, the impacts of the Covid-19 pandemic on research participation became clear during Phase 2. We organised six different storymaking workshops, creative workshops that aimed to use a range of storying methods to enable participation from diverse participants (Parks et al., 2022). The workshops were: 'Walking and Storytelling'; 'Mapping your story'; 'Many versions of me (comic book)'; 'Storying through objects (stitch and text)'; 'Autobiography and story'; and 'Imprismed –

sharing stories through image and collage'. In addition, we ran creative cafes – one-to-one sessions to support storytelling. They were carefully designed to explore different ways of telling stories and presented by expert storytelling facilitators. The aim was for participants to work on narrative accounts of their experiences and memories of gender violence but also begin to imagine ways to change the conditions that produce it. The plan had been to collect these stories, made during the project and compare them with the existing stories gathered in Phase 1. However, despite using different methods to advertise the workshops widely, we could not attract the expected numbers. This could have been for a variety of reasons, most probably a combination of these. Prospective participants in the workshops may have been living with perpetrators of gender violence, meaning taking part was unsafe or even impossible. They may not have been able to access the online workshops easily or the technology may have made access a challenge.

We reflected on these potential barriers and decided to change track and pursue other ways of collecting data. We agreed to work towards creating stories ourselves – within the research team – and embarked instead on a collaborative autoethnography (Chang *et al.*, 2013; Shapiro & Atallah-Gutiérrez, 2021; Young & McKibban, 2014), reflecting on and sharing our own experiences of gender violence from the perspective of the pandemic. We used creative writing methods to understand the cultures of mobilities that underpinned experience – creating a shared story of gender violence that spanned our lives, which we thematically and narratively analysed (Murray *et al.*, 2023). We wrote a collaborative poem – a Japanese form of collaborative writing called Renga, which we interrogated further once finished, combining our disciplinary knowledge in the transdisciplinary project (Parks *et al.*, 2022: 18). The following is an extract from the Renga we created as a research team:

> Readjust my mask.
> Shout but do not speak a word.
> Hold it all to me
> the outside and the inside
> and all that is in between
>
> Streets are deserted,
> we are all locked down now. Both
> angels and monsters
> equally curfewed and yet
> harms unequally shouldered.
> I hear stories.
> And I tell my stories too.
> Listen. Listen. Speak.

By developing our own autoethnographic approach, the research team were able to centre storytelling and lived experiences with gender violence and also evolve the methodological approach (Moriarty & Parks, 2022; Parks *et al.*, 2022). This was another contribution to knowledge that the project was able to instigate that was a shift from the original aims and objectives. The process of storytelling in this way was transformative, for the project and for the research team who came to know the subject area and themselves a little differently as a result of these new and shared ways of researching. We were able to bring together the different outputs and work through our different ways of analysing them to produce a series of outcomes (Murray *et al.*, 2022, 2023; Parks *et al.*, 2022). We summarise these below before saying a little about the final stage of the methodology, the policy workshop.

Mapping Gender Violence across Mobile Spaces and Time

One of the key findings from this primary project was around the ways in which gender violence has been socially and spatially reconfigured in the Covid-19 pandemic. This highlighted the importance of understanding gender violence across multiple social, spatial and mobile contexts (including virtual space). Gender violence should be understood not only as a continuum of violence (Kelly, 1987) but in this continuum of socio-spatial conditions. Covid-19 exposed and exacerbated existing inequalities, including gender violence. The increased risk factors included financial and psychological stress, substance misuse (alcohol/drugs) and isolation. And during this time, the numbers of domestic homicides had increased. Those experiencing gender violence at home had to deal with the impact of Covid-19 lockdowns including restrictions on their ability to escape violent situations and situations where there was a threat of violence due to lockdown restrictions, even when support agencies remained open to them. There was financial hardship caused by inability to work, an increase in surveillance and control as perpetrators were more likely to be in the home at all times and a lack of support from family and friends. There were also fewer opportunities for others to spot the signs (e.g. school closures) or to access help (e.g. calling police (Condry *et al.*, 2020) or visiting hospital as it might increase virus exposure). However, the increased difficulties led some of those experiencing gender violence in a domestic setting to report that the Covid-19 pandemic was a catalyst for change.

When out and about, those experiencing gender violence in public spaces such as streets and parks experienced an increase in violence associated with isolation, including sexual harassment and sexual assault. Incidences of stalking also increased. The patterns of gender violence on public transport changed, with an increase in violence associated with isolation and a decrease in gender violence associated with crowding, for example, groping. The reluctance to use taxis and ride sharing increased travel risks, while the proliferation of online activities during lockdown led to an increase in online harassment. The impacts were not all negative, however. The Covid-19 pandemic afforded the opportunity to reflect on experiences of gender violence that had been happening over long periods of time and often across lifetimes. One of the stories that travelled through the projects – from this to the follow-on project that is the subject of the remainder of the book – is of an older woman whose husband had abused her for many decades (see Murray *et al.*, 2024). The Covid-19 pandemic provided the context in which he became immobilised, unable to climb the stairs of their house and thus created a refuge for the woman. The collaborative autoethnographies, too, resulted in connected stories across lifetimes – with violence experienced since childhood. Gender violence moves across time and space mobilising and immobilising as it goes.

Sensory and Emotional Responses to Gender Violence

Another of the key findings was that amplified sensory and emotional responses precipitate turning points in gender violence responses. Gender violence is 'felt' across connected urban mobile spaces – from the workplace, to public transport, to the street and is precipitated by immobilities; these refer to intermittent curtailments and enforcements of corporeal and imagined movement rather than the absence of movement (Murray & Khan, 2020). Engaging with the lived experience of gender violence through stories is essential to a full understanding of the ways in which gender violence accumulates in the body across space and time. It is also key to inviting cultural change through engagement with new audiences – including the general public, community and voluntary groups, policymakers, practitioners. Sensory and emotional engagements with gender violence offer up the opportunity to reveal possibilities to transform experiences of gender violence as well as influence policy and support. We found that the Covid-19 pandemic opened up opportunities for escape that were not apparent beforehand, a societal pivot in which transformations were possible (Murray *et al.*, 2022). Stories bring experiences to life. We also found that the practice of storying, particularly in the first person, evoked emotional and sensory responses that opened up potential for change.

We deliberated with stakeholders on these points through a policy workshop that took place towards the end of our one-year project. As well as discussing the results of our research, this workshop raised a number of questions and highlighted the areas in which further knowledge exchange and engagement activities were most needed.

The key outcomes from the policy workshops are: that qualitative accounts need to become an accepted form of evidence; that new stories and ways of seeing gender violence need to be highlighted in order to transform the landscapes of gender violence; and that key stories, particularly of minoritised communities, are missing.

Marginalised and Missing Stories

The policy workshop (held online due to Covid-19 lockdown restrictions) included the research team, three creative writers and representatives from a migrant rights group, campaign groups and police. After presenting our research, the workshop attendees discussed the experiences and those of their service users. One of the themes from the workshop was the uneven impact of the Covid-19 pandemic, especially on transient people and workers – those who were most immobilised by the pandemic and were then more at risk of encountering gender violence. For example, a group representing migrant rights explained the ways in which documented and undocumented migrants had been particularly affected by the pandemic and the lack of access to support for those experiencing gender violence: 'in the case of the women we serve, it has been a really bleak and grim situation, and they have been trapped in really complex situations ... compounded by the hostile environment and lack of provision because of their immigration status'.

This included women who had to continue to travel in order to do their jobs as keyworkers, as nurses, care workers and cleaners, often requiring long commutes. Also, those who were experiencing structural inequalities were particularly impacted by forced reductions in services for those experiencing gender violence. There was a consensus that the pandemic had worsened structural inequalities. Women who were already experiencing gender violence in the home had to endure an intensified level of violence, with more dependency on services whose capacity was limited. The impossibility of storying for undocumented migrant women, who experience 'intersectional oppressions' highlighted the stories that are missing. The participants discussed the value of storytelling which was summed up by one:

> People thinking back to what they've done, things that happened when they were 17 and this may have been many years later. The storytelling approach can make gender-based violence something that's not an isolated incident that happens during a lockdown, but something that happens every day of people's lives from being tiny little children in school to being, you know, old people. So, I thought it was a really good way of looking at gender norms in society. (Workshop participant)

The workshops also discussed the finding from the project around the sharing of stories of gender violence that did not take place during the pandemic:

> We've had women share their stories from the 80s and 90s, which shows how impactful it is. They wish they'd done something about it. We noticed an increase in women sharing stories from the past over lockdown. Maybe they had more time to think about it and there were different stories on the news. (Workshop participant)

One of the drivers of the research was to reveal the inequalities of gender violence across these multiple mobile contexts. Although we found stories from older women, whose accounts of gender violence have been invisibilised (Murray *et al.*, 2023), the stories that were available online did not necessarily include the range of perspectives that we were seeking. We therefore commissioned seven artists to respond to a selection of the stories we had collected, reproducing them from their own viewpoint. This included young women from the street harassment campaign *Our Streets Now*, women of colour and an artist representing the experiences of traveller women. The comic stories produced nuanced accounts and revealed hidden aspects of gender violence. They also represented visual accounts of gendered experiences that are everyday – stories that people don't want to hear or see but that nevertheless need to be told and seen in order to de-normalise, to bring into dialogue (see Chapter 5).

Conclusion

This chapter has discussed the research project: *The Immobilities of Gender-Based Violence in the Covid-19 Pandemic*, which preceded the project that this book is based on. The research demonstrated that the rise in gender violence during lockdown occurred in domestic and also external spaces and that these experiences were personal, national, global. The project enabled us to identify methods of storying that further knowledge of gender violence across multiple contexts and highlight its immobilities. Storying experiences, particularly stories that capture multi-sensory experiences, can engage audiences and help transform the geo-politics and cultures that underpin gender violence. Although the project as a whole informed the development of trans-sensory storying, it was the visual stories that were the primary drivers. Commissioned towards the end of the project in response to an apparent body of missing stories the visual responses to the stories that we had collected seemed to encapsulate the value of storying. They brought us to the next stage of the research and the development of a more nuanced approach to storying: trans-sensory storying, that recognises both the merits of using multiple modes of storying that can include a more diverse range of people and also the layering of stories across time and space. Our methodology of trans-sensory storying is set out in Chapter 3.

Note

(1) The project (AH/V013122/1) is funded by the Arts and Humanities Research Council (AHRC) as part of the UK Research and Innovation rapid response to Covid-19. The grant supported an interdisciplinary team that comprises Dr Lesley Murray, Associate Professor in Sociology, Dr Jess Moriarty, Principal Lecturer in Creative Writing, both at the University of Brighton; Dr Amanda Holt, Reader in Criminology at the University of Roehampton; and Dr Sian Lewis, Lecturer in Criminology at the University of Plymouth.

References

Adams, T.E. (2008) A review of narrative ethics. *Qualitative Inquiry* 14, 175–194.
Adey, P., Hannam, K. Sheller, M. and Tyfield, D. (2021) Pandemic (im)mobilities. *Mobilities* 16 (1), 1–19.
Bamburg, M. (2004) Considering counter narratives. In M. Bamberg and M. Andrews (eds) *Considering Counter Narratives: Narrating, Resisting, Making Sense* (pp. 351–372). John Benjamins.
Bows, H. and Fileborn, B. (2022) *Geographies for Gender-Based Violence*. Bristol University Press.
Boyer, K., Mayes, R. and Pini, B. (2017) Narrations and practices of mobility and immobility in the maintenance of gender dualisms. *Mobilities* 12 (6), 847–860. https://doi.org/10.1080/17450101.2017.1292027.
Braun, V. and Clarke, V. (2006) Using thematic analysis in psychology. *Qualitative Research in Psychology* 3, 77–101.
Cani, E. and Mandolini, N. (2022) Aesthetics in distress: gender-based violence and visual culture. Introductory note. *Vista: Revista de cultura visual* 10, e022009.
Chang, H., Ngunjiri, F.W. and Hernandez, K.C. (2013) *Collaborative Autoethnography*. Left Coast Press.
Collins, P.H. and Bilge, S. (2016) *Intersectionality*. Polity Press.
Condry, R., Miles, C., Brunton-Douglas, T. and Oladapo, A. (2020) *Experiences of Child and Adolescent to Parent Violence in the Covid-19 Pandemic*. University of Oxford.
Crenshaw, K. (1991) Mapping the margins: Intersectionality, identity politics, and violence against women of colour. *Stanford Law Review* 43 (6), 1241e1299.
Disch, L. (1993) More truth than fact: Storytelling as critical understanding in the writings of Hannah Arendt. *Political Theory* 21 (4), 665–694.
Ellis, C. (2007) Telling secrets, revealing lives. *Qualitative Inquiry* 13 (1), 3–29.
Etheridge, B., Wang, Y. and Tang, L. (2020) Worker productivity during lockdown and working from home: Evidence from self-reports (No. 2020-12). *ISER Working Paper Series*.
Fincham, B., McGuinness, M. and Murray, L. (eds) (2010) *Mobile Methodologies*. Palgrave MacMillan.
Frank, A.W. (2014) Narrative ethics as dialogical story-telling. *Hastings Center Report* 44 (s1), S16–S20.
Garro, L.C. and Mattingly, C. (2000) Narrative as construct and construction. In C. Mattingly and L.C. Garro (eds) *Narrative and the Cultural Construction of Illness and Healing*. University of California Press.
Grésillon, É., Alexandre, F., Sajaloli, B. (eds) (2016) *La France des marges*. Armand Colin.
Haaken, J. (2010) *Hard Knocks: Domestic Violence and the Psychology of Storytelling*. Routledge.

Hannam, K., Sheller, M. and Urry, J. (2006) Editorial: Mobilities, immobilities and moorings. *Mobilities* 1 (1), 1–22.

Helps, S. (2018) Telling and not telling: Sharing stories in therapeutic spaces from the other side of the room. In L. Turner, N.P. Short, A. Grant and T.E. Adams (eds) *International Perspectives on Autoethnographic Research and Practice* (pp. 55–63). Routledge.

Hunt, C. (2000) *Therapeutic Dimensions of Autobiography in Creative Writing.* Jessica Kingsley Publishers.

Hyvärinen, M. (2010) Revisiting the narrative turns. *Life Writing* 7 (1), 69–82.

Jarrigeon, A. (2012) Des corps aux lieux urbains, Habiter les espaces publics. In A. Brochet and N. Ortar (eds) *La fabrique des modes d'habiter* (pp. 189–199). L'harmattan.

Kelly, L. (1987) The continuum of sexual violence. In J. Hanmer and M. Maynard (eds) *Women, Violence and Social Control. Explorations in Sociology* (pp. 46–60). Palgrave Macmillan.

Lawlor, S. (2002) Narrative in social research. In T. May (ed.) *Qualitative Research in Action* (pp. 242–258). Sage.

Lefebvre, H. (1991) *The Production of Space.* Blackwell.

Lewis, S. (2024) *Mind the Gender Gap: A Mobilities Perspective of Sexual Harassment on the London Underground.* Emerald Publishing.

Lewis, S., Saukko, P. and Lumsden, K. (2021) Rhythms, sociabilities and transience of sexual harassment in transport: Mobilities perspectives of the London underground. *Gender, Place & Culture* 28 (2), 277–298.

Lincoln, Y. (2009) Ethical practices in qualitative research. In D.M. Mertens and P.E. Ginsberg (eds). *The Handbook of Social Research Ethics* (pp. 150–169). SAGE Publications, Inc.

Massey, D. (2005) *For Space.* Sage.

Merriman, P. and Pearce, L. (2017) Mobility and the humanities. *Mobilities* 12 (4), 493–508.

Mittal, S. and Singh, T. (2020) Gender-based violence during Covid-19 pandemic: A mini-review. *Frontiers in Women's Health* 1 (4), 1–7.

Moriarty, J. and Parks, M. (2022) Storying autobiographical experiences with gender-based violence: A collaborative autoethnography. *Journal of Autoethnography* 3 (2), 129–143.

Murray, L. and Cortés-Morales, S. (2019) *Children's Mobilities: Interdependent, Imagined, Relational.* Palgrave Macmillan.

Murray, L. and Khan, N. (2020) The im/mobilities of 'sometimes-migrating' for abortion: Ireland to Great Britain. *Mobilities* 15 (2), 161–172. https://doi.org/10.1080/17450101.2020.1730637.

Murray, L., Moriarty, J., Holt, A. and Lewis, S. (2022) The unexceptional im/mobilities of gender-based violence in the Covid-19 pandemic. *Mobilities* 18 (3), 552–565.

Murray, L., Moriarty, J., Holt, A., Lewis, S. and Parks, M. (2023) Trans/feminist collaborative autoethnographic storying of gender-based violence, during the Covid-19 pandemic. *Journal of Gender-Based Violence* 7 (3), 399–413.

Murray, L., Holt, A. and Moriarty, J. (2024) Storying older women's immobilities and gender-based violence in the Covid-19 pandemic. In D. Fitzgerald and F. Cooper (eds) *Knowing Covid-19* (pp. 136–155). Manchester University Press.

Parks, M., Holt, A. Lewis, S., Moriarty, J. and Murray, L. (2022) Silent footsteps – Renga poetry as a collaborative, creative research method reflecting on the immobilities of gender-based violence in the Covid-19 pandemic. *Cultural Studies <=> Critical Methodologies* 22 (6), 654–662.

Plummer, K. (1995) *Telling Sexual Stories : Power, Change, and Social Worlds.* Routledge.

Polletta, F., Chen, P.C.B., Gardner, B.G. and Motes, A. (2011) The sociology of storytelling. *Annual Review of Sociology* 37 (1), 109–130.

Powell, A. and Henry, N. (2017) *Sexual Violence in a Digital Age.* Palgrave Macmillan.

Riessman, C.K. (2008) *Narrative Methods for the Human Sciences.* Sage Publications.

Shapiro, E.R. and Atallah-Gutiérrez, C. (2021) Cultivating feminist transnational practice with immigrant women: A collaborative autoethnography. *Women & Therapy* 44 (1–2), 172–192.

Sheller, M. (2018) *Mobility Justice: The Politics of Movement in An Age of Extremes*. Verso.

Shewly, H.J., Nencel, L., Bal, E. and Sinha-Kerkhoff, K. (2020) Invisible mobilities: Stigma, immobilities, and female sex workers' mundane socio-legal negotiations of Dhaka's urban space. *Mobilities* 15 (4), 500–513. https://doi.org/10.1080/17450101.2020.1739867.

Sinclair, E., Hart, R. and Lomas, T. (2020) Can positivity be counterproductive when suffering domestic abuse? A narrative review. *International Journal of Wellbeing* 10 (1), 26–53.

Speedy, J. (2005) Failing to come to terms with things: A multi-storied conversation about poststructuralist ideas and narrative practices in response to some of life's failures. *Counselling & Psychotherapy Research* 5 (1), 65–73.

Speedy, J. (2008) *Narrative Inquiry and Psychotherapy*. Palgrave Macmillan.

Taylor, C. (2006) Narrating significant experience reflective accounts and the production of (self) knowledge. *British Journal of Social Work* 36 (2), 189–206.

Tillous, M. (2016) *Marges, dimension spatiale des rapports de domination et genre margins*. Spatial.

#UN Women (2020) Press release: UN Women raises awareness of the shadow pandemic of violence against women during Covid-19. See https://www.unwomen.org/en/news/stories/2020/5/pressrelease-the-shadow-pandemic-of-violence-against-women-during-covid-19 (accessed May 2020).

Urry, J. (2007) *Mobilities*. Polity Press

Uteng, T.P. and Cresswell, T. (eds) (2008) *Gendered Mobilities*. Routledge.

Young, S.L. and McKibban, A.R. (2014) Creating safe places: A collaborative autoethnography on LGBT social activism. *Sexuality & Culture* 18 (2), 361–384.

2 Las Inmovilidades de la Violencia de Género en la Pandemia de Covid-19 en el Reino Unido

Lesley Murray y Jess Moriarty

Introducción

La pandemia de Covid-19 produjo una ralentización de la vida cotidiana y esto reveló aspectos de la vida social y cultural que de otro modo no serían visibles. En todo el mundo, además de causar directamente muertes y enfermedades, la pandemia instigó cambios radicales en las prácticas sociales y espaciales, incluidos cambios en los patrones de violencia de género. El proyecto de investigación: *Las inmovilidades de la violencia de género en la pandemia de Covid-19* surgió en respuesta a una convocatoria de propuestas del Consejo de Investigación de Artes y Humanidades del Reino Unido que buscaba generar formas de comprender la pandemia en el Reino Unido. El proyecto tenía como objetivo crear conocimiento sobre las formas en que el forzamiento y la restricción del movimiento generaron cambios en los patrones de violencia de género. También demostró las interconexiones de la violencia de género en múltiples espacios conectados (Murray *et al.*, 2022, 2023) y el valor, así como la desigualdad, de contar historias sobre la violencia de género (Moriarty *et al.*, 2022; Murray *et al.*, 2024; Parks, 2022). A diferencia de los capítulos del resto del libro, este capítulo se centra en este proyecto con sede en el Reino Unido en la metodología trans-sensorial, que se analiza en el capítulo 3.

Aunque ha habido algunos estudios sobre las geografías de la violencia de género (Bows y Fileborn, 2022), este proyecto tenía como objetivo explorar los espacios interconectados de la violencia de género a través de la lente de las movilidades. Las reconfiguraciones de las movilidades habían precipitado una serie de documentos de respuesta rápida, que se publicaron durante la pandemia, sobre las movilidades (por ejemplo, Adey *et al.*, 2021) y la violencia de género (por ejemplo, Mittal y Sing, 2020). Estos estudios habían captado la urgencia de comprender los cambios sociales fundamentales que había producido la pandemia y nuestro proyecto se propuso ponerlos en diálogo. Lo hicimos, a través de una metodología transdisciplinaria que se centró en la narración de una combinación de perspectivas sociológicas, criminológicas y de escritura creativa. El encuadre teórico de nuestra metodología utilizó el concepto de in/movilidades, que se ha venido desarrollando en los últimos años como una forma de articular las tensiones inherentes a los sistemas de movilidades que son desiguales. A raíz de los estudios sobre in/movilidades de género (Boyer *et al.*, 2017; Murray y Khan, 2020; Shewly *et al.*, 2019), utilizamos este concepto para ilustrar las formas en que los determinantes patriarcales de las movilidades de género producen violencia de género. Las principales conclusiones del proyecto fueron que la violencia de género tiene lugar en múltiples espacios conectados en los que las mujeres están inmovilizadas de formas múltiples e interrelacionadas (Murray *et al.*, 2022); y ese relato revela nuevos conocimientos sobre la violencia de género en tiempos de crisis global, no solo en la comprensión de su remodelación espacial, sino también en la orquestación de cambios temporales que permitieron reflexiones a lo largo de las vidas. El hallazgo clave que condujo al desarrollo de la metodología de narración trans-sensorial que sustenta este libro es que las historias basadas en el arte comunican la experiencia 'sentida' de la violencia de género que permitió a diversas audiencias interactuar con lo aparentemente 'mundano', así como con lo más excepcional.

Las Inmovilidades de la Violencia de Género

La violencia de género, incluida la violencia física, emocional y sexual, la violación, el acecho y el acoso, se produce en una multitud de espacios, incluidos el espacio público, el espacio íntimo, los lugares de trabajo y virtuales. Estos espacios son móviles en el sentido de que están constantemente en coproducción, encerrados en la codependencia (Lefebvre, 1991; Massey, 2005), pero a menudo se consideran estáticos e inconexos. Este proyecto se propuso analizar los espacios móviles durante la pandemia de Covid-19 y trazar la respuesta política en ese momento. Al hacerlo, descubrimos que los enfoques sobre la violencia de género diferían en las cuatro naciones del Reino Unido, y cada una respondía de diferentes maneras y con diferentes niveles de urgencia. Había algunos indicios de que los gobiernos descentralizados habían adoptado un enfoque más amplio en la recopilación de pruebas y trabajaban entre departamentos. En Escocia, el abuso doméstico y otras formas de violencia contra las mujeres y las niñas se abordaron durante la Fase 3 del mapa de ruta de Escocia en 2021, y esto incluyó evidencia cualitativa sobre el impacto de Covid-19 en las personas que experimentan abuso doméstico y otras formas de violencia contra las mujeres y las niñas.

En Gales, el gobierno colaboró con la policía durante el periodo navideño de 2020 para proteger a las víctimas de violencia doméstica; y el Instituto Galés de Salud y Asistencia Social elaboró una guía para los profesionales. En Irlanda del Norte, durante la pandemia entró en vigor la primera legislación específica sobre violencia doméstica y, por primera vez, tipificó como delito el comportamiento abusivo no físico. Todos los gobiernos pusieron fondos adicionales a disposición de las organizaciones de violencia doméstica, incluidos los refugios para mujeres. Ninguno de los gobiernos del Reino Unido emitió recomendaciones que abarcaran las intersecciones espaciales de la violencia de género ni conectaron la violencia de género en diferentes lugares.

Antes de la pandemia mundial, campañas internacionales de alto perfil como #MeToo, TimesUp y Hollaback! buscaron sensibilizar a la opinión pública sobre la prevalencia de la violencia de género. Las campañas arrojaron luz sobre la presencia continua de la violencia de género en la vida de las mujeres, su aceptación como algo común para muchas mujeres. Sin embargo, al igual que las respuestas gubernamentales, hubo una tendencia a adoptar una perspectiva comparativamente estrecha, situando la violencia de género en contextos socioculturales y espaciales particulares. Esto significó que la atención sobre la violencia de género duró relativamente poco. Mientras tanto, ha habido, y sigue habiendo, un gran número de investigaciones y estudios llevados a cabo en todas las disciplinas, que buscan una comprensión más compleja de la violencia de género. Los estudios en geografía y antropología se han centrado en las espacialidades de la violencia de género (por ejemplo, Bows y Fileborn, 2022). Y una serie de estudios buscaron nuevas formas de comprender la violencia de género a través de enfoques creativos y basados en las artes (por ejemplo, Cani y Mandolini, 2022). Este proyecto buscó mirar a través de los lentes de las movilidades (Sheller, 2018; Urry, 2007) y, en particular, las movilidades de género (Priya Uteng, 2008) y la narración de historias. La premisa era que un enfoque transdisciplinario puede mirar más allá de los límites de disciplinas como la criminología; adoptar un enfoque más móvil a partir de la literatura sobre las movilidades de género; y desarrollar una metodología de narración de historias.

Las movilidades son un campo de estudio que ha crecido desde principios de la década de 2000, incorporando estudios previos sobre geografía del transporte, sociología urbana y antropología social, y reuniendo una amplia gama de perspectivas disciplinarias para comprender más plenamente el movimiento y sus significados. El concepto de inmovilidades estuvo en primer plano desde sus inicios (Hannam *et al.*, 2006: 3) en reconocimiento de las relacionalidades del movimiento: 'Hay nuevos lugares y tecnologías que mejoran la movilidad de algunos pueblos y lugares, al mismo tiempo que aumentan la inmovilidad de otros'. Esta desigualdad de las movilidades es particularmente de género (Boyer *et al.*,

2017; Murray y Khan, 2020; Shewly *et al.*, 2019). Por ejemplo, la continua carga de cuidados que soportan las mujeres significa que con mayor frecuencia están inmovilizadas en espacios cercanos a casa, mientras que los viajes diarios de los hombres siguen siendo más extensos.

El proyecto se propuso mostrar que esta relacionalidad desigual de la movilidad genera y sostiene la violencia de género. Ya sabíamos que la violencia de género tiene lugar en una variedad de sitios, como lugares de trabajo, universidades, escuelas y colegios, consultorios y hospitales, tiendas, cines, bibliotecas, instalaciones deportivas y parques, así como dentro de una gama cada vez más amplia de espacios en línea. También ocurre en espacios sociales móviles: en automóviles, trenes, autobuses y aviones, y en medios móviles. Este último se perfila como cada vez más significativo, por ejemplo, los teléfonos móviles (con GPS) se pueden utilizar para rastrear movimientos en casos de acoso; y las imágenes visuales pueden circular con intenciones maliciosas en forma de vídeos de violación, pornografía de venganza, sexting, etc. La violencia de género es frecuente en los espacios móviles de transporte, así como en los espacios de la calle (Jarrigeon, 2012; Lewis, 2019; Tillous, 2016) y espacios en línea (Henry y Powell, 2018). Además, ya sabíamos que las formas particulares de violencia de género no comienzan y terminan en un solo lugar. Por ejemplo, el control coercitivo perpetrado por un compañero es efectivo porque opera a través de todas las habitaciones de un hogar, y desde el hogar hasta el automóvil y el lugar de trabajo, tanto en línea como fuera de línea. Comprender la interseccionalidad (Collins y Bilge, 2016; Crenshaw, 1991) de la violencia de género fue fundamental para el proyecto. Fuimos conscientes de que las injusticias en el espacio urbano que sustentan la violencia de género no afectan solo a las mujeres y los hombres. El género no es un concepto binario, sino que es fluido. Las personas que se identifican como transgénero, en particular, a menudo son inmovilizadas, por ejemplo, en torno al uso de instalaciones sanitarias que están segregadas según divisiones binarias de género. Los cambios en las reglas de interacción social que han surgido en la pandemia nos permitieron liberarnos de los enfoques convencionales de la violencia de género.

Restricciones a la circulación que se impusieron durante la pandemia dieron lugar a un aumento de las cargas para las mujeres, como el cuidado, la escolarización, el trabajo y el trabajo emocional (Adey *et al.*, 2020; ITF, 2020) y las convulsiones que han definido a los niños y niñas. La crisis de la Covid-19 produjo violencia de género, con un aumento de las denuncias de violencia doméstica y cambios en los patrones de otras formas de violencia de género en todas las partes del Reino Unido. Un informe de ONU Mujeres (2020) describió el aumento mundial de la violencia doméstica como una 'pandemia en la sombra' en la que muchas víctimas quedaron atrapadas en casa con su maltratador. La Línea Nacional de Ayuda contra la Violencia Doméstica en el Reino Unido recibió un 49% más de llamadas de lo habitual en la semana que finalizó el 5 de abril de 2020. Una encuesta realizada por la organización benéfica para la infancia Plan International y el grupo de campaña Our Streets Now reveló que el 19% de las mujeres jóvenes y las niñas (de 14 a 21 años) en el Reino Unido sufrieron acoso callejero durante el confinamiento de primavera, aumentando al 51% durante el verano a medida que se levantaban las restricciones. También hubo informes generalizados de aumentos de acoso digital a medida que más personas trabajaban de forma remota (Etheridge *et al.*, 2020). La violencia de género se reconfiguró social y espacialmente en la pandemia de Covid-19, destacando la importancia de comprender sus inmovilidades. Entendimos la violencia de género no sólo como un continuo de violencia (Kelly, 1987), sino como un continuo de condiciones socioespaciales. La Covid-19 expuso y exacerbó las desigualdades sociales y espaciales existentes, incluida la violencia de género, con variaciones en el estrés financiero y psicológico, el abuso de sustancias (alcohol/drogas) y el aislamiento. El proyecto de investigación, *Las inmovilidades de la violencia de género durante la pandemia de Covid19*, estudió estos impactos de la reconfiguración del espacio y el movimiento en la violencia de género mediante la adopción de la metodología de narración de historias.

¿Por qué Contar Historias?

La producción y el análisis de la narrativa son transversales a todas las disciplinas. Además de ser fundamental para la literatura y la escritura creativa, tiene una historia en las humanidades más amplias y en las ciencias sociales. Las historias tienen la capacidad de producir información sobre circunstancias contextuales que la mayoría de las personas pueden no haber experimentado de primera mano (Garro y Mattingly, 2000) y la investigación que explora las historias humanas a menudo se considera como la 'otra cara' de los discursos establecidos (Bamberg, 2004). Es capaz de desafiar las narrativas sociales dominantes y 'tener peso retórico' (Garro y Mattingly, 2000: 5), lo que lo hace muy apropiado para la investigación cualitativa feminista que busca desafiar el patriarcado. Frank (2012: 38) argumenta que 'las historias de las personas informan sobre su realidad tal como necesitan contarla, así como informan sobre lo que creen que sus oyentes están preparados para escuchar', este argumento ve las historias como representaciones de la verdad y Taylor (2006) advierte a los investigadores que cuestionen la autenticidad de la narrativa en la investigación. El proyecto – y hasta cierto punto, este libro – no se ocupaba de la verdad ni de los hechos, que no siempre son útiles para la comprensión crítica (Disch, 1993). En su lugar, identificamos métodos para narrar las experiencias autobiográficas de la violencia de género como una forma potencial de reclamar historias mientras navegamos por los dilemas legales, éticos y morales que a veces se asocian con la escritura autobiográfica en la investigación (Lincoln, 2009). Nuestro objetivo era involucrar a las personas en la investigación haciendo que las historias fueran más accesibles que los textos académicos convencionales. Evitamos los estereotipos que a menudo han llevado a la crítica en torno a las narrativas agotadoras de la violencia de género (Hakken, 2010) y los tropos del mal romance (Polletta *et al.*, 2011) que pueden dañar y socavar las experiencias vividas con la violencia de género.

El 'storying' nos permite llegar a aspectos de la investigación ética a los que muchas veces es difícil acceder. Los procesos de narración de historias, que utilizan tanto la imagen como el texto, plantean cuestiones de consentimiento. Además del escritor o creador, la narración de historias a menudo involucra a otras personas que podrían identificarse en el texto. Como sugiere Adams (2008: 184), 'debemos [...] recibir el consentimiento informado para incluir a estos otros en nuestros escritos o [al menos] justificar por qué no lo hicimos'. Ellis (2007: 26) argumenta que al escribir el trauma sexual, obtener el consentimiento bien podría resultar en un daño mayor. El abusador podría ser arrestado o puede dañar [a la víctima] nuevamente (Ellis, 2007: 26) y, por lo tanto, la narración, en lugar de informar o centrarse en nociones de verdad, puede ofrecer 'un intento reflexivo de construir significado en nuestras vidas y sanar o crecer a partir de nuestro dolor'. La positividad mal dirigida o excesivamente generalizada en las narrativas de abuso puede aumentar el daño. Sinclair, Hart y Lomas (2020) descubrieron que un sesgo optimista puede poner a las víctimas en peligro, ya que la empatía, la esperanza, la aceptación y la resiliencia se asocian con la incapacidad de abandonar las relaciones abusivas. Como sugiere Helps (2018: 60), algunas historias 'no deben ni pueden contarse' porque contar la historia en un lugar y tiempo particulares puede causar daño.

En este proyecto, en última instancia, tuvimos cuidado de recopilar historias de otros que ya se habían contado y ofrecer nosotras mismas historias que queríamos contar, teniendo claro que otras permanecerían sin contar (Murray *et al.*, 2022; Parks *et al.*, 2022). Hunt (2000: 75) argumenta que al ficcionalizar nuestra propia autobiografía, el escritor es capaz de 'ir más allá de la trampa en una sola imagen de sí mismo y expandir las posibilidades para sí mismo' y que al contar el yo, las mujeres pueden expresarse de una manera que les da permiso para ser diferentes e incluso restauradas. Esta es la razón por la que se identificó que las artes y la narración de historias eran una forma de interpretar los datos que no reduciría ni socavaría las narrativas de quienes divulgan la experiencia vivida con la violencia de género, sino que evocaría significado y crearía nuevas obras que inspirarían un nuevo pensamiento y métodos basados en la práctica que también podrían conducir a un cambio social. La investigación buscó descubrir matices que pueden eludir los estudios cuantitativos y las historias fueron la clave para comprender las inmovilidades de la violencia de género y su complejidad. Plummer (1995) argumenta que las personas cuentan historias, que no sólo son personales, sino que también forman parte de narrativas culturales e históricas más amplias. La narrativa pone lo personal y lo social en un mismo espacio; en una relación superpuesta e intrincada (Speedy, 2008). El retrato narrativo puede contribuir al campo existente de la investigación narrativa al situar a los participantes de la investigación en el centro de la investigación. El proyecto y este libro valoran que las artistas y las investigadores cuenten y compartan historias, para profundizar la conexión y la comprensión y para co-crear el significado y la comprensión de la violencia de género.

Método Transdisciplinario de Narración

La metodología adoptada en el proyecto *Las inmovilidades de la violencia de género* fue un enfoque transdisciplinario de narración, basado en la sociología, la criminología y la escritura creativa. Pasamos a evolucionar esta metodología hacia la metodología de narración trans-sensorial que sustenta este libro, por lo que es importante exponerla claramente aquí. La estrategia se basó en métodos móviles (Fincham *et al.,* 2010; Murray y Cortés, 2019); y específicamente sobre el trabajo en humanidades y movilidades (Murray y Overall, 2017; Murray y Upstone, 2014; Pearce y Merriman, 2017) y criminología y movilidades (Lewis *et al.,* 2019), que se centra en las interdependencias de las movilidades encarnadas e imaginadas. Al incorporar un enfoque narrativo, por las razones expuestas anteriormente, combinamos métodos de escritura de vida (Moriarty, 2020) y análisis narrativo (Murray y Järviluoma, 2019; Murray y Khan, 2020) para buscar una comprensión alternativa de la violencia de género. Nuestra experiencia disciplinaria en la aplicación de estos métodos se entretejió. Aunque los procesos de narración se asocian más a menudo con disciplinas como la escritura creativa, los métodos narrativos son parte integral de la investigación sociológica, aunque esto no se reconoció sistemáticamente hasta la década de 1980 (Hyvärinen *et al.,* 2013; Lawlor, 2002; Mishler, 1986; Riessman, 1990).

Al centrarnos en las historias de violencia de género, nuestro plan inicial era recopilar relatos de experiencias durante la pandemia, para demostrar las formas en que la violencia de género había cambiado en el nuevo contexto socioespacial. Los métodos se diseñaron en tres fases: Fase 1, un análisis de las historias existentes de violencia de género; Fase 2, la creación de nuevas historias de violencia de género en talleres creativos; y la Fase 3, utilizando el análisis de las dos primeras fases para su deliberación en talleres de políticas. La Fase 1 del proyecto comenzó según lo planeado, ya que recopilamos historias que ya eran de dominio público, de sitios web que se centraban en la violencia de género, grupos de campaña, periódicos y revistas. Eran historias de violencia de género que se habían escrito durante la pandemia y los confinamientos por el Covid-19. Tuvimos cuidado en nuestra selección de las historias, conscientes de la confianza que los creadores de historias depositan en compartirlas. Recopilamos cientos de historias, que variaban en longitud desde unas pocas oraciones hasta unas pocas páginas. A medida que organizábamos las historias en NVivo, comenzamos a ver que, si bien las historias se escribieron durante la pandemia, no necesariamente relataban experiencias de violencia de género durante este tiempo. En cambio, la pandemia parecía haber ofrecido un período de respiro en el que se hizo posible reflexionar a lo largo de las vidas.

Llevamos esto a nuestro análisis, una combinación de temática y narrativa. En nuestro análisis temático transdisciplinario nos mantuvimos con un espíritu de cuidado y respeto por nuestras tensiones disciplinarias. Por lo tanto, sin dejar de ser deliberadas y rigurosas (Braun y Clarke, 2006), evitamos un proceso de codificación demasiado prescriptivo y, en cambio, trabajamos colectivamente, a través de nuestras disciplinas, para clasificar los datos en categorías o códigos amplios que luego analizamos utilizando análisis temático y narrativo, el primero implicando una recodificación más estructurada. A diferencia del análisis temático, en el análisis narrativo se hace hincapié en las formas en que la historia en sí misma, así como su contenido, están bajo escrutinio. Esto significa examinar las formas en que se cuentan las historias; cómo se secuencian para dar sentido a aspectos de la vida cotidiana; y los patrones de significado y práctica en las historias que promueven la comprensión de fenómenos sociales particulares (Riessman, 1990). El plan había sido superponer las diferentes fases de la investigación, por lo que comenzamos la Fase 2 antes de completar el análisis de las historias existentes. Fue en ese momento cuando nos dimos cuenta de que había que replantear la estrategia que habíamos planeado.

Al igual que muchos investigadores de todo el mundo, debido a los impactos de la pandemia, nos vimos obligados a dar un giro y adaptar nuestros métodos. La Fase 1 no se había basado en la participación directa, ya que estábamos recopilando historias que ya existían. Sin embargo, los impactos de la pandemia de Covid-19 en la participación en la investigación se hicieron evidentes durante la Fase 2. Organizamos seis talleres diferentes de creación de historias, talleres creativos que tenían como objetivo utilizar una variedad de métodos de narración para permitir la participación de diversos participantes (Parks *et al.*, 2022). Los talleres fueron: 'Caminar y contar cuentos'; 'Mapeo de su historia'; 'Muchas versiones de mí (cómic)'; 'Narración a través de objetos (puntada y texto)'; 'Autobiografía y relato'; e *Imprismed* – compartiendo historias a través de la imagen y el collage'. Además, organizamos cafés creativos, sesiones individuales para apoyar la narración de historias. Cada uno de estos espacios fueron cuidadosamente diseñados para explorar diferentes formas de contar historias y presentados por facilitadores expertos en narración de historias. El objetivo era que las personas participantes trabajaran en relatos narrativos de sus experiencias y recuerdos de la violencia de género, pero también que empezaran a imaginar formas de cambiar las condiciones que la producen. El plan había sido recopilar estas historias, realizadas durante el proyecto, y compararlas con las historias existentes recopiladas en la Fase 1. Sin embargo, a pesar de utilizar diferentes métodos para publicitar ampliamente los talleres, no pudimos atraer a los números esperados. Esto podría haber sido por una variedad de razones, muy probablemente la combinación de estas. Es posible que los potenciales participantes en los talleres hayan estado conviviendo con perpetradores de violencia de género, lo que significaba que participar era inseguro o incluso imposible. Incluso era factible que no hayan podido acceder fácilmente a los talleres en línea o que la tecnología haya dificultado el acceso.

Reflexionamos sobre estas posibles barreras y decidimos cambiar de rumbo y buscar otras formas de recopilar datos. Acordamos trabajar en la creación de historias nosotras mismas, dentro del equipo de investigación, y nos embarcamos en una autoetnografía colaborativa (Chang *et al.,* 2013; Shapiro y Atallah-Gutiérrez, 2021; Young y McKibban, 2014), reflexionando y compartiendo nuestras propias experiencias de violencia de género desde la perspectiva de la pandemia. Utilizamos métodos de escritura creativa para comprender las culturas de movilidades que sustentaron la experiencia, creando una historia compartida de violencia de género que abarcó nuestras vidas, que analizamos temática y narrativamente (Murray *et al.*, 2023). Escribimos un poema colaborativo, una forma japonesa de escritura colaborativa llamada Renga, que interrogamos más a fondo una vez terminado, combinando nuestros conocimientos disciplinarios en el proyecto transdisciplinario (Parks *et al.*, 2022: 18). Lo que sigue aquí es un extracto de la Renga que creamos como equipo de investigación:

> Reajustar mi mascarilla.
> Gritar sin decir palabra.
> Sujetarlo todo contra mi cuerpo
> el exterior y el interior
> y todo lo que hay en el medio
>
> Las calles están desiertas,
> ahora todos estamos encerrados. Tanto
> ángeles como monstruos
> igualmente bajo toque de queda y,
> sin embargo, cargando daños desiguales.
> Escucho historias.
> Y también cuento mis historias.
> Escuchar. Escuchar. Hablar.

Al desarrollar nuestro propio enfoque autoetnográfico, el equipo de investigación pudo centrar la narración y las experiencias vividas con la violencia de género y también evolucionar el enfoque metodológico (Parks y Moriarty, 2022; Parks *et al.*, 2022). Este fue otra contribución al conocimiento que el proyecto pudo instigar y que supuso un cambio con respecto a las metas y objetivos originales. El proceso de contar historias de esta manera fue transformador, tanto para el proyecto como para el equipo de investigación, que llegó a conocer el área temática y a sí mismas de manera un poco diferente como resultado de estas formas nuevas y compartidas de investigar. Pudimos reunir los diferentes resultados y trabajar a través de nuestras diferentes formas de analizarlos para producir una serie de resultados (Murray *et al.*, 2022, 2023, 2023; Parks *et al.*, 2022). Los resumimos a continuación, una vez más, ayudando a preparar el escenario para los capítulos restantes de este libro.

Mapeo de la Violencia de Género en los Espacios Móviles

Uno de los principales hallazgos se centró en las formas en que la violencia de género se ha reconfigurado social y espacialmente en la pandemia de Covid-19. Esto puso de manifiesto la importancia de comprender la violencia de género en múltiples contextos sociales, espaciales y móviles (incluido el espacio virtual). La violencia de género debe entenderse no sólo como un continuo de violencia (Kelly, 1987), sino también en este continuo de condiciones socioespaciales. El Covid-19 expuso y exacerbó las desigualdades existentes, incluida la violencia de género. El aumento de los factores de riesgo incluía el estrés financiero y psicológico, el abuso de sustancias (alcohol/drogas) y el aislamiento. Y durante este tiempo, el número de homicidios domésticos había aumentado. Quienes sufrían violencia de género en casa han tenido que lidiar con el impacto de los confinamientos por el Covid-19, incluidas las restricciones a su capacidad para escapar de situaciones violentas y situaciones en las que existía una amenaza de violencia debido a las restricciones de confinamiento, incluso cuando las agencias de apoyo permanecían abiertas para ellas. Ha habido dificultades financieras causadas por la incapacidad para trabajar, un aumento de la vigilancia y el control, ya que era más probable que los perpetradores estuvieran en el hogar en todo momento, y la falta de apoyo de familiares y amigos. También había menos oportunidades para que otros detectaran las señales (por ejemplo, el cierre de escuelas) o accedieran a ayuda (por ejemplo, llamando a la policía (Condry *et al.*, 2020) o visitando el hospital, ya que podría aumentar la exposición al virus). Sin embargo, el aumento de las dificultades ha llevado a algunas de las personas que sufren violencia de género en el ámbito doméstico a informar de que la pandemia de Covid-19 fue un catalizador del cambio.

Estando fuera de casa, las personas que experimentaban violencia de género en espacios públicos como calles y parques han experimentado un aumento de la violencia asociada con el aislamiento, incluido el acoso sexual y la agresión sexual. También aumentaron las incidencias de acecho. Los patrones de violencia de género en el transporte público han experimentado de manera similar un aumento de la violencia asociada con el aislamiento, pero también ha habido una disminución de la violencia de género asociada con sitios concurridos, por ejemplo, el manoseo. La reticencia a utilizar taxis y viajes compartidos ha aumentado los riesgos a la hora de encontrar formas alternativas de transporte. Además, la proliferación de actividades en línea durante el confinamiento ha provocado un aumento del acoso digital. Sin embargo, no todos los impactos fueron negativos. La pandemia de Covid-19 brindó la oportunidad de reflexionar sobre las experiencias de violencia de género que habían estado ocurriendo durante largos períodos de tiempo y, a menudo, a lo largo de las vidas de las personas. Una de las historias que han viajado a través de los proyectos, desde este hasta el proyecto de seguimiento que es el tema del resto del libro, es la de una mujer mayor cuyo esposo había abusado de ella durante muchas décadas (ver Murray *et al.*, 2024). La pandemia de Covid-19 proporcionó el contexto en el que quedó inmovilizado, sin poder subir las escaleras de su casa y así creó un refugio para la mujer. Las autoetnografías colaborativas también dieron lugar a historias conectadas a lo largo de las vidas, con violencia experimentada desde la infancia. La violencia de género se mueve a través del tiempo y el espacio, movilizando e inmovilizando a medida que avanza.

Respuestas Sensoriales y Emocionales a la Violencia de Género

Otro de los hallazgos clave fue que las respuestas sensoriales y emocionales amplificadas, precipitan puntos de inflexión en las respuestas de violencia de género. La violencia de género se 'siente' en los espacios móviles urbanos conectados, desde el lugar de trabajo hasta el transporte público y la calle, y es precipitada por las inmovilidades, que se refieren a las restricciones intermitentes las imposiciones del movimiento corporal e imaginario en lugar de la ausencia de movimiento (Murray y Khan, 2020). Comprometerse con la experiencia vivida de la violencia de género a través de historias es esencial para una comprensión completa de las formas en que la violencia de género se acumula en el cuerpo a través del espacio y el tiempo. También es clave para invitar al cambio cultural a través de la participación con nuevas audiencias, incluido el público en general, los grupos comunitarios y voluntarios, los responsables de la formulación de políticas y los profesionales. Los compromisos sensoriales y emocionales con la violencia de género ofrecen la oportunidad de revelar posibilidades para transformar las experiencias de la violencia de género, así como influir en las políticas y el apoyo. Descubrimos que la pandemia de Covid-19 abrió oportunidades de escape que no eran evidentes antes, un giro social en el que las transformaciones eran posibles (Murray *et al.*, de próxima publicación). Las historias dan vida a las experiencias. También descubrimos que la práctica de contar historias, particularmente en primera persona, evocaba respuestas emocionales y sensoriales que abrían un potencial para el cambio.

Deliberamos con las partes interesadas sobre estos puntos a través de un taller de políticas que tuvo lugar hacia el final de nuestro proyecto de un año. Además de debatir los resultados de nuestra investigación, este taller planteó una serie de preguntas y puso de relieve las áreas en las que más se necesitaban más actividades de intercambio de conocimientos y participación. Los principales resultados de los talleres sobre políticas son los siguientes: que los relatos cualitativos deben convertirse en una forma aceptada de evidencia; que es necesario destacar nuevas historias y formas de ver la violencia de género para transformar los paisajes de la violencia de género; y que faltan historias clave, en particular de comunidades minoritarias (Murray *et al.*, 2022).

Historias Marginadas y Desaparecidas

El taller de políticas (en línea debido a las restricciones de confinamiento por Covid-19) incluyó al equipo de investigación, tres escritores creativos y representantes de un grupo de derechos de los migrantes, grupos de campaña y la policía. Después de presentar nuestra investigación, los asistentes al taller discutieron las experiencias y las de sus usuarios de servicios. Uno de los temas clave del taller fue el impacto desigual de la pandemia de Covid-19, especialmente en las personas y trabajadores transitorios, aquellos que estaban más inmovilizados por la pandemia y que entonces corrían un mayor riesgo de sufrir violencia de género. Por ejemplo, un grupo que representa los derechos de las personas migrantes explicó las formas en que las personas migrantes documentadas e indocumentadas se habían visto particularmente afectadas por la pandemia y la falta de acceso a apoyo para quienes sufrían violencia de género: 'en el caso de las mujeres a las que servimos, ha sido una situación realmente desoladora y sombría, y han quedado atrapadas en situaciones realmente complejas… agravado por el ambiente hostil y la falta de provisión debido a su estatus migratorio'.

Esto incluía a las mujeres que tenían que seguir viajando para continuar con sus trabajos como trabajadoras esenciales, como enfermeras, cuidadoras y limpiadoras que a menudo tenían que emprender largos desplazamientos. Además, las que experimentaban desigualdades estructurales se vieron especialmente afectadas por las reducciones forzadas de los servicios para las personas que sufrían violencia de género.

Había consenso en que la pandemia había empeorado las desigualdades estructurales. Las mujeres que ya sufrían violencia de género en el hogar tuvieron que soportar un nivel intensificado de violencia, con una mayor dependencia de servicios cuya capacidad era limitada. La imposibilidad de contar historias para las mujeres migrantes indocumentadas, que experimentan 'opresiones interseccionales', puso de relieve las historias que faltan.

Los participantes discutieron el valor de la narración de historias, que uno de ellos resumió así:

> Personas que piensan en lo que han hecho, cosas que sucedieron cuando tenían 17 años y esto puede haber sido muchos años después. El enfoque de la narración puede hacer que la violencia de género no sea un incidente aislado que ocurre durante un encierro, sino algo que sucede todos los días de la vida de las personas, desde que eran niños pequeños en la escuela hasta que sean, ya sabes, personas mayores. Así que pensé que era una muy buena manera de ver las normas de género en la sociedad. (Participante del taller)

En los talleres también se debatieron las conclusiones del proyecto en torno al intercambio de historias de violencia de género que no tuvieron lugar durante la pandemia:

> Hemos tenido mujeres que han compartido sus historias de los años 80 y 90. Lo que demuestra lo impactante que es. Desearían haber hecho algo al respecto. Notamos un aumento en el número de mujeres que comparten historias del pasado durante el confinamiento. Tal vez tuvieron más tiempo para pensarlo y había diferentes historias en las noticias. (Participante del taller)

Una de las motivaciones de la investigación fue revelar las desigualdades de la violencia de género en estos múltiples contextos móviles. Aunque encontramos historias de mujeres mayores, cuyos relatos de violencia de género han sido invisibilizados (Murray *et al.*, 2023), las historias que estaban disponibles en línea no incluían necesariamente la gama de perspectivas que buscábamos. Por lo tanto, encargamos a siete artistas que respondieran a una selección de las historias que habíamos recopilado, reproduciéndolas desde su propio punto de vista. Entre ellas había mujeres jóvenes de la campaña de acoso callejero Our Streets Now, mujeres de color y una artista de las experiencias de las mujeres viajeras. Las historietas produjeron relatos matizados y revelaron aspectos ocultos de la violencia de género. También representaron relatos visuales de experiencias de género que son cotidianas, historias que la gente no quiere oír ni ver, pero que, sin embargo, necesitan ser contadas y vistas para desnormalizarse, para entrar en diálogo (véase el capítulo 7).

Conclusión

En este capítulo se ha abordado el proyecto de investigación: *Las inmovilidades de la violencia de género en la pandemia de Covid-19*, que precedió al proyecto en el que se basa este libro. La investigación demostró que el aumento de la violencia de género durante el confinamiento se produjo en espacios domésticos y también externos y que estas experiencias fueron personales, nacionales, globales. El proyecto nos permitió identificar métodos de narración que profundizan el conocimiento de la violencia de género en múltiples contextos y ponen de relieve sus inmovilidades. Las experiencias narrativas, en particular las historias que capturan experiencias multisensoriales, pueden atraer al público y ayudar a transformar la geopolítica y las culturas que sustentan la violencia de género. Aunque el proyecto en su conjunto influyó en el desarrollo de la narración trans-sensorial, fueron las historias visuales las principales impulsoras. Encargado hacia el final del proyecto en respuesta a un aparente cuerpo de historias faltantes, las respuestas visuales a las historias que habíamos recopilado parecían encapsular el valor de la narración de historias. Nos llevaron a la siguiente etapa de la investigación y el desarrollo de un enfoque más matizado de la narración de historias: la narración trans-sensorial, que reconoce tanto los méritos de utilizar múltiples modos de narración que pueden incluir una gama más diversa de personas como la superposición de historias a través del tiempo y el espacio. Nuestra metodología de narración trans-sensorial se expone en el capítulo 3.

3 Trans-Sensory Storying

Lesley Murray, Jess Moriarty, Paula Soto Villagrán and Olga Sabido Ramos

The trans-sensory storying methodology that underpins the analysis of artworks in this book has its roots in the project described in Chapter 2, but is one that is built on co-production with the artists. In this chapter we elaborate on the methodology and reflect on the use of this method in our trans-national knowledge exchange project in the UK and Mexico. Engaging artists as co-researchers, this practice-based method allowed us to push the examination of cultures and societies into a more direct and intimate sphere, observing and analysing through the act of creation (Skains, 2018). Trans-sensory research invites us not to talk about, of or with artistic works but to understand that research is done with, through or together with artistic products, so that knowledge emerges relationally. The processes of creating the artworks along with the sharing of the artworks produce dialogue between different audiences propagating new spaces for learning, experimentation and co-creation. We understand these spaces for dialogue as creative scenarios that enable the re-signification and political re-dimensioning of knowledge. They can make points of connection between different knowledge possible.

We argue that approaching contested topics of research such as gender violence from a corporeal, sensorial and emotional perspective allows us to transform the hierarchical and distant relationship that has been established between historically constructed knowledge and culturally constructed knowledge. Trans-sensory storying allows us to disturb dominant patterns of knowledge production so that we can recover the role of the collective and sensory dimensions in the production and circulation of knowledge on gender violence. As discussed in Chapter 1, this methodology is transdisciplinary in seeking to disrupt established methods of knowledge production that tend to be held in cultural as well as disciplinary divisions. We seek ways to both acknowledge and challenge colonial pathways to knowledge production. This is particularly important around knowledge of gender violence. Evidence in both the UK and Mexico often relies on sets of acceptable evidence that in turn reflect the dominant policy landscape. The statutory response to gender violence in the UK is principally from the criminal justice system (e.g. McMillan & Eaton Ramirez,

2016), with crime statistics used to quantify the problem and determine possible solutions. However, although of course necessary, crime statistics are fundamentally flawed in that gender violence is significantly underreported and not all forms of gender violence are considered crimes. There is a need for consistent and reliable data in order to gain the full picture of gender violence and effect sustainable change, which means new and innovative ways of knowledge production that can be positioned as viable sources of evidence alongside crime reports and statistics.

Our aim in this project was to disrupt the prevailing cultures of gender violence and so we firstly consider these as landscapes of gender violence, which can be disturbed through embodied and sensory knowledge. We then move from this to the terms of production of this embodied, sensorial knowledge and ways that it can trigger a spiral of knowledge production that is collaboratively made and shared.

Disrupting Landscapes of Gender Violence and Finding Missing Stories

In the context of gender violence, landscape is, first and foremost, a cultural and gendered construction, but it also has perceptual, experiential and sensory elements. Landscape harbours cultures of power that are socially constructed within a complex and shifting context, where gender, class and ethnicity, as well as sexuality and disability, are expressed in multiple gendered violences (Soto-Villagrán, 2022). Gendered bodies in diverse spaces in urban public spaces and in urban private spaces collect memories in time as well as space so that they become encumbered with embodied memories and this is a violence in itself. At the same time, being together in these spaces creates a sensory dialogue (Järviluoma & Murray, 2023; Murray & Järviluoma, 2020) that holds the possibility to transform sensory experiences and disburden. Thus, landscapes of gendered violence can be transformed through dialogue around shared multisensory experiences, of the traditional senses of sight, hearing, touch, taste and smell, but also of the 'felt' and mixed senses of place (Serres, 2009/1985).

Although vision is often seen as the dominant sense, this has been challenged through the development of sensory ethnographic methods (Pink, 2015). The full range of senses were present throughout stories of gender violence in the project: *The Immobilities of Gender-Based Violence in the Covid-19 Pandemic* (Chapter 2). For example, there were stories about the sounds of gender violence in hearing footsteps while walking and the creak of a door signifying the return of an abuser. The power of the sensory and embodied aspects of gender violence are often ignored in dominant discourses. These are often produced by those who lack these embodied experiences and fail to locate gender violence within cultures of misogyny. These dominant discourses rest on established and accepted patterns of storymaking. There is a privileging of certain forms of gender violence storying that needs to be acknowledged and resisted – including via particular modalities of voice, text and image.

The role of the image in particular is critical in establishing normative landscapes of gender violence, with the startling acceleration in the mobility of digital images more broadly. Indeed, image-based violence is escalating and has been linked to other forms of gender violence (McGlynn *et al.*, 2017). We remain barraged by soundbites and images of gender violence that are based on cliché and obscure its lived experience (Wolf, 2013). It is possible to storytell gender violence via images and researchers such as Bowstead (2021) have demonstrated the value in doing so. However, we argue for a move away from the singular, decontextualised, undiscussed image to an image that is sensorially immersed and co-produced. Similarly, we argue for moving images, sculptures, spoken word and performance to be similarly entangled. This is the basis of trans-sensory storying, in which different sensory outputs from diverse creators are put into dialogue, generating a greater reach. The previous chapter ended with the reasons for needing this greater reach in that we found that using existing means of story generation and sharing, key stories were being eclipsed.

Although *The Immobilities of Gender-Based Violence in the Covid-19 Pandemic* project (Chapter 2) illuminated aspects of gender violence during the pandemic using existing stories of gender violence, it also found that many stories were missing – of minoritised people, black women, trans people, disabled people, sex workers, older women, neurodiverse people, people who have been killed, key workers and case workers. In acknowledging these missing stories we commissioned a small number of comic artists, who represented minoritised groups, to illustrate some of the stories. For example, Sabba Khan is a visual artist, graphic novelist and architectural designer, framed by her experience as a second-generation immigrant; and Elijah Vardo is a Romani artist, illustrator and graphic designer whose goal is to represent the Roma culture within the art community and see representation that he wished was there growing up (see Chapter 5). As the project was nearing its end, it was not possible to explore these arts-based stories fully, but they demonstrated the ways in which creative responses to textual stories could enrich sensory understandings. The artworks were already layered with the original stories and the artists' own response to them but we realised that we wanted to go further in bringing these artworks into dialogue. We also wanted to challenge ourselves and our established epistemologies. The methodology of trans-sensory storying is derived from these developments late on in the project and after it finished. It is focused on hidden and untold stories and on the intersections of new multisensory stories that represent minority and marginalised groups.

The Trans-Sensory Storying Methodology

The practice of trans-sensory storying is premised on the multi-sensorial and on the layering of stories, moving between methods and modalities. Trans-sensory stories are incomplete narratives that build on existing stories and remain open to re-interpretation and re-imagining. As discussed in Chapter 2, we had created a collaborative autoethnographic Renga (Parks *et al.*, 2022). In the collaborative process of Renga, a group of participants contribute a stanza in turn, each from their own perspective and building on the stanza created by the person preceding them in the round. So too, trans-sensory storying begins with an embodied and sensorial experience and moves this across a number of creators so that an imbricated and rich story emerges, which tells of collective experience and precipitates both a personal and collective response.

We planned the process in three waves in which a selected group of artists created work in response to a set of textual accounts of gender violence and then this work was enfolded into a new set of artworks in the second and third waves. The artists in waves two and three were asked to respond to the new artworks as they emerged, as well as to existing accounts. We produced a series of three briefs, one for each wave, for artists in Mexico and the UK. In the UK, we included 10 stories from *The Immobilities of Gender-Based Violence in the Covid-19 Pandemic* project. In Mexico, the first step of the project was to propose stories of gender violence in Mexico, with some stories from two existing research projects.[1] The second step was to invite the artists (visual and narrative) to respond or reinterpret the stories inspired by the material proposed by the researchers. Some of the artists, Alejandra Collado, Sonia Madrigal and Ana Barreto, took these stories to rewrite them and adapt them to different artistic formats. Others, including Dora Bartilotti and Frederick Rodriguez, used two stories that depict the most radical form of gender violence: femicides, which occur in the city's public spaces. Subsequently, the process in Mexico was accompanied by a collective work of listening, which was key to the process of storytelling through artistic pieces.

The briefs also contained the seven comic stories from our original project. So, the first group used our existing illustrations and textual outputs to inform their storying with subsequent groups using the multi-sensory outputs already produced. Having produced the initial brief, we reviewed and revised it as outputs were submitted so that each wave of outputs was influenced by the previous ones (both in the UK and Mexico). The overall objective for each artist was to create a one-page artwork reflecting the artist's response to this portfolio of 10 textual accounts, the seven comic stories from the original project and, following the first wave, the new artworks that were being produced. In the brief, we also referenced contemporary art on gender violence, such as Eve De Haan's 'Text Me When You Get Home' campaign of neon billboards in collanboration with Reclaim these streets in 2021; and *Un dia sin nosotros* (A day without us) (Villegas & Semple 2020) in Mexico. The brief was aimed at artists and creative writers representing minoritised communities, inviting multi-sensory artistic outputs based on marginalised experiences. The multi-sensory stories aimed to represent a diversity of experience, reflecting the diversity of storymakers.

The artists

Artists – in the very broadest sense – have always studied culture and humanity, using creative techniques and skills including images, text, performance to develop knowledge and relating to real and imagined cultures and societies. Before preparing the full briefs, a dossier of the lived experiences identified by the initial literature review, was shared with a range of practitioners – writers, fine artists, film-makers, photographers, multi-media etc. In practice-based research, the creative artefact is the *basis* of the contribution to knowledge. This method is applied to original investigations seeking new knowledge through practice and its outcomes.

We identified 10 artists (visual and sonic) and creative writers in each country to contribute their multi-sensory interpretations. We had already enlisted some creative writers and artists, Sohaila Abdulali and Tanaka Mhishi, through their engagement with the policy workshop in the original project in the UK. Both were asked to take part due to their experience and activism around gender violence. Sohaila Abdulali is a writer, activist and author of the internationally acclaimed, *What We Mean When We Talk About Rape* which seeks to encourage better conversations around rape and sexual violence and is an example of the potential of personal storytelling to promote societal change. Tanaka Mhishi is a writer and activist whose work on sexual violence has appeared on the BBC, in his new book *Sons and Others* and through his extensive literary and performance work.

Similarly, in Mexico, artists that were known for their work on gender violence, Sonia Madrigal, Barbara Muñoz de Cote and Maria Antonieta de las Rosas were onboarded before the project began. Sonia Carolina Madrigal Loyola known as Sonia Madrigal or Sonia Carolina (Ciudad Nezahualcóyotl), is a Mexican photographer, visual artist and activist. Her work explores different visual narratives to reflect, personally and collectively, on the body, violence and territory, focusing mainly on the east of the Metropolitan Zone of Mexico City; and *Women from the Periphery* is a collective of six artists (photographers, designers and illustrators) who paint banners with gender messages in the outskirts of the city in Mexico. Barbara Muñoz de Cote is an architect, producer and teacher who directs the project *Arquitectura de lo Invisible*. Her project consists of addressing gender violence and resistance at different scales in architecture, museography and design, mainly. María Antonieta de las Rosas is a visual artist and directs the project *Las nombramos bordando* which consists of embroidering the names of victims of femicide in the state of Morelos. For María Antonieta de las Rosas, embroidery has become a means of denouncing femicide (see biographies).

Artists were selected on the basis of their previous experience of working with people who have experienced trauma and/or who had explored experiences of trauma in their own practice (for example, Sohaila Abdulali's book, *What We Talk About When We Talk About Rape* (2018) details her autobiographical experiences and her research into rape, and Tony Gammidge works with people in the prison system, refugees waiting for asylum and patients in residential mental health units, to support them to create their own short films using mixed-media models, whilst also storying his own experience of boarding school in *Norton Grimm and Me* (2023), but also because of their differing creative practices that are reviewed throughout the book. Julia Antivilo is a feminist historian, curator and artivist performer. Her means of denouncing femicide is through words and also through performative installations. GeoBrujas is a collective of geographers who build feminist cartographies as a critique of hegemonic and patriarchal power.

As part of the project, we wanted to include a mix of storytelling styles rather than privilege one style or genre and for this to be accessible through an exhibition. For example, two of the artists responded to the data using prose, which some members of the research team originally queried as being potentially unsuitable for an exhibition. But the way the stories were curated meant that they maintained their power and resonance without seeming less impactful than the other mediums. The full list of selected artists is:

> Sohaila Abdulali, UK, Creative writer
> Julia Antivilo, Mexico, Performace artist
> Maria Antonieta de la Rosa, Mexico, Sculptor/3D artist
> Ana Barreto, Mexico, Comic artist
> Dora Bartilotti, Mexico Sculptor/3D artist
> Rosy Carrick, Mexico, Poet
> Alejandra Collado, Mexico, Creative writer
> Dahlia de la Cerda, Mexico, Comic artist
> Tony Gammidge, UK, Film-maker
> Colectiva GeoBrujas, Mexico, Sculptor/3D artist
> Vanessa Marr, UK, Textile artist
> Sonia Madrigal, Mexico, Photographer
> Tanaka Mhishi, UK, Creative writer
> Barbara Muñoz de Cote, Mexico, Sculptor/3D artist
> Viki Painting, UK, Photographer
> Chris Reading, UK, Fine art painter

Merci Roberts, UK, Performance poet
Frederick Rodriguez, Mexico, Film-maker
Jemma Treweek, UK, Illustrator
Ruchika Wason Singh, UK, Fine art painter

Doing trans-sensory storying

In the UK the artists received their briefs in the appropriate wave of the project and proceeded to produce their artworks in relative isolation, albeit with the brief that included reference to other accounts and artworks. One of these artists was Tanaka Mhishi, who is a writer and performer who has explored male sexual violence in a documentary for the BBC (2018) and also a book, *Sons and Others: On Loving Male Survivors* (2022). In his work for the exhibition, *Thin sheet*, he contrasts the abuse of power that his mother experienced at a doctor's surgery as he – then a small child – listened through a medical curtain, with his own experience of being homeless and how he was sexually assaulted in a hostel. The story has themes of helplessness, witness and details the uncertainty of the protagonists in the moment, and their struggle to process – in the moment – if they are being harmed or not. And this is contrasted with Tanaka's perspective in the present, and a position of hindsight from which it is clear that in both instances, violence occurred. The story places the reader as witness to past events and gives us the thin sheet of story. As readers, we become witness, at first to the small child listening in on the medical examination, and later in the story as an inhabitant of the hostel, watching the landlord exert physical and emotional power over vulnerable and displaced inhabitants. The story was presented as a booklet at the exhibition with space provided to sit and read. This encouraged the reader to take time, sit, think with the text and the exhibit which induced a different sensory experience.

The other prose writer was Rosy Carrick, who is a performer, scriptwriter and poet. When Rosy said she was going to use prose, it was unexpected but she said that her connection with the story elicited a specific response that was right for prose, rather than the forms where her expertise normally sits. Rosy won an award for best new play in the 2018 Brighton Festival Fringe for *Passionate Machine* which is a semi-autobiographical story about Rosy going back in time to resolve her past, a past with gender violence. Her next play, *Musclebound*, is also semi-autobiographical and looks at notions of sexuality, performance, maternity and empowerment and this has been performed in Brighton and around the UK. She has performed at Glastonbury and published her brilliant poems in the anthology, *Chokey* (2018). Rosy responded to the story of a woman who experienced sexual harassment on the street, choosing to write in a first-person perspective rather than report the story in third person. Her rich characterisation and use of dialogue, setting and specific details produced a three dimensional and vivid story that was displayed as a poster at the exhibition. Seeing the text blown up, magnified, shifted its resonance from the page and made it feel almost overwhelming – in scope and content – which is further testament to why prose was able to play such an important part in the art exhibition.

In Mexico the artists formed a collective, having been brought together in meetings to introduce the project. The visual and textual products made by Mexican artists show diverse stories of gender violence. The first step was for the researchers in Mexico to propose stories of gender violence. The second step was to invite the artists (visual and narrative) to respond or reinterpret the stories inspired by the material proposed by the researchers. The process was accompanied by a collective work of feminist listening, which was key to the process of telling stories through artistic pieces. In Mexico, in contrast to the UK, the artworks included a number of large sculptural installation pieces, some of which are discussed later. These artists include architect Barbara Muñoz de Cote and visual artist María Antonieta de las Rosas. Barbara created the piece, *Paisajes desbordados,* an exquisite multimedia installation that references gender violence in the State of Jalisco. The piece is a beautifully crafted wooden frame with an intricate uneven pattern of woven silver threads. These represent the Náhuatl word OLLIN AMOTLAMINI, which translates as trembling or endless movement. The crossing threads illustrate the liminal spaces of the unknown – how bodies move, where bodies end, where violence is hidden. Below the interwoven threads is a canvas with a projected image of everyday life in Jalisco – the collision of two worlds.

Similarly, María Antonieta de las Rosas delves into a liminal space – of death, and in particular the femicide of a young girl. *La niña de las Rosas* is an arresting installation based on the murder of a three-year-old girl and the discovery of her body in the rose fields of Temixco in Morelos, south-central Mexico. María created a child-sized coffin – a wooden frame with white transparent fabric meticulously embroidered with red roses. As María says 'This piece speaks of Marisol and femicide but also of all the women who have worked together to find a little bit of hope'. As a member of the collective *Las nombramos bordando*, María is working with other women on embroidering the names of all victims of femicide in the state of Morelos.

Exhibition and Dialogue

The exhibition of the creative work and roundtables/discussions sought to explore the meaning of this work and how it can and will contribute to social and legal change. In Mexico, the exhibition was held in two university venues, Casa del Tiempo in 2023 and UAM-Azcapotzalco in 2024. In the UK, the exhibition was held in the Grand Parade building of the University of Brighton in late 2023. In both countries, round table discussions were organised that allowed us to enter into dialogue with the artists, community groups, students and the general public. In Mexico, community groups included those representing migrants and women from the periphery, citizen organisations that work with men who have exercised gender violence against women, as well as feminist student collectives from the University. As well as round table discussions, there was a series of creative workshops that were organised alongside the exhibitions and involved the artists. In the UK, one of the workshops centred on an artwork by Vanessa Marr, *The Tea Party*. This is an embroidered vintage tablecloth, with images of tea and cake alongside text of stories of gender violence. The workshop invited participants to embroider their response to the exhibition and gender violence and, as in the workshop in Mexico, reflect on violence, resistance and the everyday.

In Mexico, in order to establish conditions conducive to resonance with the works, we designed a workshop entitled 'Sensory maps of violence: experiences, listening and feminist resistance', which consisted of each participant reflecting on the sensory and emotional impact of one of the works. The workshop methodology followed five steps. The first step was to establish agreements and commitments that would allow each participant to introduce themselves and propose an element to ensure that the workshop was a safe space where trust prevailed. The second step consisted of a resonance exercise in which each participant recorded the work that had most impacted them and how it related to their own stories of violence and why. We asked them to emphasise the sensory and emotional aspects of their narrative. The third step involved a sensory walk around the venue where we held the workshop. We had previously designed a device for recording sensory notes so that each participant could associate elements of the environment with their biographical experience triggered by the works. At this point, we were guided by the methodological suggestions proposed by Kate McLean (2019) in 'Nose-First. Practices of Smellwalking and Smellscape Mapping', and adapted them to sensory recording in a broad sense (Sabido Ramos, 2023). The fourth step involved each participant reconstructing their own story through a narrative, but imagining a world free of gender violence. The fifth step consisted of collectively mapping out how they imagined a world free of violence, from which they could tell other stories. This exercise allowed us to bring into play the relationship between gender violence, resistance and the collective imagination of a better world.

Conclusion

This chapter has presented our trans-sensory storying methodology – a methodology that is premised on a layering of stories that produce an intensity of sensory experience. The diversity of responses, each layered on another, illuminated a multitude of lived experience of gender violence that is shared. The project *The Immobilities of Gender-Based Violence in the Covid-19 Pandemic* that is described in Chapter 2, revealed the sharing of stories across time. In this project trans-sensory storying has been shown to be a methodology that travels across space, defying language barriers that often preclude transnational research on topics such as gender violence. The exhibitions, round tables and workshops highlighted the central aspect of the methodological work of trans-sensory research: dialogue. Trans-sensory storying invites us not to talk *about* the works but *with* artistic works. In doing so, we open ourselves to think that the research is done with, through or together with artistic products, which implies that empirical information emerges relationally. It is a methodology that has many possibilities in opening up dialogue, especially across disciplines and on topics that are considered to be sensitive, particularly in a transdisciplinary context.

References

Abdulali, S. (2018) *What We Talk About When We Talk About Rape*. Myriad Editions.

Bowstead, J. (2021) *Women on the Move Vol. 1 Journeyscapes of Domestic Violence*. Dakie Publishing.

Carrick, R. (2018) *Chokey*. Burning Eye Books.

Gammidge, T. (2023) Norton Grimm and Me. https://www.tonygammidge.com/norton-grim-and-me (accessed October 2025).

Järviluoma, H. and Murray, L. (eds) (2023) *Sensory Transformations: Environments, Technologies, Sensobiographies*. Routledge.

McGlynn, C. and Rackle, E. (2017) Image-based sexual abuse. *Oxford Journal of Legal Studies* 37 (3), 534–561.

McLean, K.J. (2019) Nose-first: Practices of smellwalking and smellscape mapping. Unpublished PhD thesis, School of Design, Royal College of Art, London, UK.

McMillan, C. and Eaton Ramirez, H. (2016) Autoethnography as therapy for trauma. *Women & Therapy* 39, 3–4.

Mhishi, T. (2018) The Conversation. https://www.bbc.co.uk/bbcthree/article/68caef33-2b7e-4305-affe-1682836c806e (accessed August 2025).

Mhishi, T. (2022) *Sons and Others: On Loving Male Survivors*. 404 Ink.

Murray, L. and Järviluoma, H. (2020) Walking as transgenerational methodology. *Qualitative Research* 20 (2), 229–238.

Parks, M., Holt, A. Lewis, S. Moriarty, J. and Murray, L. (2022) Silent footsteps – Renga poetry as a collaborative, creative research method reflecting on the immobilities of gender-based violence in the Covid-19 pandemic. *Cultural Studies <=> Critical Methodologies* 22 (6), 654–662.

Pink, S. (2015) *Doing Sensory Ethnography*. Sage.

Sabido Ramos, O. (2023) Emotions and senses: Experience, practice and sensory networks. *Emotions and Society* 5 (2), 147–164.

Serres, M. (2009/1985) *The Five Senses: A Philosophy of Mingled Bodies*. Bloomsbury.

Skains, R.L. (2018) Creative practice as research: Discourse on methodology. *Journal of Media Practice* 19 (1), 82–97.

Soto-Villagrán, P. (2022) Landscapes of care in Mexico City: Experiences, mobility, and infrastructures. *Iconos* 26 (73), 57–75.

Wolf, B. (2013) Gender-based violence and its challenge for visual representation. *Comunicació: Revista de Recerca i d'Anàlisi* 30, 193–216.

3 Narración Trans-Sensorial

Lesley Murray, Jess Moriarty, Paula Soto Villagrán
y Olga Sabido Ramos

La metodología de narración trans-sensorial que sustenta el análisis de las obras de arte en este libro tiene sus raíces en el proyecto descrito en el capítulo 2, pero se basa en la coproducción con las artistas. En este capítulo profundizamos en la metodología y reflexionamos sobre el uso de este método en nuestro proyecto de intercambio transnacional de conocimientos en el Reino Unido y México. Al involucrar a artistas como coinvestigadores, este método basado en la práctica nos permitió llevar el examen de las culturas y las sociedades a una esfera más directa e íntima, observando y analizando a través del acto de la creación (Skains, 2018). La investigación trans-sensorial nos invita a no hablar de las obras artísticas, sino a entender que la investigación se hace con, a través o junto con productos artísticos, de modo que el conocimiento emerge relacionalmente. Los procesos de creación de las obras de arte, junto con el intercambio de las obras de arte, producen un diálogo entre diferentes públicos que propagan nuevos espacios para el aprendizaje, la experimentación y la co-creación. Entendemos estos espacios de diálogo como escenarios creativos que posibilitan la resignificación y el redimensionamiento político del conocimiento. Pueden hacer posibles puntos de conexión entre diferentes conocimientos.

Argumentamos que abordar temas de investigación controvertidos como la violencia de género desde una perspectiva corporal, sensorial y emocional nos permite transformar la relación jerárquica y distanciada que se ha establecido entre el conocimiento construido históricamente y el construido culturalmente. El relato trans-sensorial nos permite perturbar los patrones dominantes de producción de conocimiento para recuperar el papel de las dimensiones colectivas y sensoriales en la producción y circulación de conocimiento sobre la violencia de género. Como se discutió en el capítulo 1, esta metodología es transnacional en su intento de perturbar aún más los métodos establecidos de producción de conocimiento que tienden a mantenerse en divisiones culturales y disciplinarias. Buscamos formas de reconocer y desafiar los caminos coloniales hacia la producción de conocimiento. Esto es particularmente importante en torno al conocimiento de la violencia de género. Tanto en el Reino Unido como en México, la evidencia a menudo se basa en conjuntos de evidencia cuantitativa que, a su vez, reflejan el panorama político dominante. La respuesta legal a la violencia de género en el Reino Unido proviene del sistema de justicia penal (por ejemplo, McMillan *et al.*, 2016), y se utilizan estadísticas sobre delincuencia para cuantificar el problema y determinar las posibles soluciones. Sin embargo, aunque por supuesto son necesarias, las estadísticas sobre la delincuencia son fundamentalmente defectuosas en el sentido de que la violencia de género se denuncia significativamente menos y no todas las formas de violencia de género se consideran delitos. Se necesitan datos coherentes y fiables para obtener una imagen completa de la violencia de género y lograr un cambio profundo, lo que significa formas nuevas e innovadoras de producción de conocimientos que puedan posicionarse como fuentes viables de pruebas junto con los datos y estadísticas sobre delitos.

Nuestro objetivo en este proyecto era alterar las culturas predominantes de la violencia de género, por lo que en primer lugar las consideramos como paisajes de la violencia de género, que pueden ser alterados a través del conocimiento incorporado y sensorial. A continuación, pasamos de esto a la producción de este conocimiento encarnado y sensorial y, a las formas en que puede desencadenar una mayor producción de conocimiento que se realiza de forma colaborativa.

Interrumpiendo los Paisajes de la Violencia de Género y Encontrando Historias Perdidas

En el contexto de la violencia de género, el paisaje es, ante todo, una construcción cultural y de género, pero también tiene un componente perceptual, experiencial y sensorial. El paisaje alberga culturas de poder que se construyen socialmente en un contexto complejo y cambiante, donde el género, la clase y la etnia, así como la sexualidad y la discapacidad, se expresan en múltiples violencias de género (Soto, 2022). Los cuerpos de género en diversos espacios, en los espacios públicos urbanos y en los espacios privados urbanos, recogen recuerdos en el tiempo y en el espacio, de modo que se cargan de recuerdos encarnados, y esto es una violencia en sí misma. Al mismo tiempo, estar juntos en estos espacios crea un diálogo sensorial (Järviluoma y Murray, 2023; Murray y Järviluoma, 2020) que tiene la posibilidad de transformar las experiencias sensoriales y desahogar. Así, los paisajes de la violencia de género pueden transformarse a través del diálogo en torno a experiencias multisensoriales compartidas, de los sentidos tradicionales de la vista, el oído, el tacto, el gusto y el olfato, pero también de los sentidos 'sentidos' y mixtos del lugar (Serres, 2016).

Aunque a menudo se considera que la visión es el sentido dominante, esto ha sido desafiado a través del desarrollo de métodos etnográficos sensoriales (Pink, 2015). Toda la gama de sentidos estuvo presente a lo largo de las historias de violencia de género en el proyecto: Las inmovilidades de la violencia de género (capítulo 2). Por ejemplo, había historias sobre los sonidos de la violencia de género al escuchar pasos al caminar y el crujido de una puerta que significaba el regreso de un abusador. El poder de los aspectos sensoriales y corporales de la violencia de género a menudo se ignora en los discursos dominantes. A menudo estos son producidos por quienes carecen de estas experiencias encarnadas y no logran ubicar la violencia de género dentro de las culturas de misoginia. Estos discursos dominantes se basan en patrones establecidos y aceptados de creación de historias. Se suele privilegiar ciertas formas de narración de la violencia de género de una manera que debe ser reconocida y resistida, incluso a través de modalidades particulares de voz, texto e imagen.

El papel de la imagen, en particular, es fundamental en el establecimiento de paisajes normativos de la visibilidad de género, con la sorprendente aceleración de la movilidad de las imágenes digitales en general. De hecho, la violencia basada en la imagen está aumentando y se ha relacionado con otras formas de violencia de género (McGlynn *et al.*, 2017). Seguimos bombardeados por fragmentos de sonido e imágenes de violencia de género que se basan en el cliché y oscurecen su experiencia vivida (Wolf, 2013). Es posible contar historias de violencia de género a través de imágenes e investigadores como Bowstead (2021) han demostrado el valor de hacerlo. Sin embargo, abogamos por un alejamiento de la imagen singular, descontextualizada y no discutida hacia una imagen sensorialmente inmersa y coproducida. Del mismo modo, abogamos por que las imágenes en movimiento, las esculturas, la palabra hablada y la actuación estén entrelazadas similarmente. Esta es la base de la narración trans-sensorial, en la que se ponen en diálogo diferentes productos sensoriales de diversas personas creadoras, generando un mayor alcance. El capítulo anterior terminó con las razones por las que se necesitaba este mayor alcance, ya que descubrimos que, utilizando los medios existentes de generación y narración de historias, las historias clave estaban siendo eclipsadas.

Aunque el proyecto Inmovilidades de la violencia de género (capítulo 2) arrojó luz sobre aspectos de la violencia de género durante la pandemia utilizando historias existentes de violencia de género, también descubrió que faltaban muchas historias: de personas minorizadas, mujeres negras, personas trans, personas con discapacidad, trabajadoras sexuales, mujeres jóvenes y mayores, personas neurodiversas, personas que han sido asesinadas, trabajadores esenciales y trabajadores sociales. Al reconocer estas historias perdidas, encargamos a un pequeño número de artistas de cómics, que representaban a grupos minoritarios, que ilustraran algunas de las historias. Por ejemplo, Sabba Khan es artista visual, novelista gráfica y diseñadora arquitectónica, enmarcada por su experiencia como inmigrante de segunda generación; y Elijah Vardo es un artista, ilustrador y diseñador gráfico romaní cuyo objetivo es representar la cultura romaní dentro de la comunidad artística y ver la representación que le hubiera gustado que hubiera mientras crecía (véase el capítulo 7). A medida que el proyecto se acercaba a su fin, no fue posible explorar completamente estas historias basadas en el arte, pero demostraron las formas en que las respuestas creativas a las historias textuales podían enriquecer la comprensión sensorial. Las obras de arte ya estaban superpuestas con las historias originales y la propia respuesta de los artistas a ellas, pero nos dimos cuenta de que queríamos ir más allá en el diálogo. También queríamos desafiarnos a nosotras mismas y a nuestras epistemologías establecidas. La metodología de narración trans-sensorial se deriva de estos desarrollos al final del proyecto y después de su finalización. Se centra en historias ocultas y no contadas y en las intersecciones de nuevas historias multisensoriales que representan a grupos minoritarios y marginados.

La Metodología de la Narracion Trans-sensorial

La práctica de la narración trans-sensorial se basa en lo multisensorial y en la superposición de historias, moviéndose entre métodos y modalidades. Las historias trans-sensoriales son narrativas incompletas que se basan en historias existentes y permanecen abiertas a la reinterpretación y la reimaginación. Como se discutió en el capítulo 2, habíamos creado una Renga autoetnográfica colaborativa (Parks *et al.*, 2022). En el proceso colaborativo de Renga, un grupo de participantes contribuye con una estrofa a su vez, cada uno desde su propia perspectiva y basándose en la estrofa creada por la persona que le precede en la ronda. Del mismo modo, la narración trans-sensorial comienza con una experiencia corpórea y sensorial y la traslada a través de una serie de creadores para que surja una historia imbricada y rica, que habla de la experiencia colectiva y precipita una respuesta tanto personal como colectiva.

Planificamos el proceso en tres oleadas en las que un grupo seleccionado de artistas creó una obra, en respuesta a un conjunto de relatos textuales de violencia de género y luego esta obra se envolvió en un nuevo conjunto de obras de arte en la segunda y tercera olas. A los artistas de las oleadas dos y tres se les pidió que respondieran a las nuevas obras de arte a medida que surgían, así como a los relatos existentes. Produjimos tres series de instrucciones, una para cada ola, para artistas en México y el Reino Unido. En el Reino Unido, incluimos diez historias del proyecto *Las inmovilidades de la violencia de género*. En Mexico, el primer paso fue proponer historias de violencia de género que habían sido resultado del trabajo de las investigadoras responsables del trabajo en México. De tal forma se propusieron algunas historias de violencias en los espacios públicos, que se habían construido en dos proyectos de investigación. El segundo paso fue invitar a las artistas (visuales y narrativas) a responder o reinterpretar las historias inspirándose en el material propuesto por las investigadoras. Algunas de las artistas, Alejandra Collado, Sonia Madrigal y Ana Barreto tomaron estas historias para reescribirlas y adaptarlas a los diferentes formatos artísticos. Otras, incluido Dora Bartilotti y Frederick Rodríguez, utilizaron dos historias que escenifican la forma más radical de violencia de género: los feminicidios, los cuales ocurren en el espacio público de la ciudad. Posteriormente se realizó un trabajo de acompañamiento al proceso a través de un trabajo colectivo de escucha, lo que resultó clave para el proceso de contar historias a través de piezas artísticas.

Las series de instrucciones también contenían las siete historietas de nuestro proyecto original. Por lo tanto, el primer grupo utilizó nuestras ilustraciones y productos textuales existentes para informar su narración y los grupos posteriores utilizaron los productos multisensoriales ya producidos. Una vez elaborado el informe inicial, lo revisamos a medida que se presentaron los resultados, de modo que cada oleada de resultados estuvo influenciada por las anteriores (tanto en el Reino Unido como en México). El objetivo general de cada artista fue crear una obra de arte de una página que reflejara la respuesta de los artistas a este portafolio de diez relatos textuales, las siete historias de cómics del proyecto original y, después de la primera ola, las nuevas obras de arte que se estaban produciendo. En la serie de instrucciones también hicimos referencia al arte contemporáneo sobre la violencia de género, como la campaña de vallas publicitarias de neón '*Text Me When You Get Home*' de Eve De Haan (Reclaim these streets, 2021); y 'Un día sin nosotros' (Villegas y Semple, 2020) en México. La serie de instrucciones estaba dirigida a artistas y escritores creativos que representaban a comunidades minoritarias, invitando producciones artísticas multisensoriales basadas en experiencias marginadas. Las historias multisensoriales tenían como objetivo representar una diversidad de experiencias, reflejando la diversidad de quienes fueron las personas creadoras de historias.

Las/los Artistas

Las/los artistas, en el sentido más amplio, siempre han estudiado la cultura y la humanidad, utilizando técnicas y habilidades creativas que incluyen imágenes, textos, performance para desarrollar el conocimiento y relacionarse con culturas y sociedades reales e imaginarias. Antes de preparar las series de instrucciones completas, se compartió un dossier de las experiencias vividas identificadas por la revisión inicial de la literatura con una variedad de profesionales: escritores, artistas plásticos, cineastas, fotógrafos, multimedia, etc. En la investigación basada en la práctica, el artefacto creativo es la base de la contribución al conocimiento. Este método se aplica a investigaciones originales que buscan nuevos conocimientos a través de la práctica y sus resultados. Identificamos a diez artistas (visuales y sonoras) y escritoras creativas en cada país para que contribuyeran con sus interpretaciones multisensoriales. Ya habíamos reclutado a algunos escritores y artistas creativos, Sohaila Abdulali y Tanaka Mhishi, a través de su participación en el taller de políticas del proyecto original en el Reino Unido. A ambos se les pidió que participaran debido a su experiencia y activismo en torno a la violencia de género. Sohaila Abdulali es escritora, activista y autora del libro internacionalmente aclamado *What We Mean When We Talk About Rape*, que busca fomentar mejores conversaciones sobre la violación y la violencia sexual y es un ejemplo del potencial de la narración personal para promover el cambio social. Tanaka Mhishi es un escritor y activista cuyo trabajo sobre la violencia sexual se ha presentado en la BBC, en su nuevo libro *Sons and Others* y a través de su extensa obra literaria y de performance.

Del mismo modo, en México, las personas artistas que participaron eran conocidas por su trabajo comprometido sobre la violencia de género y se incorporaron al inicio del proyecto. Sonia Carolina Madrigal Loyola conocida como Sonia Madrigal o Sonia Carolina (Ciudad Nezahualcóyotl), es una fotógrafa, artista visual y activista mexicana. Su trabajo explora diferentes narrativas visuales para reflexionar, personal y colectivamente, sobre el cuerpo, la violencia y el territorio, enfocándose principalmente en el oriente de la Zona Metropolitana de la Ciudad de México; y 'Mujeres de la periferia' es un colectivo de seis artistas (fotógrafas, diseñadoras e ilustradoras) que pintan pancartas con mensajes de género en la periferia de la ciudad de México. Barbara Muñoz de Cote es arquitecta, productora y docente que dirige el proyecto *Arquitectura de lo Invisible*. Su proyecto consiste en abordar la violencia de género y la resistencia desde diferentes escalas en la arquitectura, la museografía y el diseño, principalmente. María Antonieta de las Rosas es artista visual y dirige el proyecto *Las nombramos bordando* que consiste en bordar los nombres de víctimas de feminicidio en el estado de Morelos. Para María Antonieta de las Rosas, el bordado se ha convertido en un medio de denuncia del feminicidio.

Las/os artistas fueron seleccionados sobre la base de su experiencia previa de trabajo con personas que han experimentado traumas y/o que han explorado experiencias de trauma en su propia práctica (por ejemplo, el libro de Sohaila Abdulai, *What We Talk About When We Talk About Rape* (2018) detalla sus experiencias autobiográficas y su investigación sobre la violación, y Tony Gammidge trabaja con personas en el sistema penitenciario, refugiados en espera de asilo, y pacientes en unidades residenciales de salud mental, para ayudarles a crear sus propios cortometrajes utilizando modelos de técnica mixta, al tiempo que relata su propia experiencia en el internado en *Norton Grimm and Me* (2023), pero también por sus diferentes prácticas creativas que se revisan a lo largo del libro. Julia Antivilo es historiadora feminista y performer artivista. Su forma de denunciar el feminicidio es a través de la palabra y también a través de instalaciones performativas. GeoBrujas es un colectivo de geógrafas que construyen cartografías feministas como crítica al poder hegemónico y patriarcal.

Como parte del proyecto, queríamos incluir una mezcla de estilos narrativos en lugar de privilegiar un estilo o género y que esto fuera accesible a través de una exposición. Por ejemplo, dos de los artistas respondieron a los datos utilizando prosa, que algunos miembros del equipo de investigación cuestionaron originalmente como potencialmente inadecuada para una exposición, pero la forma en que se seleccionaron las historias significó que mantuvieron su poder y resonancia sin parecer menos impactantes que los otros medios. La lista completa de artistas participantes es:

Sohaila Abdulali, Reino Unido, escritora creativa
Julia Antivilo, México, artista performace
Maria Antonieta de la Rosa, México, escultora/artista 3D
Ana Barreto, México, dibujante de cómics
Dora Bartilotti, México, escultora/artista 3D
Rosy Carrick, México, poeta
Alejandra Collado, México, escritora creativa
Dahlia de la Cerda, México, dibujante de cómics
Tony Gammidge, Reino Unido, cineasta
Colectiva GeoBrujas, México, escultor/Artista 3D
Vanessa Marr, Reino Unido, artista textil
Sonia Madrigal, México, fotógrafa
Tanaka Mhishi, Reino Unido, escritor creativo
Barbara Muñoz de Cote, México, escultora/artista 3D
Viki Painting, Reino Unido, fotógrafa
Chris Reading, Reino Unido, pintor de bellas artes
Merci Roberts, Reino Unido, poeta de performance
Frederick Rodríguez, México, cineasta
Jemma Treweek, Reino Unido, ilustradora
Ruchika Wason Singh, Reino Unido, pintora de bellas artes

Hacer narraciones trans-sensoriales

En el Reino Unido, los artistas recibieron sus encargos en la oleada apropiada del proyecto y procedieron a producir sus obras de arte en relativo aislamiento, aunque con la serie de instrucciones que incluía referencias a otros relatos y obras de arte. Uno de estos artistas era Tanaka Mhishi, escritor e intérprete que ha explorado la violencia sexual masculina en un documental para la BBC (2018) y también en un libro, *Sons and Others: On Loving Male Survivors* (2022). En su trabajo para la exposición, 'Thin Sheet', contrasta el abuso de poder que su madre experimentó en la consulta de un médico mientras él – entonces un niño pequeño – escuchaba a través de una cortina médica, con su propia experiencia de estar sin hogar y cómo fue agredido sexualmente en un albergue. La historia tiene temas de impotencia, testimonio y detalla la incertidumbre de los protagonistas en el momento y su lucha por procesar, en el momento, si están siendo dañados o no. Y esto contrasta con la perspectiva de Tanaka en el presente, y una posición de retrospectiva desde la que está claro que en ambos casos hubo violencia. La historia ubica al lector como testigo de los acontecimientos pasados y nos da la delgada cortina de la historia. Como lectores, nos convertimos en testigos, al principio del niño pequeño que escucha el examen médico, y más tarde en la historia como habitante del albergue, viendo cómo el propietario ejerce poder físico y emocional sobre los habitantes vulnerables y desplazados. El cuento se presentó en forma de cuadernillo en la exposición, con espacio para sentarse y leer. Esto animó a quién es lector a tomarse su tiempo, sentarse, pensar con el texto y la exposición, lo que indujo una experiencia sensorial diferente.

La otra prosista fue Rosy Carrick, quien es performer, guionista y poeta. Cuando Rosy dijo que iba a usar prosa, fue inesperado, pero dijo que su conexión con la historia provocó una respuesta específica que era adecuada para la prosa, en lugar de las formas en las que normalmente se encuentra su experiencia. Rosy ganó un premio a la mejor obra nueva en el Festival Fringe de Brighton 2018 por *Passionate Machine*, que es una historia semiautobiográfica sobre Rosy que retrocede en el tiempo para resolver su pasado, un pasado con la violencia de género. Su siguiente obra, *Musclebound*, también es semi-autobiográfica y analiza las nociones de sexualidad, performance, maternidad y empoderamiento, y se ha representado en Brighton y en todo el Reino Unido. Ha actuado en Glastonbury y ha publicado sus brillantes poemas en la antología *Chokey* (2018). Rosy respondió a la historia de una mujer que sufrió acoso sexual en la calle, eligiendo escribir en primera persona en lugar de relatar la historia en tercera persona. Su rica caracterización y el uso de diálogos, escenarios y detalles específicos produjeron una historia tridimensional y vívida que se mostró como un póster en la exposición. Al ver el texto aumentado, magnificado, desplazó su resonancia de la página y lo hizo sentir casi abrumador – en alcance y contenido – lo que es una prueba más de por qué la prosa pudo desempeñar un papel tan importante en la exposición de arte.

En México, las artistas formaron un colectivo, con reuniones permanentes para presentar y compartir colaborativamente las diferentes etapas del proyecto. Los productos visuales y textuales realizados por las artistas mexicanas muestran diversas historias de violencia de género. El primer paso fue proponer historias de violencia de género que fueron el resultado del trabajo de las investigadoras responsables del trabajo en México. El segundo paso fue invitar a las artistas (visuales y narrativas) a responder o reinterpretar las historias inspiradas en el material propuesto por las investigadoras. El proceso fue acompañado por un trabajo colectivo de escucha feminista, que fue clave para el proceso de contar historias a través de piezas artísticas.

A diferencia del Reino Unido, en México las obras de arte incluían una serie de grandes instalaciones escultóricas, algunas de las cuales se analizan más adelante. Entre estas artistas se encuentran la arquitecta Barbara Muñoz de Cote y la artista visual María Antonieta de las Rosas. Barbara creó la pieza, *Paisajes desbordados*, una exquisita instalación multimedia que hace referencia a la violencia de género en el Estado de Jalisco. La pieza es un marco de madera bellamente elaborado con un intrincado patrón desigual de hilos de plata tejidos. Estos representan la palabra náhuatl OLLIN AMOTLAMINI, que se traduce como temblor o movimiento sin fin. Los hilos que se cruzan ilustran los espacios liminales de lo desconocido: cómo se mueven los cuerpos, dónde terminan los cuerpos, dónde se esconde la violencia. Debajo de los hilos entrelazados hay un lienzo con una imagen proyectada de la vida cotidiana en Jalisco: la colisión de dos mundos. Del mismo modo, María Antonieta de las Rosas se adentra en un espacio liminal, de muerte, y en particular del feminicidio de una niña. La Niña de las Rosas es una impactante instalación basada en el asesinato de una niña de tres años y el hallazgo de su cuerpo en los campos de rosas de Temixco en Morelos, en el centro-sur de México. María creó un ataúd del tamaño de un niño, un marco de madera con tela blanca transparente meticulosamente bordada con rosas rojas. Como dice María: 'Esta pieza habla de Marisol y del feminicidio, pero también de todas las mujeres que han trabajado juntas para encontrar un poco de esperanza'. Como integrante del colectivo *Las nombramos bordando*, María está trabajando con otras mujeres en bordar los nombres de todas las víctimas de feminicidio en el estado de Morelos.

Exposición y Diálogo

La exposición de la obra creativa y los debates/conversaciones trataron de explorar el significado de esta obra y cómo puede contribuir y cómo contribuirá al cambio social y legal. En México, la exposición se llevó a cabo en dos sedes universitarias, Casa del Tiempo en 2023 y UAM-Azcapotzalco en 2024. En ambas sedes se organizaron conversaciones a través de mesas redondas que permitieron dialogar con las artistas, grupos comunitarios, como migrantes y mujeres de la periferia, organizaciones ciudadanas que trabajan con hombres que han ejercido violencia de género contra las mujeres, así como colectivas estudiantiles feministas de la Universidad. Además de las mesas redondas, hubo una serie de talleres creativos que se organizaron paralelamente a las exposiciones y en los que participaron las artistas.

En el Reino Unido, uno de los talleres se centró en una obra de Vanessa Marr, *The Tea Party*. Se trata de un mantel vintage bordado, con imágenes de té y pastel junto a textos de historias de violencia de género. El taller invitó a las personas participantes a bordar su respuesta a la exposición y a la violencia de género y, al igual que en el taller de México, a reflexionar sobre la violencia, la reafirmación y lo cotidiano.

En México, con el fin de establecer condiciones de resonancia con las obras, diseñamos un taller titulado 'Mapas sensoriales de la violencia: experiencias, escucha y resistencia feminista' que consistió en que cada participante reflexionara sobre el impacto sensorial y emocional de una de las obras. La metodología del taller siguió cinco pasos. El primer paso consistió en generar acuerdos y compromisos que permitieran la presentación de cada participante y proponer un elemento para que el taller fuera un espacio seguro donde prevaleciera la confianza. El segundo paso consistió en un ejercicio de resonancia que consistió en que cada participante registrara la obra que más le había impactado y como se relacionaba con sus propias historias de violencia y por qué. Indicamos que pusieran relevancia en los aspectos sensoriales y emocionales de su narrativa. El tercer paso implicó una caminata sensorial alrededor del recinto donde realizamos el taller. Previamente habíamos diseñado un dispositivo para el registro de notas sensoriales para que cada participante pudiera asociar elementos del entorno a su experiencia biográfica provocados por las obras. En este punto nos orientamos por las sugerencias metodológicas que propone Kate McLean (2019) en 'Nose-First. Practices of Smellwalking and Smellscape Mapping', y la adaptamos al registro sensorial en un sentido amplio (Sabido Ramos, 2023). El cuarto paso implicó que a través de una narrativa, cada participante pudiera reconstruir su propia historia pero imaginando un mundo libre de violencia de género. El quinto paso consistió en elaborar colectivamente una cartografía relacionada con cómo imaginaban ese mundo libre de violencia, desde el cual pudieran contar otras historias. Este ejercicio nos permitió poner en juego la relacionalidad entre la violencia de género, la resistencia y el imaginario colectivo de un mundo mejor.

Conclusión

En este capítulo se ha presentado nuestra metodología de narración trans-sensorial, una metodología que se basa en una superposición de historias que producen una experiencia sensorial intensa. La diversidad de respuestas, cada una superpuesta a la otra, iluminó una multitud de experiencias vividas de violencia de género que se comparten. El proyecto *Las inmovilidades de la violencia de género*, que se describe en el capítulo 2, reveló el intercambio de historias a lo largo del tiempo. En este proyecto se ha demostrado que las historias trans-sensoriales son una metodología que viaja a través del espacio, desafiando las barreras lingüísticas que a menudo impiden la investigación transnacional sobre temas como la violencia de género. Las exposiciones, conversaciones y talleres pusieron en relieve el aspecto central del trabajo metodológico de la investigación trans-sensorial: el diálogo. La narración trans-sensorial nos invita a no hablar *de* las obras sino *con* obras artísticas. Al hacerlo, nos abrimos a pensar que la investigación se hace con, a través de o junto con productos artísticos, lo que implica que la información empírica emerge relacionalmente. Es una metodología que ofrece muchas posibilidades para abrir el diálogo, especialmente entre disciplinas y sobre temas considerados sensibles, particularmente en un contexto transdisciplinario.

4   Spaces that Listen, Feel and Resist. Spatial, Temporal and Emotional Experiences of Gender Violence in Mexico and the UK

Paula Soto Villagrán and Olga Sabido Ramos

Introduction

In this chapter we seek to understand and problematise emotional experiences in their articulation with the spatio-temporal dimensions of gender violence present in the textual and visual narratives of the artistic works of Vanessa Marr, *The Tea Party*; Alejandra Collado, *Trayectos*; Sonia Madrigal, *Mujeres desde la periferia*; Dora Bartilotti, *Luz contra el olvido*; and Frederick Rodríguez, *Viaje sin regreso*.

This spatio-temporal dimension is a local and situated attempt to think about violence from four perspectives. Firstly, it takes up an interscalar dimension, which moves from the body to the translocal convergences that link Mexico and the UK in histories of gender violence. Secondly, it will seek to understand violence as a socio-spatial and temporal continuum that is not limited to domestic spaces, but rather shows that women are vulnerable to male violence in the home, in the streets, in transport, in cities and in all public spaces, which makes it necessary to critique geographical dichotomies such as private–public, night–day, indoor–outdoor, mobile–immobile. Thirdly, the spatial dimension will be assumed as an interpretative category of the context, showing the local particularities of the circumstances of gender violence, especially in Mexico, where unequal distribution, access to the city and the location of violence are analytical keys to make sense of a spatial politics of emotions (Ahmed, 2014). And finally, the relationship between space and resistance is fundamental to tell other narratives, multiple resistances that pass through the use and appropriation of space (Oslender, 2002; Soto, 2012).

The Problem and Theoretical Assumptions

Violence against women and girls remains one of the most serious – and most tolerated – human rights violations worldwide. It has also been internationally agreed that gender violence is a major social problem that affects millions of women around the world and is underpinned by profound gender inequalities. According to UN Women, gender violence refers to harmful acts directed against an individual or a group of individuals because of their gender. It is rooted in gender inequality, abuse of power and the existence of harmful norms. The term is primarily used to highlight the fact that structural gender power differentials place women and girls at risk of multiple forms of violence. While women and girls suffer disproportionately from gender violence, men and boys can also be targets. However, despite the fact that in the last decade violence against women has been recognised as a human rights violation, a crime in law and a public health issue, sexual violence in public spaces, especially sexual harassment, continues to be neglected and normalised by governments and society as a whole.

Accordingly, there are three challenges linked to the geographical implications of the continuum of gender violence that build on the idea of the 'spatial continuum' of violence presented in this analysis and introduced in Chapter 1 as a key outcome of the project *The immobilities of gender violence* (Murray et al., 2022). With this concept, we focus on showing how gender violence is intertwined and perpetuated in different social spaces. A first challenge is to break the ideology of fear, which is based on the idea of the home as a safe place and the street as an unsafe place. Indeed, violence occurs in a web of public and private places. On the one hand, violence in private spacesde is often invisible and trivialised or regarded as a non-political private matter, yet violence reinforces subordination and inequality in a hidden way (Duncan, 1996). On the other hand, much more recently there has been a recognition that sexual harassment and violence in public spaces is a reality that is invisibilised and even naturalised in sexual comments, leering, touching, rape and even femicide. These forms of harassment and other forms of sexual violence in public spaces generate insecurity and threaten women's lives and rights. Therefore, violence must be thought of in a private-public continuum and as a problem that is produced and reproduced in homes, on the streets, in transport, in parks, in the vicinity of schools, in universities, in public toilets, at transport stops, in squares and in markets.

A second spatial challenge of gender violence is to understand that space is not a neutral medium; space is involved in generating and sustaining different processes of inequality, injustice, exploitation, racism, sexism, etc. This implies that the complexity of the spatiality of fear and violence requires going beyond the conception of space as a physical container of social processes. It is necessary to advance the relationship between the spatial and the social, between social and physical conditions, between material and subjective dimensions in an interconnected way. Space in the city in this sense must be conceived as a result of social practices and in a process of permanent construction (Massey, 2005).

A third challenge in thinking about the socio-spatial continuum is that fear and violence cannot be understood as separate registers in everyday experience. Rather, our proposal, with which other authors agree (Pain, 2001; Stanko, 1990; Murray in Chapter 5), is to think of them as closely linked and reciprocally constructed. As we have argued, fear as an emotion is powerful in both constraining and expanding everyday landscapes (Koskela, 1999); as such it can be considered as a symbolic violence, as Bourdieu has argued, violence that is muffled, insensitive and invisible to its own victims, which is essentially exercised through the purely symbolic paths of communication and knowledge or, more precisely, ignorance, recognition or, ultimately, feeling (Bourdieu, 2000).

The Artworks

Methodological analysis allows us to highlight the material continuity that co-constitutes us and mutually affects humans and objects in the framework of research, and to question the (methodological, epistemological and political) positioning that is supposedly distant and utilitarian towards some 'others' in the form of objects in social research. In this text we seek not to speak of artistic works in themselves, but as objects that allow us to observe that research is conducted with, through, or alongside artistic products, which implies that empirical information emerges relationally. As well as the artworks, we also include some reflections developed in the framework of the workshop 'Sensorial Maps of Violence: Feminist Experiences, Listening and Resistance' that we designed and gave in the framework of the exhibition.[1] Through a bodily, sensorial and emotional register we recover the role of storytelling of gender violence through the collective, affective and sensorial dimensions in the production and circulation of knowledge about gender violence. For the purposes of this chapter we have selected the following works that express diverse socio-spatial dimensions of fear and gender violence.

Trayectos, stories by Alejandra Collado, which propose a critical look at appropriating the streets, especially when certain lives, certain bodies and experiences are devalued in public spaces. More or less security, freedom of movement, freedom of dress, behaviour, privileges, rights. Here are some brief journeys that, between glances, smells, contacts, sounds and sensations, pass through metro stations, bus stops, avenues, parks, rivers and wooded areas. Similar routes to many others in this city.

Mujeres desde la periferia by the photographer Sonia Madrigal, exhibits images that seek to reflect on women from the State of Mexico who make long journeys on public transport as part of their daily mobility, whether for reasons of work, study or to access some other service in Mexico City. Narrations of mobility that, while walking, riding in combi, metro, metrobus or microbuses, evoke sensations, emotions and feelings about what it means for us to put our bodies in the public space when we have not been given the right to occupy it.

Realidad punzante by Ana Barreto, painter and cartoonist, a pioneer in feminist graphic narratives in Mexico, reworks a personal story that narrates in a graphic way (comic) a sexual attack perpetrated against her physical integrity on a pedestrian bridge, where she relates the terror, physical harm, impunity and the psychological aftermath of such an event.

Viaje sin regreso by Frederick Rodríguez, video art about the femicide of a 21-year-old woman in the east of Mexico City. She was found by some neighbours who were out shopping for breakfast, covered with a black plastic bag, inside a bin.

Luz contra el olvido by Dora Bartilotti, recovers the story of Teresa, a member of the searchers' collective *Una Promesa Por Cumplir (A Promise to Fulfil)*. Teresa was looking for her disappeared son José Luis. She was shot dead in 2023 on a street in broad daylight as she was riding her pink bicycle. The work is the installation of a bicycle as a mechanical device, analogue projection, digital audio, sensors and electronic circuits.

The Tea Party by Vanessa Marr, using embroidery, the author creates an antique tablecloth and spread to create a subverted domestic family setting to tell the stories of those who have suffered gender violence.

It is important to mention that these reflections are fluidly intertwined between our perspective as researchers, the artistic works and the voices of those who participated in the workshop, who transmit their own lived experiences of gender violence.

Conversations about Gender Violence with the Works

The body as place

Sonia Madrigal's camera fixes and at the same time expands the body in space. In *Mujeres en la Periferia*, the body is a key piece in understanding the relations of violence embedded in physical and social spaces. A woman's body confined to a place inside the metro represented by the corridors for circulation, tracks and stations. The woman is probably changing her shoes so that she can continue her route with low shoes that allow for greater comfort, affirming herself in a door that represents a structure enclosed inside; and in the background the staircase open to the street. The clothing and footwear are the protagonists, the photograph shows that the body is what we are, through it we experience our emotions and connect with the world in the most basic relationship between body and space: bodies occupy a given space. However, this relationship is not the only one, the image also reveals that bodies are also 'spaces in themselves' (Aguilar & Soto, 2012), bodies are physical places where gender relations meet and are practised. According to these body-environment relations, understanding the experience of the body is vital to understand the relations of violence embedded in physical and social spaces.

In a similar vein, Ana Barreto's *Realidad punzante* problematises a mobility infrastructure that forms part of an often-forgotten set of material supports that, beyond simple connections with an apparently neutral function, must be thought of as an infrastructural device that materialises dynamics of power, exclusion and inequality. Indeed, their design and implementation not only contribute to spatial fragmentation – visible in the urban morphology – but also fragment the experience of the inhabitant in their daily lives, and in particular for women, impose limitations to mobility. The pedestrian bridge complexifies and exhibits the bodily experience of violence. Violence extends everywhere women circulate and materialises in a widespread awareness that fear works through and on the bodies of those who experience different forms of violence.

The bodily sequence presented by Ana is decisive, after the aggression the 'body is vulnerable', 'convulsed by pain and fear', 'breathing is agitated between sobs', 'the body shrinks as if it wanted to disappear'. We could affirm with Ana's comic that the violated body is a body out of place (McDowell, 2000: 214), but we could take this argument further and affirm that it is a body out of place even within the body itself.

There are certain codes in this story that manage to build a bodily resonance with the workshop participants:[2]

It is something that touches the most sensitive fibres of my body. Ana's personal account is also a story of a six-year-old girl on public transport who felt a penis in her hand. That little girl did not know what the scene meant, but it shocked her body, she felt ashamed, she felt dirty, she felt terrified. She left the seat and found that she could not speak. The violence caused her to be unable to say a word ever since.

It makes me feel powerless. That feeling of not being able to do anything. Concern that the 'environment' is still aggressive towards women, and that it is increasing. If necessary, to have the strength to react to defend a friend, a family member or a woman who is assaulted. Anger for the victims who could not defend themselves. (WP)

Inquiring into the role of the body in everyday movements and the emotional links between people and places is fundamental to understanding the human experience in space, for which the body is a fundamental key. Thus, Alejandra Collado's journeys show an intimate geopolitics when sexual harassment takes place in space and in the vital time of childhood:

> I set off at six in the morning, anticipating any mishaps on that first day. A few stops from my destination I felt a strange warmth behind my skirt and a breath on the back of my neck. My body was alert but paralysed. With my eyes I tried to decipher the shape of the reflection in the glass in front of me. I was afraid to turn around and see the scene directly. As the doors opened at the Apatlaco stop, after the sound announcing them, the man in the reflection came out abruptly, urgently, pushing me and looking at the ground. Once the doors closed again, he lifted his face and looked me in the face to wink at me. The train started up again. He, with a gesture that embodied triumph, became tiny in the distance, while I, embarrassed, looked for ways to clean the stain on my skirt under the disgusted gaze of the people who witnessed it all. Those people disgusted me too. Then I was disgusted too.

Through Collado's gaze we can observe that this spatial register of bodily experience reinstates the idea of body as scale, where, in turn, the body becomes territory in physical threats through sexual harassment (Cruz Hernández, 2016). At the same time the intimate experiences of sexual harassment form an emotional geography where fear, disgust, shame, guilt move and are embodied in a complex relationship with the environment.

Between the house and the street

A table covered in embroidery that represents the familiar and personal ritual of teatime in the UK. The laborious stitching builds a continuous text that embroiders traces of experiences of violence:

> 'I was sexually assaulted by a stranger on my way home', 'I can rest knowing he can't get to me. I feel safe for the first time in years', 'I felt so uncomfortable', 'I feel myself changing outfits as I don`t want to deal with potential harassment', ' Coming home to my empty house I didn`t feel safe', 'I can`t leave right now. It's impossible with young children and in lockdown', 'I couldn't see, I couldn't hear, I couldn't breathe', 'He was just staring at me ...', 'I'd feel my guts twist ... anticipating shouts, leers and invasive comments about my body'.

The artefacts produced by the embroidery include pastries, cutlery and porcelain cups neatly arranged, but at the same time it is striking that there are spilt or broken pieces to symbolise the violence present in the intimacy of the home. It is interesting how one of the workshop participants establishes an embodied relationship between the embroidery and herself, an affective link that takes the painful interaction with the broken crockery to think of herself:

> I like the analogy of tea time and teaware with the idea of family. The fact that there are broken pieces also makes me think about how some of us women are broken or have been broken by the violence experienced even in the nuclear family. This makes me feel sad and disillusioned because sometimes we cannot count on empathy, listening, attention or support from the people we love. (WP)

But some workshop participants go further, and indicate that the very fact of teatime, with the symbolic association of femininity with 'housework', 'preparing food', 'being a housewife' is part of discrimination and injustice, and can even be understood as a subtle and profound form of violence, which by not being so easily perceptible contributes to creating an environment of threat to women's freedom, in the home itself.

> It reminds me of Sunday family meals at my maternal grandparents' house, where all the women, no matter how old they were, had to help; while the men were on the couch, playing football and resting, because they worked all week, to have even one day of rest. As if the women who stayed at home didn't get tired of doing chores. (WP)

Public space is produced on various scales and at different levels of understanding, from the small physical scale of a street, square and park, to the neighbourhood, the city and even transnational spaces can be seen as spaces constructed from the multiplicity of social relations. One spatiality that Alejandra Collado's narrative exercise takes up is that of the street, a public space by definition. In *Journeys of youth* she shows fleeting experiences of sexual harassment, the effects of which linger on as a permanent restriction that profoundly marks the everyday life and biography of a young woman.

> On hot afternoons, when I left work, I enjoyed the caress of the sun, the air on my legs and that light sweat, as well as the aesthetic joy of wearing the short skirts that my mother had stopped wearing. Walking on Churubusco I noticed that a man was following me. Every time I turned to confront him he hid behind a tree, a post, the bus stop or whatever he could find. At the Sanborns traffic light, just when I thought I had lost him on the road, he ran towards me and anxiously stuck one of his hands between my legs. I felt him pointing his fingers, trying to insert them wherever he could. They were bumping against my thighs, blindly, and with the other hand he was masturbating.

This journey is particularly relevant to observe how public space has a contradictory representation for women; it can be a place of pleasure and enjoyment, but at the same time it is a place of violence. The impact can be immediate or far reaching and includes multiple physical, sexual and psychological consequences for women and girls.[3]

The workshop participants express stories that seem to be the same, changing small details but which constitute a very widespread daily experience in the experience of women of different ages, as expressed in the following testimony:

> It reminded me of when I was violated on several occasions. First, on a bridge, a guy put his hand under my skirt, I was a 17-year-old girl. Then, on two occasions, when I was 45 years old, another guy followed me and did the same thing to me. In less than a month, I suffered the same humiliation again. (WP)

If we think about the spatial dimension of violence, it is often a problem associated with power embedded in public space, but also in private space. Indeed, the stories told by Vanessa Marr and Alejandra Collado reveal a spatio-temporal continuum where violence flows through women's experiences and show how space and power are intimately intertwined under a dichotomous conception of masculinity and femininity.

From the body to the state

Maria was 21 years old when she was found dead by neighbours who were out shopping for breakfast. She was found covered with a black plastic bag inside a bin. The neighbours were initially angry because they thought that another neighbour had gone to leave the bin in the street, which is common in the Unidad Habitacional, but when they approached and saw the body of a woman, they called the police. This is the story that Frederick Rodríguez takes up in his video. This piece opens up questions about misogynist violence taken to the extreme and its articulation with socio-territorial conditions of extreme marginalisation and urban exclusion. In this sense, the material conditions of the neighbourhood where María's body was found are characterised by deficient or absent access to necessary material resources such as drinking water, sanitation, medical care and schools, exhibiting processes of profound marginalisation, discrimination and segregation. This physical exclusion from urban infrastructure, and the bodily suffering that marks the bodies of those affected, only serves to exacerbate forms of social suffering and facilitate forms of social exclusion that fundamentally challenge the notions of citizenship and rights on the part of poor people and especially women.

Some workshop participants raise the emotional ties evoked by the story, but also the way in which these have materialised spatially.

> The first thing that this work provokes in me is anger, then I felt sadness, because an act of violence often becomes invisible if it does not leave after-effects or death because many times people make you feel 'lucky' because that act that filled you with shame, fear, terror, trauma, 'did not happen again' and when it does, there is no one responsible. (WP)

On the other hand, the story of Teresa, a searching mother from the collective *Una Promesa por Cumplir*, who was looking for her missing son and was killed by two hooded men on a motorbike who shot her in broad daylight, died on the spot. Her body was covered by neighbours who placed a sheet over the woman. A pink bicycle was left next to the body, as well as the bullets on the ground. Dora's piece takes up this femicide, through a kinetic sculpture made up of a bicycle intervened in the manner of a pre-cinematographic device. The 'bicycle' as it was called in the everyday life of the exhibition, should be understood as the result of a semiotic-material and affective interweaving, a torch is activated by the assistants, who become part of the mechanism on wheels that sustains a light against oblivion.

Although we can find similarities between the forms of gender violence shown in the pieces from the UK and Mexico, in the cases of femicide[4] there is a clear local constitution of the problem of feminicidal violence. Both femicides from our perspective can be explored as part of a geopolitics that allows for the interweaving of different scales, the body as the site of violence, the invisibility when they occur within the walls of the home, which has gradually moved towards the public highway, educational centres, desolate and deserted areas. Certain analyses have also begun to establish spatial connections between femicide and certain cities, such as the case of Ciudad Juárez, extensively analysed by Monárrez (2000) and the case of the State of Mexico, analysed by Damián (2004). In this way, the fear experienced by women in their homes as a result of gender violence meets the infrastructural violence generated by the city and culminates or begins with the violence perpetrated by the state, in the face of impunity, the lack of effective protection mechanisms and/or the omissions of the state in the face of femicide.

Conversations about Resistance with the Works

Alejandra Collado's *Trajectories of Resistance* explicitly addresses how women produce, define and sometimes position themselves as subjects of resistance, despite the magnitude of the problem of sexual violence against women. It highlights how objects or artefacts shape their sensibility, movements and possibilities of resistance. Also, together with objects, spaces are not simply containers where they experience restrictions and limitations, but favour forms of appropriation and re-signification.

> [...] I know how to walk through the streets with my keys unsheathed, with my pepper spray and my boxer key ring in the shape of a kitten, to use on the bus, the metro, the combi, the suburban train and the light rail, to work, school, home, and other journeys [...]. I don't intend to let go of life, landscapes, colours, nor the resistant medicines that grow and

break the asphalt [ ] Expecting between pavement flowers, intervened stretches, walls of graffitied slogans and symbols of resistance-survival. Putting all the body, the energy and the senses to squeeze from the landscape any trace of vitality. Recovering life [...] We raise our eyes, we clench our fists, attentive to our surroundings. We build places of calm, to take a deep breath, to turn fear into resistance and repair. The streets are ours too.

Women often show a sensitive responsiveness when confronted with a threat. Thus, many women read the signs of danger, locate themselves within the space and use power in the urban space; thus showing 'spatial agency' by actively reclaiming the space. And, on the other hand, Dora's piece is an open invitation to resist not individually but collectively, memory is the mechanism for the stories of women, men, boys and girls who have disappeared in Mexico to be kept alive and this is the strongest resistance.

We are interested in highlighting the material dimension of these practices of resistance that is brought to the present when talking to the piece, and the relationships that this conversation activates. In such a way, during the workshop we find how the stories evoke the memory of conversations with their relatives together with the bodily practices of resistance and action that are transmitted inter-generationally:

I have heard stories from my grandmothers, my mother and aunts about this. Methods they have taught me to defend myself because it is already their experience. (WP)

It seems almost utopian to me, but it resembles that moment when at the end of the 8M march, my friends and I embrace each other knowing that at least at that moment nothing can affect us, we have each other and we love, support and care for each other. (WP)

Conclusions

We have developed, from the perspective of continuities, the spatialities of the violence that the works invite us to think about. We have been able to weave a web of dialogues in which we seek to understand how gender power is materialised in a given space and time, but at the same time space as a marker of experiences in the city is central to the plots of violence and fear. By placing the spatial dimension at the centre of the discussion, attention is focused on places within the city where violence is experienced: streets, transport, pedestrian crossings, transport stops, tables, bicycles and the home itself.

These spatialities enable and exacerbate different forms of gender violence, across multiple scales, forms, sites and temporalities. This stimulates an analysis of the complex processes that articulate between space and gender relations, in the configuration of a trans-sensorial landscape where emotions are deposited in places, but equally, places have the capacity to generate emotional reactions. For this reason, we have asserted that gender-based violence must be understood on a local-global continuum. This means sharing a global condition of greater vulnerability – in a male-dominated society and under a model of hegemonic masculinity – that brings together experiences between the UK and Mexico, but at the same time is intrinsically particular in its multiple and heterogeneous manifestations.

One of the most relevant results of this exercise of conversation with objects/artistic works as non-human objects and entities, as well as letting ourselves be affected by them, is not so different 'from learning to recognise and accept, symmetrically, the objectual character (material, finite, corporeal, fragile, situated, temporary, vulnerable) of our supposed humanity in order to make of it a radical epistemic and political positioning in the task of research' (Callén Moreu & Pérez-Bustos, 2020: 438). Our hope is that by directing discussions towards the social suffering caused by gender violence, we can generate not only more conversations about feminist academic, artistic and political commitment, but also about the actions we need to take to achieve it.

Notes

(1)   The methodological details of the workshop are developed in Chapter 3.
(2)   Hereafter, WP stands for Workshop Participants.
(3)   In Mexico, violence experienced by women and girls in public spaces is measured by the National Survey of Victimisation and Perceptions of Public Safety (ENVIPE, 2021). Nationally, 69% of women surveyed feel unsafe walking alone at night around their homes, while 53% of men feel unsafe. On the streets, women feel the most insecure with 69.6%, while men feel insecure with 60.4%. On public transport, on the other hand, women's perception of insecurity is 59.6%, while men's is 48.9%.
(4)   According to UN Women (2024), Mexico is a country where femicide is a serious problem that must be addressed as a society. Every day, between 9 and 10 women on average are murdered. In 2023, the Executive Secretariat of the National Public Security System registered 848 victims of femicide and 2591 intentional homicides. In total there were 3439 women victims of femicide and intentional homicide.

References

Aguilar, M.A and Soto Villagrán P. (coords) (2013) *Cuerpo, espacios y emociones. Aproximaciones desde las ciencias sociales.* México, D.F., UAM-I/Miguel Ángel Porrúa.

Ahmed, S. (2014) *The Cultural Politics of Emotions.* Programa Universitario de Estudios de Género-Universidad Nacional Autónoma de México.

Bourdieu, P. (2000) *La Dominació Masculina.* Anagrama.

Callén Moreu, B. and Pérez-Bustos, T. (2020) Methodologies with methodological objects-objectives. *Política y Sociedad* 57 (2), 437–458.

Cruz Hernández, D. (2016) Una mirada muy otra a los territorios-cuerpos femeninos. *Solar, Year 12* 12 (1), 46–56.

Damián, L. (2004) La manifestación espacial de la violencia feminicida en México, 2000–2006. Master's thesis, Universidad Nacional Autónoma de México. Faculty of Philosophy.

Duncan, N. (1996) Renegotiating gender and sexuality in public and private spaces. In N. Duncan (ed.) *BodySpace: Destabilizing Geographies of Gender and Sexuality* (pp. 127–144). Routledge.

Instituto Nacional de Estadística, Geografía e Informática (2021) *Encuesta Nacional de Victimización y Percepción sobre Seguridad Pública (ENVIPE)*. INEGI.

Koskela, H. (1999) Gendered exclusions: Women's fear of violence and changing relations to space. *Geografiska Annaler. Series B, Human Geography* 81 (2), 111–124. https://doi.org/10.1111/j.0435-3684.1999.00052.x.

McDowell, L. (2000) *Gender, Identity and Place: A Survey of Feminist Geographies*. Universitat de València.

Massey, D. (2005) *For Space*. Sage.

Massey, D. (2012) A global sense of place. In A. Abet and N. Benach (eds) *Doreen Massey. A Global Sense of Place* (pp. 112–129). Icaria.

Monárrez, J. (2000) La cultura del feminicidio en Ciudad Juárez, 1993–1999. *Frontera Norte* 12, 87–107.

Murray, L., Holt, A., Lewis, S. and Moriarty, J. (2022) The unexceptional im/mobilities of gender-based violence in the Covid-19 pandemic. *Mobilities* 18 (3), 552–565.

Oslender, U. (2002) Space, place and social movements: Towards a 'spatiality of resistance'. *Scripta Nova* VI, (115).

Pain, R. (2001) Gender, race, age and fear in the city. *Urban Studies* 38 (5–6), 899–913. https://doi.org/10.1080/00420980120046590 (Original work published 2001).

UN Women (2024) Las huellas de los feminicidios en CDMX. See https://lac.unwomen.org/es/stories/noticia/2024/03/las-huellas-de-los-feminicidios-en-cdmx (accessed September 2025).

Soto Villagrán, P. (2012) Women's fear of violence in Mexico City. A question of spatial justice. *Revista INVI* 27 (75), 145–169.

Stanko, E. (1990) *Everyday Violence: Women's and Men's Experience of Personal Danger*. Pandora.

4 Espacios que Escuchan, Sienten y Resisten. Experiencias Espaciales, Temporales y Emocionales de la Violencia Basada en Género en México y el Reino Unido

Paula Soto Villagrán y Olga Sabido Ramos

Introducción

En este capítulo buscamos comprender y problematizar las experiencias emocionales en su articulación con las dimensiones espacio-temporales de la violencia basadas en género presentes en las narrativas textuales y visuales de las obras artísticas de Vanessa Marr, *The Tea Party*; Alejandra Collado, *Trayectos*; Sonia Madrigal, *Mujeres desde la periferia*; Dora Bartilotti, *Luz contra el olvido;* y Frederick Rodríguez, *Viaje sin regreso.*

Esta dimensión espacio-temporal es un intento local y situado por reflexionar sobre las violencias desde cuatro perspectivas. La primera retomando una dimensión interescalar, que se mueve desde el cuerpo hasta las convergencias translocales que unen a México y el Reino Unido en historias de las violencias de género. En segundo lugar, se buscará comprender la violencia como un continuo socioespacial y temporal que no se limita a espacios domésticos, sino que evidencia que las mujeres son vulnerables a la violencia masculina en las casas, en las calles, en los transportes, en las ciudades y en todos los espacios públicos, lo que hace necesario criticar las dicotomías geográficas como privado-público, noche-día, interior-exterior, móvil-inmóvil. En tercer lugar, la dimensión espacial se asumirá como categoría interpretativa del contexto, mostrando las particularidades locales de las circunstancias de las violencias de género, especialmente en México, donde la distribución desigual, el acceso a la ciudad y la localización de las violencias son claves analíticas para dar sentido a una política espacial de las emociones (Ahmed, 2014). Y, finalmente la relación entre espacio y resistencia es fundamental para contar otras narrativas, múltiples resistencias que pasan por el uso y apropiación del espacio (Oslender 2010; Soto, 2012).

El Problema y los Supuestos Teóricos

La violencia contra las mujeres y las niñas sigue siendo una de las violaciones de los derechos humanos más graves – y más toleradas – en todo el mundo. Asimismo, se ha acordado a nivel internacional que la violencia de género es un problema social de gran envergadura que afecta a millones de mujeres en el mundo y que se sustenta en las profundas desigualdades de género. De acuerdo con ONU Mujeres la violencia de género se refiere a los actos dañinos dirigidos contra una persona o un grupo de personas debido a su género. Tiene su origen en la desigualdad de género, el abuso de poder y la existencia de normas dañinas. El término se utiliza principalmente para subrayar el hecho de que las diferencias estructurales de poder basadas en el género colocan a las mujeres y niñas en situación de riesgo frente a múltiples formas de violencia. Si bien las mujeres y niñas sufren violencia de género de manera desproporcionada, los hombres y los niños también pueden ser blanco de ella. No obstante, pese a que en la última década la violencia contra las mujeres se ha reconocido como una violación a los derechos humanos, como un delito en las leyes y como un problema de salud pública, la violencia sexual en espacios públicos, especialmente el acoso sexual, sigue siendo desatendida y normalizada por parte de los gobiernos y de la sociedad en su conjunto.

De acuerdo con esto, hay tres desafíos vinculados a las implicaciones geográficas que se dan en el continuo de la violencia de género que se retoman la idea del 'continuo espacial' de las violencias que se presenta en este análisis y se presentó en el capítulo 1 como resultado clave del proyecto *La inmovilidad de la violencia de género* (Murray et al., 2022). Con este concepto ponemos la atención en mostrar cómo las violencias de género se entrelazan y perpetúan en los diferentes espacios sociales. Un primer desafío es romper la ideología del miedo, que se sostiene en la idea de la casa como un lugar seguro y la calle como un lugar inseguro. En efecto, la violencia se da en un entramado de lugares públicos o privados. Por un lado, la violencia en el espacio privado es a menudo invisible y trivializada o considerada como un asunto privado de carácter no político, no obstante, la violencia refuerza la subordinación y la desigualdad en una forma oculta (Duncan, 1996). Por otro lado, mucho más recientemente hay un reconocimiento de que el acoso y la violencia sexual en espacios públicos es una realidad invisibilizada e incluso naturalizada en comentarios sexuales, miradas morbosas, tocamientos, violación e inclusive en feminicidio. Estas formas en que se expresan el acoso y otras formas de violencia sexual en el espacio público generan inseguridad y amenazan la vida y los derechos de las mujeres. Por lo tanto, las violencias deben ser consideradas en un continuo privado-público y como un problema que se produce y reproduce en las casas, en las calles, en el transporte, en parques, en la cercanía de las escuelas, en las universidades, en los baños públicos, en paradas de transportes, en plazas y en mercados.

Un segundo desafío espacial de las violencias de género es entender que el espacio no es un soporte neutro, el espacio está involucrado en generar y sostener diferentes procesos de desigualdad, injusticia, explotación, racismo, sexismo, etc. Esto implica que la complejidad de la espacialidad del miedo y la violencia exige ir más allá de la concepción del espacio como contenedor físico de los procesos sociales. Es necesario avanzar en la relación entre lo espacial y lo social, entre las condiciones sociales y físicas, entre las dimensiones materiales y subjetivas de manera interconectada. El espacio en la ciudad en este sentido debe ser concebido como resultado de las prácticas sociales y en proceso de construcción permanente (Massey, 2005).

Un tercer desafío pensando en el continuo socioespacial, es que el miedo y la violencia no pueden entenderse como registros separados en la experiencia cotidiana. Más bien nuestra propuesta, con la que coinciden otras autoras (Pain, 2001; Stanko, 1990; Murray en el capítulo 5), es pensar en ellos como estrechamente vinculados y recíprocamente construidos, inclusive como hemos planteado el miedo como una emoción poderosa tanto en constreñir como en ampliar los paisajes cotidianos (Koskela, 1999); como tal puede ser considerada como una violencia simbólica, como ha planteado Bourdieu, violencia amortiguada, insensible e invisible para sus propias víctimas, que se ejerce esencialmente a través de los caminos puramente simbólicos de la comunicación y del conocimiento o, más exactamente, del desconocimiento, del reconocimiento o, en último término, del sentimiento (Bourdieu, 2000).

Las Obras de Arte

El análisis metodológico nos permite poner en evidencia la continuidad material que nos co-constituye y afecta mutuamente a humanos y objetos en el marco de la investigación, y cuestionar los posicionamientos (metodológicos, epistemológicos y políticos) supuestamente distantes y utilitaristas hacía unos 'otros' en forma de objetos en la investigación social. En este texto buscamos no hablar de las obras artísticas en sí mismas, sino como objetos que permiten observar que la investigación se realiza con, a través de, o junto a los productos artísticos, lo cual implica que la información empírica surge de forma relacional. Asimismo, recogemos algunas reflexiones desarrolladas en el marco del taller 'Mapas sensoriales de la violencia: experiencias, escuchas y resistencias feministas' que diseñamos e impartimos en el marco de la exposición.[1] A través de un registro corporal, sensorial y emocional recuperamos el papel de la narración de historias de violencias de género a través de las dimensiones colectivas, afectivas y sensoriales en la producción y circulación del conocimiento sobre violencias de género. Para efectos de este trabajo hemos seleccionado las siguientes obras que expresan diversas dimensiones socioespaciales del miedo y la violencia de género.

Trayectos, relatos de Alejandra Collado, que proponen una mirada crítica sobre apropiarse de las calles, sobre todo cuando ciertas vidas, ciertos cuerpos y experiencias, son desvalorizados en los espacios públicos. Más o menos seguridad, libertad de movimiento, de vestimenta, comportamientos, privilegios, derechos. Aquí unos breves trayectos que, entre miradas, olores, contactos, sonidos y sensaciones recorren estaciones de metro, paradas de autobús, avenidas, parques, ríos y zonas boscosas. Trayectos parecidos a muchos otros en esta ciudad.

Mujeres desde la periferia, de la fotógrafa Sonia Madrigal, expone imágenes que buscan reflexionar sobre mujeres del Estado de México que realizan largos trayectos dentro del transporte público como parte de su movilidad diaria ya sea por razones de trabajo, estudio o para acceder a algún otro servicio en la Ciudad de México. Narraciones de movilidad que, al caminar, andar en combi, metro, metrobús, microbuses evocan sensaciones, emociones y sentimientos sobre lo que implica para nosotras poner el cuerpo en el espacio público cuando no se nos ha dado el derecho de ocuparlo.

Realidad punzante de Ana Barreto, pintora y dibujante, pionera en las narrativas gráficas feministas en México, reelabora una historia personal que narra de manera gráfica (cómic) un ataque sexual perpetrado hacia su integridad física en un puente peatonal, donde relata el terror, daño físico, la impunidad y las secuelas psicológicas ante tal evento.

Viaje sin regreso de Frederick Rodríguez, video arte sobre el feminicidio de una mujer de 21 años en el oriente de la Ciudad de México. Fue encontrada por unas vecinas que salían a realizar compras para el desayuno, cubierta con una bolsa plástica negra, dentro de un bote de basura.

Luz contra el olvido de Dora Bartilotti, recupera la historia de Teresa, integrante del colectivo de buscadoras *Una Promesa Por Cumplir*. Teresa buscaba a su hijo desaparecido José Luis. Fue asesinada en el 2023 a balazos en una calle a plena luz del día cuando se trasladaba en su bicicleta rosa. La obra es la instalación de una bicicleta como dispositivo mecánico, proyección analógica, audio digital, sensores y circuitos electrónicos.

The Tea Party [La tertulia del té] de Vanessa Marr, mediante el bordado, la autora crea un mantel antiguo y extendido para construir un escenario doméstico familiar subvertido para contar las historias de aquellos quienes han sufrido la violencia de género.

Es importante mencionar que en estas reflexiones se encuentran entrelazadas de manera fluida entre nuestra mirada como investigadoras, las obras artísticas y la voz de quienes participaron en el taller, quienes transmiten sus propias experiencias vividas de la violencia de género.

Conversaciones Sobre Violencias de Género con las Obras

El cuerpo como lugar

La cámara de Sonia Madrigal fija y al mismo tiempo expande el cuerpo en el espacio. En 'Mujeres en la Periferia' el cuerpo es una pieza clave para entender las relaciones de violencias incrustadas en los espacios físicos y sociales. El cuerpo de una mujer confinado en un lugar dentro del metro representada por los pasillos para la circulación, vías y estaciones. La mujer está cambiándose de zapatos seguramente para poder continuar su ruta con unos zapatos bajos que permiten mayor comodidad, afirmándose en una puerta que representa una estructura encerrada en su interior; y en el fondo la escalera abierta a la calle. El atuendo y calzado son protagonistas, la fotografía muestra que el cuerpo es lo que somos, a través de él experimentamos nuestras emociones y nos conectamos con el mundo en la relación más básica entre cuerpo y espacio: los cuerpos ocupan un espacio determinado.

Sin embargo, esta relación no es la única, la imagen devela también que los cuerpos a la vez 'son espacios en sí mismos' (Aguilar y Soto, 2012), los cuerpos son lugares físicos donde las relaciones de género se encuentran y se practican. De acuerdo con estas relaciones cuerpo-entorno, comprender la experiencia del cuerpo, es vital para entender las relaciones de violencias incrustadas en los espacios físicos y sociales.

En un sentido similar 'Realidad punzante' de Ana Barreto, problematiza una infraestructura de movilidad que forma parte de un conjunto, a menudo olvidado, de soportes materiales que más allá que simples conexiones con una función aparentemente neutral, deben ser pensados como un dispositivo infraestructural que materializa dinámicas de poder, exclusión y desigualdad. En efecto, su diseño e implementación no solo contribuyen a la fragmentación espacial – visible en la morfología urbana – sino que también fragmentan la experiencia del habitante en su vida diaria, y en particular para las mujeres impone limitaciones a la movilidad. El puente peatonal complejiza y exhibe la experiencia corporal de la violencia. La violencia se extiende por todos los lugares donde las mujeres circulan, y se materializa en una extendida conciencia de que el miedo funciona a través y sobre los cuerpos de quienes experimentan las diferentes formas de violencia.

La secuencia corporal que presenta Ana es decidora, después de la agresión el 'cuerpo es vulnerable', 'convulsionado por el dolor y el miedo', 'la respiración se agita entre sollozos', 'el cuerpo se encoge como si quisiera desaparecer'. Podríamos afirmar junto al cómic de Ana que el cuerpo violentado es un cuerpo fuera de lugar (McDowell, 2000: 214), pero podríamos llevar más allá este argumento y afirmar que es un cuerpo fuera de lugar incluso dentro del propio cuerpo.

Hay ciertos códigos de esta historia que logran construir una resonancia corporal con las participantes del taller:[2]

> Es algo que toca las fibras más sensibles de mi cuerpo. El relato personal de Ana es también la historia de una niña de seis años en el transporte público que sintió un pene en su mano. Esa niña no sabía que significaba aquella escena, pero impactó a su cuerpo, se sintió avergonzada, sucia, aterrada. Se fue del asiento y descubrió que no podía habla.

> La violencia le provocó que no puediera decir palabra desde entonces. (PT)[3]

> Me provoca impotencia. Esa sensación de no poder hacer nada. Preocupación porque el 'ambiente' sigue siendo agresivo para con las mujeres, y va en aumento. En caso dado, tener la fuerza de reaccionar para defender a una amiga, una familiar o a una mujer que sea agredida. Enojo por las víctimas que no se pudieron defender. (PT)

Indagar sobre el rol del cuerpo en los movimientos cotidianos y los vínculos emocionales entre las personas y los lugares es fundamental para comprender la experiencia humana en el espacio, y para ello una llave fundamental es el cuerpo. Así los trayectos de Alejandra Collado muestran una geopolítica íntima cuando el acoso sexual tiene lugar en el espacio y en un tiempo vital de la niñez:

> Salí a las seis de la mañana previendo cualquier percance en ese primer día. A unas paradas de mi destino sentí un calor extraño por detrás de mi falda y una respiración en la nuca. Mi cuerpo estaba alerta pero paralizado. Con los ojos traté de descifrar la forma del reflejo en el vidrio frente a mí. Tuve miedo de voltear y ver la escena directamente. Al abrirse las puertas en la parada Apatlaco, tras el sonido que las anuncia, el hombre del reflejo salió de manera abrupta, urgente, empujándome y mirando al suelo. Una vez que las puertas volvieron a cerrarse, levantó el rostro y me vio a la cara para guiñarme un ojo. El tren se puso en marcha nuevamente. Él, con un gesto que encarnaba triunfo, se fue haciendo pequeñito a la distancia, mientras yo, avergonzada, buscaba cómo limpiar la mancha en mi falda ante la mirada de asco de las personas que atestiguaron todo. Esas personas también me produjeron asco. Luego me di asco también yo.

A través de la mirada de Collado podemos observar que este registro espacial de la experiencia corporal reinstala la idea de cuerpo como escala, donde, a su vez, el cuerpo se convierte en territorio en la amenaza corporal mediante el acoso sexual (Cruz Hernández, 2016). Al mismo tiempo las experiencias íntimas de acoso sexual forman una geografía emocional donde el miedo, el asco, la vergüenza, la culpa se mueven y se encarnan en una relación compleja con el entorno.

Entre la casa y la calle

Una mesa cubierta por un bordado que representa el ritual familiar y personal de la hora del té en el Reino Unido. Las laboriosas puntadas van construyendo un texto continuo que borda trazos de experiencias de violencia:

> 'I was sexually assulted by a stranger on my way home', 'I can rest knowing he can't get to me. I feel safe for the first time in years', 'I felt so uncomfortable', 'I feel myself changing outfits as I don't want to deal with potential harassment', 'Coming home to my empty house I didn't feel safe', 'I can't leave right now. It's impossible with young children and in lockdown', 'I couldn't see, I couldn't hear, I couldn't breathe', 'He was just staring at me...', 'I'd feel my guts twist...anticipating shouts, leers and invasive comments about my body'.

Los artefactos que produce el bordado incluyen pastelillos, cubiertos y tazas de porcelana ordenadamente dispuestas, pero al mismo tiempo llama la atención que hay piezas derramadas o quebradas para simbolizar la violencia presente en la intimidad del hogar. Es interesante como una de las participantes del taller establece una relación encarnada entre el bordado y ella, una vinculación afectiva que toma la dolorosa interacción con la vajilla rota, para pensar sobre sí misma:

> Me gusta la analogía de la hora del té y la vajilla del té con la idea de familia. El hecho de que haya unas piezas rotas me hace pensar también en cómo algunas mujeres estamos rotas o nos han roto por la violencia vivida incluso en el núcleo familiar. Esto me hace sentir tristeza y desilusión porque a veces no podemos contar con empatía, escucha, atención o apoyo de parte de las personas a las que queremos. (PT)

Pero algunas participantes del taller van más allá, e indican que el hecho mismo de la hora del té, con la asociación simbólica de lo femenino con 'labores domésticas', 'a preparar la comida', 'a ser amas de casa' es parte de la discriminación e injusticia, e inclusive puede ser entendida como una forma de violencia sutil y profunda, que al no ser tan fácilmente perceptible contribuye a crear un entorno de amenaza a la libertad de las mujeres, en la propia casa.

> Me hace recordar las comidas familiares de los domingos en casa de mis abuelos maternos, donde todas las mujeres, sin importar la edad, debían ayudar; mientras que los hombres estaban sobre el sillón, jugando fútbol y descansando, porque ellos trabajaban toda la semana, para tener, aunque sea un día de descanso. Como si las mujeres que se quedaban en casa no se cansaran de hacer labores. (PT)

El espacio público se produce en varias escalas y en diferentes niveles de comprensión, desde la pequeña escala física de una calle, plaza y parque, hasta el vecindario, la ciudad e incluso los espacios transnacionales pueden ser vistos como espacios construidos a partir de la multiplicidad de relaciones sociales. Una espacialidad que retoma el ejercicio narrativo de Alejandra Collado es la de la calle, espacio público por definición. En 'Trayectos de juventud' muestra fugaces experiencias de acoso sexual cuyos efectos perduran instalándose como una restricción permanente que marcan profundamente la vida cotidiana y la biografía de una mujer joven.

> En las tardes calurosas, al salir de mi jornada laboral, disfrutaba la caricia del sol, el aire en mis piernas y ese ligero sudor, además del gozo estético que me daba vestir con las faldas cortas que mamá dejó de usar. Caminando sobre Churubusco noté que un señor me seguía. Cada vez que me volví para confrontarlo se escondió tras un árbol, un poste, la parada o lo que encontrara. En el semáforo del Sanborns, justo cuando creí que ya lo había perdido en el camino, el señor corrió hacia mí y ansiosamente metió una de sus manos entre mis piernas. Sentí cómo apuntaba sus dedos intentando introducirlos en donde pudiera. Chocaban contra mis muslos, a ciegas, y con la otra mano se masturbaba.

Este trayecto es particularmente pertinente para observar como el espacio público tiene para las mujeres una contradictoria representación; puede ser un lugar de placer y disfrute, pero al mismo tiempo es un lugar de violencia. El impacto puede ser inmediato o de largo alcance e incluye múltiples consecuencias físicas, sexuales y psicológicas para las mujeres y las niñas.[3]

Las participantes del taller expresan historias que parecen iguales, cambian pequeños detalles pero que se constituye en una experiencia cotidiana muy extendida en la experiencia de mujeres de diversas edades como se expresa en el siguiente testimonio:

> Me hizo recordar cuando fui violentada en varias ocasiones. Primeo en un puente, un tipo metió la mano por debajo de la falda, era yo una jovencita de 17 años. Luego, en dos ocasiones, cuando tenía 45 años otro tipo me siguió y me hizo lo mismo. En menos de un mes, volví a sufrir la misma vejación. (PT)

Si pensamos en la dimensión espacial de la violencia, a menudo es una problema asociado al poder enquistado en el espacio público, pero también en el espacio privado. En efecto las historias relatadas por Vanessa Marr y Alejandra Collado, develan un continuo espacio-temporal donde la violencia fluye en las experiencias de las mujeres y evidencian como el espacio y el poder están íntimamente entrelazados bajo una concepción dicotómica de la masculinidad y la feminidad.

Del cuerpo al estado

María tenía 21 años, cuando fue encontrada muerta por unas vecinas que salían a realizar compras para el desayuno. La encontraron cubierta con una bolsa plástica negra, dentro de un bote de basura. Las vecinas se enojaron al inicio porque pensaron que otro vecino había ido a dejar el bote de basura en la calle, que es algo común en la Unidad Habitacional, sin embargo, al acercarse vieron el cuerpo de una mujer y llamaron a la policía. Esta es la historia que retoma en su video Frederick Rodríguez.

Esta pieza abre preguntas sobre la violencia misógina llevada al extremo y su articulación con condiciones socio-territoriales de extrema marginación y exclusión urbana. En este sentido, las condiciones materiales de la colonia donde fue encontrado el cuerpo de María se caracterizan por un acceso deficiente o ausente a los recursos materiales necesarios como agua potable, saneamiento, atención médica y escuelas, exhibiendo procesos de marginación, discriminación y segregación profundos. Esta exclusión física de la infraestructura urbana, y el sufrimiento corporal que marca los cuerpos de las personas afectadas, sólo sirve para agudizar formas de sufrimiento social y facilitar formas de exclusión social que cuestionan fundamentalmente las nociones de ciudadanía, derechos por parte de personas pobres y en especial de las mujeres.

Algunas participantes del taller plantean los vínculos afectivos que evoca la historia, pero también la manera en que estos se han materializado espacialmente.

> Lo primero que me provoca esta obra es enojo, posteriormente sentí tristeza, porque un acto de violencia muchas veces se vuelve invisible si no deja secuelas o muerte porque muchas veces las personas te hacen sentir 'afortunada' porque aquel acto que te llenó de vergüenza, miedo, terror, trauma, 'no pasó a más' y cuando lo hace tampoco hay responsible. (PT)

Por otro lado, la historia de Teresa, una madre buscadora del colectivo *Una Promesa por Cumplir*, quien buscaba a su hijo desaparecido y fue asesinada por dos hombres encapuchados a bordo de una motocicleta que le dispararon a plena luz del día, falleció en el lugar. Su cuerpo fue tapado por vecinos que colocaron una sábana sobre la mujer. Junto al cadáver quedó una bicicleta rosa, así como las balas en el suelo. La pieza de Dora retoma este feminicidio, a través de una escultura cinética conformada por una bicicleta intervenida a modo de dispositivo pre-cinematográfico. La 'bicicleta' como se denominó en la cotidianeidad de la exhibición, debe entenderse como el resultado de un entramado semiótico-material y afectivo, una linterna es accionada por los asistentes, quienes se convierten en parte del mecanismo sobre ruedas que sostiene una luz contra el olvido.

Si bien con las obras anteriores podemos encontrar similitudes entre las formas de violencias de género que se muestran en las piezas del Reino Unido y México, en los casos de feminicidio[4] hay una clara constitución local del problema de la violencia feminicida. Ambos feminicidios desde nuestra perspectiva pueden ser explorados como parte de una geopolítica que permite entrelazar diferentes escalas, el cuerpo como el lugar de violencias, la invisibilidad cuando ocurren dentro de las paredes de la casa, que poco a poco se ha trasladado hacia la vía pública, centros educativos, zonas desoladas y desérticas. También se han establecido incipientemente ciertos análisis que instituyen conexiones espaciales entre feminicidio y ciertas ciudades, como el caso de Ciudad Juárez ampliamente analizado por Monárrez (2000) y el caso del Estado de México analizado por Damián (2004). De tal forma el miedo experimentado por las mujeres en sus casas producto de las violencias de género se encuentra con la violencia infraestructural generada por la ciudad y culmina o se inicia con la violencia perpetrada por el estado, frente al la impunidad, la falta de mecanismos efectivos de protección y/o las omisiones del Estado frente al feminicidio.

Conversaciones sobre resistencias con las obras

Los 'Trayectos de Resistencia' de Alejandra Collado aborda explícitamente cómo las mujeres producen, definen y en ciertas ocasiones se ubican como sujetos de resistencia, pese a la magnitud del problema de la violencia sexual contra las mujeres. Destaca cómo los objetos o artefactos moldean su sensibilidad, movimientos y posibilidades de resistencia. También junto a los objetos los espacios no son simples contenedores en donde experimentan las restricciones y limitaciones, sino que favorecen formas de apropiación y resignificación.

> […] Sé caminar por las calles con las llaves desenvainadas, con el gas pimienta y el llavero bóxer en forma de gatito para accionar en los trayectos del bus, del metro, la combi, el suburbano y el tren ligero, hacia el trabajo, la escuela, la casa, y más trayectos […] No pienso soltar la vida, los paisajes, los colores, ni las medicinas resistentes que crecen y rompen el asfalto […] Expectante entre flores de banqueta, trechos intervenidos, paredes de consignas grafitadas y símbolos de resistencia-supervivencia. Poniendo todo el cuerpo, la energía y los sentidos para exprimirle al paisaje cualquier resquicio de vitalidad. Recuperar la vida […] Levantamos la mirada, apretamos los puños, atentas a nuestro alrededor. Construimos lugares de calma, para respirar profundo, para convertir el miedo en resistencia y reparación. Las calles también son nuestras.

Las mujeres a menudo muestran una capacidad de respuesta sensiblemente cuando se enfrenta a una amenaza. Así, muchas mujeres leen los signos de peligro, se ubican dentro del espacio y usan el poder en el espacio urbano; con lo cual muestran 'agencia espacial' reclamando el espacio activamente. Y, por otro lado, la pieza de Dora es una abierta invitación a resistir no individualmente sino de manera colectiva; la memoria es el mecanismo para que las historias de mujeres, hombres, niños y niñas que han desaparecido en México, se mantengan vivas y esta es la más fuerte resistencia.

Nos interesa resaltar la dimensión material de estas prácticas de resistencia que se trae al presente cuando se habla con la pieza, y las relaciones que esa conversación activa. De tal forma, durante el taller encontramos como los relatos evocan el recuerdo de las conversaciones con sus familiares junto a las prácticas corporales de resistencia y acción que se transmiten inter-generacionalmente:

> He oído historias por parte de mis abuelas, de mi madre y tías al respecto de esto. Métodos que me han enseñado para defenderme porque ya es experiencia de ellas. (PT)

> Me parece casi utópico, pero que se asemeja a ese momento en que al final de la marcha del 8M, mis amigas y yo nos abrazamos sabiendo que al menos en ese momento nada nos puede afectar, nos tenemos a nosotras y nos queremos, apoyamos y cuidamos mutuamente. (PT)

Conclusiones

Hemos desarrollado desde la mirada de las continuidades, las espacialidades de las violencias que las obras nos invitan a pensar. Hemos podido urdir un entramado de diálogos en los que buscamos comprender como el poder de género se materializa en un espacio y tiempo determinados, pero al mismo tiempo el espacio en tanto marca las experiencias en la ciudad es central en las tramas de violencia y miedo. Al poner la dimensión espacial en el centro de la discusión, se focaliza la atención en lugares dentro de la ciudad donde se experimenta la violencia: calles, transportes, pasos peatonales, paradas de transporte, mesas, bicicletas y la propia casa.

Estas espacialidades habilitan y exacerban diferentes formas de violencia de género, a través de múltiples escalas, formas, sitios y temporalidades. Lo que estimula un análisis de los complejos procesos que se articulan entre el espacio y las relaciones de género, en la configuración de un paisaje trans-sensorial donde las emociones se depositan en los lugares, pero de igual forma, los lugares tienen la capacidad de generar reacciones emocionales. Por lo anterior es que hemos afirmado que las violencias de género deben ser entendidas en un continuum local-global; lo que significa compartir una condición global de mayor vulnerabilidad – en una sociedad dominada por los hombres y bajo un modelo de masculinidad hegemónica – que acercan experiencias entre el Reino Unido y México, pero que al mismo tiempo es intrínsecamente particular en sus manifestaciones múltiples y heterogéneas.

Uno de los resultados más relevantes de este ejercicio de conversación con objetos/obras artísticas como objetos y entidades no humanas, así como el dejarnos afectar por ellas, no difiere tanto 'de aprender a reconocer y aceptar, simétricamente, el carácter objetual (material, finito, corpóreo, frágil, situado, temporal, vulnerable) de nuestra supuesta humanidad para hacer de ello un posicionamiento epistémico y político radical en la tarea de investigar' (Callén Moreu y Pérez-Bustos, 2020: 438)

Nuestra esperanza es que al orientar las discusiones hacia el sufrimiento social producto de la violencia de género, podamos generar no sólo más conversaciones sobre el compromiso académico, artístico y político feminista, sino sobre las acciones que necesitamos construir para su realización.

Notas

(1) Los detalles metodológicos del taller se encuentran desarrollados en el capítulo 3.
(2) En adelante, las siglas PT significan Participantes del Taller.
(3) En México, las violencias que viven las mujeres y niñas en los espacios públicos se miden mediante la Encuesta Nacional de Victimización y Percepción sobre Seguridad Pública (ENVIPE, 2021). A nivel nacional, el 69% de las mujeres encuestadas se sienten inseguras al caminar solas por la noche en los alrededores de su vivienda, mientras que los hombres se sienten inseguros en un 53%. En las calles son las mujeres las que se sienten más inseguras, con un 69.6%, mientras que los hombres se sienten inseguros en un 60.4%. Por otro lado, en el transporte público, la percepción de inseguridad de las mujeres es del 59.6%, y la de los hombres es del 48.9%.
(4) De acuerdo con ONU-Mujeres (2024), México es un país en el que los feminicidios son una grave problemática que debe atenderse como sociedad. Cada día, entre 9 y 10 mujeres en promedio son asesinadas. En 2023, el Secretariado Ejecutivo del Sistema Nacional de Seguridad Pública registró 848 víctimas de feminicidio y 2591 homicidios dolosos. En total fueron 3439 mujeres víctimas de feminicidios y homicidios dolosos.

5 Streetwalking the Visual Narratives of Violent and Mobile Spaces

Lesley Murray

Introduction

All of the artworks in this collection journey through the city, moving both precariously and defiantly. This chapter follows this relational path of storying and making the city with reference to the concept of streetwalking, a practice of moving through the city in response to violence. Referring to various of the artworks from both the initial project and the follow-on project, as well as comic stories from elsewhere, the chapter focuses on the visual narrative as mobile. It looks closely at comic stories in particular, alongside illustration and photography. The artworks that were produced during the Covid-19 pandemic and those produced in its aftermath are interwoven in their response to changing patterns of gender violence, drawing us into the reconfigurations of space and time that have resulted since its onset.

Adopting a feminist reading of de Certeau's (1984) urban walking as enunciation (Collie, 2013; Meagher, 2007), this chapter makes visible the gendered body as a precarious walker in relation to visual and textual cultures. At the same time, it shows the ways in which this body contributes to the remaking of urban space through resistance, by adopting the 'tactics' of making do and the survival of the 'active subject' (Lugones, 2003). The chapter articulates gendered tales of urban space as multi-sensory engagements with mobile social spaces (Lefebvre, 1991), including physical, digital and imagined interactions. It aims to build on the notion of 'streetwalking' as a form of gendered making of the city through the artworks. These are imaginings based on the trans-sensory stories of gender violence as defined in Chapter 3 of this book.

Streetwalking the City

The streetwalker (callejera) in this chapter is feminist decolonial philosopher Lugones' (2003) 'active subject', who moves tentatively, limited by the institutionalised city, immobilised. The concept of streetwalking was previously used in *Streetwalking the Metropolis*, in which Parsons (2000: 2) walks simultaneously through the city and urban literature in seeking 'to consider the ways in which women writers have experienced and/or imagined the connection of their bodies and their pens with the specific urban territories they inhabit'. Parsons sees the origins of the streetwalker, in Baudelaire's flâneur, the 'artist of modern life', walking through the city and capturing its mundanities. The term was first used in a pamphlet of the early 19th century by Elizabeth Wilson to describe an observant male figure who wandered, detached yet absorbed (Parsons, 2000). Although the corresponding figure of the flâneuse has been manifested by Elkin (2016), among others, the male figure of the flâneur sits in tension with the moving female body. This is a varyingly unprivileged body, which is encumbered by the gendered mobile cultures of the city that control and diminish, thus rendering the flaneuse an impossibility (D'Souza & McDonough, 2006; Kern, 2020; Wilson, 1992).

In contrast to the flâneur, Michel de Certeau's (1984) urban walker does not merely observe and respond, but enunciates the city through the practice of walking. There is already a resistance in de Certeau's urban walker in their deploying of tactics that oppose the strategies of the urban planners and authorities. However, Lugones (2003: 20–26) resists this ungendered reading in situating the streetwalker in an alternative 'world of sense' that challenges our understanding of urban tactics. She is followed by a number of scholars, including Collie (2013) and Meagher (2007), who have pointed out the lack of gender sensitivity in de Certeau's conceptualisations of the city walker. Meagher (2007: 15) suggests that 'de Certeau ignores the invisible boundaries within the cities that are social, that keep women, for example, from walking city streets for fear of safety, or that ghettoise members of certain races or classes'. The female walker is constrained in their opportunities to make the city through walking; as they move within it, their spatial and mobile enunciations of the city are tempered. Nonetheless, there is resistance and this is often hidden. Lugones argues that acts that are considered challenging to established structures of power lie within hegemonic 'worlds of sense' that invisibilise the everyday resistance of streetwalkers. Her vision of the streetwalker is derived from a conscious understanding of the relationality of oppression and resistance, which is constant.

Although lacking in terms of the differentiation of urban walkers, de Certeau's reading of urban space offers opportunities to understand oppression and resistance through the imagined city. The 'silent productions' (de Certeau, 1984: xxi) of the urban tactician, although lacking in the subtleties of differentiation, nevertheless 'insert the reader's worlds, histories, pleasures and body into the author/designer/ administrator's place of the city or the written text' (Collie, 2013: 6).

Thus, as the streetwalker moves through the city precariously – in a state that is neither safe nor secure – they are capitalising on moments of resistance. They *write* moments of resistance in order to continue their journey, from 'a critical, normative perspective, from that position of situated marginality' (Meagher, 2007: 16). They are an 'active subject' (Lugones, 2003), in circumventing what Haraway (1990) calls the devaluing of the body as feminine.

The storied female body is always out of place, particularly when on the move, but this story can be re-written. The role of the storyteller is in resituating and disentangling the female subject from the 'disembod[ying] male gaze' (Wilson, 1992: 9) and from the institutions and cultures that maintain it. The visual storyteller can resituate the female body as an active subject with multiple perspectives, including at street level. This is the level of the everyday at which the female active subject can exert control in navigating the city and is so doing, make the city in a way that opens it to the female bodies of others. They can reimagine the city and challenge dominant stories of gender violence, such as the 'spatial fear paradox' (Pain, 2001). This is the persistent argument that women simply perceive certain spaces to be unsafe whereas in 'reality' (based on crime statistics) they are actually safer for women than for men. It is well known that gender violence is under-reported, but less well known are the ways in which it is minimised. Kern (2020: 163) draws attention to research into this minimisation by police in the USA and Canada through the categorising of sexual violence, especially rape, as 'unfounded'. This reduces the visibility of sexual violence and has allowed city authorities to establish a safe streets narrative.

Stories of lived experience of gender violence allow a focus on the felt, sensed and imagined, revealing that the expectation of violence is violence in itself. This underpins the stories presented in this book, which are as often about a sense of violence that is as lived as physical or verbal assault. We might understand this in terms of threats of domestic violence, coercive control and spatial control, but less so in the continuums of violence (Kelly, 1987) that are outside the home. Visualisation of these interconnected spaces that form an elaborate web of violence activates subjects, the streetwalkers, who are immobilised within it. Visual narratives are the 'practical collaboration' (Barthes, 1999: 63) between the image producer and those who interpret and re-interpret it that transcends cognition and becomes felt. Moving through the stories, a meta story emerges of shared lifetimes of gender violence as we illuminated in our collaborative autoethnography in this project (Murray *et al.*, 2023).

Streetwalking as Visual Narrative

As discussed in Chapter 2, it was towards the end of the project, *The Immobilities of Gender-Based Violence in the Covid 19 Pandemic* that we sought out visual narratives of gender violence. Although this was not part of the original plan for the research, the context of Covid-19 and the impact on our planned research methods meant that we needed to pivot in order to address our aim of including stories from a range sources. In seeking to include voices that often go unheard, we commissioned comic artists from diverse backgrounds: young women, older women, women of colour, black artists and Gypsy, Roma and Traveller people, to create visual narratives. The brief was to produce one page comic stories that were responses to the stories we had collected online, bringing their own interpretation of gender violence in the pandemic. I had successfully worked with comic artists in the past in co-creating research stories on several projects (Murray & Doughty, 2016; Murray *et al.*, 2022, 2023). The resulting artworks are: *Something is happening* (Ottilie Hainsworth); *The walk home* (Sabba Khan); *Drop in the ocean* (Karolina Jonc Buczek); *Cover my face* (Woodrow Phoenix); *…The end of the night* (Sophie Kathleen Stevens); *I was on my way home* (Sarah Ushurhe); and *Reflection* (Elijah Vardo). The rich set of comic stories produced nuanced accounts and revealed hidden aspects of gender violence, foregrounding the often overlooked particularities of experience for minoritised communities and emphasising the interplay of walking the page and walking the city. They also represented visual accounts of gendered experiences that are everyday – stories that people do not want to hear or see but that nevertheless need to be told and seen in order to de-normalise and stimulate dialogue. They were stories of imagined mobilities of violence in which women became active subjects in their resistance, in order to streetwalk the city. Together they represent a compelling re-telling of the stories of gender violence.

The visual stories chime with those in the book *Drawing Power* (Noomin & Gay, 2019), a compilation of 63 comic stories of gender violence. There are many crossovers with the stories produced in this project, not least as artist Sabba Khan contributed to both. Rather than interpretations of others' stories, however, this is a diverse range of lived stories of violence in the everyday and in particular geopolitical contexts, such as Pinochet's dictatorship in Chile. They are stories of rape, verbal and physical abuse and harassment, online assault and violence that resonate with those presented here. The artists are from across the globe and from multiple perspectives including black women, women of colour and LGBTQ. The stories are set across time and space: from in every decade from the 1960s to the present; in bedrooms, on streets, in deserts, in forests, in schools, on university campuses, at work and online. They tell of trauma, acknowledgement, anger, power, healing and resistance. As with the artworks in this project, which arose from stories told in the Covid-19 pandemic, these are stories that are rooted in another social pause, that of the #Metoo movement. As Gay (Noomin, 2019: viii) says in the introduction to the book: 'Now, every time I tell my story, I am powerful. Every time someone shares that my story has helped them make sense of their own experience, I am powerful'.

As I read through the book, one comic story after another, the previous stories are not left behind but carried through to the next, one story folding into another so that they become intermingled. It is not only the details, the commonalities and peculiarities, but the imbrication of the sensory and the felt. This melding of stories and of the sensory response to them underpins our trans-sensory storying methodology. Comic stories are a way of moving 'beyond language' (Noomin, 2019) towards a trans-sensory reading. They reveal the imagined violence that is 'carried with', as a form of immobility (Murray *et al.*, 2022). Kuttner *et al.* (2020) suggest that researchers across a number of disciplines are using comics in scholarly inquiry and that comics are a good basis for 'thick description', a term created by anthropologist and ethnography Clifford Geertz (1973) to describe a more critical, nuanced and in-depth approach to ethnographic method. Comics afford the investigation of 'surface interactions and multiple layers of meaning...' (Geertz, 1973). They facilitate a transdisciplinary pushing at the seams of anthropology and visual research. For example, the notion of thick description is changing how comics are interpreted and created within research and in turn the application of comics as method is changing how we think about thick description. As Kuttner *et al.* (2020) argue, the characteristics of comics as multimodal, combining sequence and simultaneity, bring a new research angle and way of seeing. It was this alternate way of seeing that we sought to explore further in our trans-sensory methodology, adding layers of thick description and personal testimony.

Trans-sensory storying also centres the sharing of stories and the production of collaborative stories. Like Dwyer Baumann's (2022: 1539) 'Callejera methodology', it 'demands a commitment to sustained presence, attention, sharing, solidarity, regular and deep reflexivity and messy relationality'. Stories, no matter how particular, are always built on others and informed by others – our stories are never our own. Trans-sensory storying is a methodology that is premised on a careful understanding of the ways in which stories become enmeshed and the ways in which they are reinterpreted. The artists' understanding of this produced revelations of oppression and resistance that may not otherwise have been told. This is pronounced in the comic story Realidad Punzante by Ana Barreto. This is an autobiographical account of a sexual assault that took place in the 1980s, in a public urban space that is also a transit space: a pedestrian bridge over a road. As Barreto said in one of the workshops in Mexico, the trans-sensory project opened up the possibility for the telling of this story, which she had not told before.

The comic story is told in the third person, the story of a young woman rushing across a footbridge to get to work. The first few frames of the story set the scene – the young woman is travelling during rush hour when millions of people were moving through Tlalpan, a borough of Mexico City. She looks at her watch and talks about rushing as a sense. On the second page of the story a clock drawn above the bus is melting – as if the heat of Mexico City has dissolved time. We are invited into another sensory experience on the next page, as the bus appears to shout BAAJAAAAAN! We first see the bridge on page 4, its caged platform floating above the city, obscured from below, but overlooked by the surrounding rooftops. The sudden attack begins with a dark figure (shaded in spirals rather than solid) coming from behind the woman, immobilising her in a headlock. The attacker is then drawn in black, mostly faceless, except in one panel in which he is given ghoulish features. The attack is drawn in a series of panels that are frantic, vicious and relentless. They lead the reader to move quickly through them without respite. The interaction is framed by the caged bridge, with rubbish strewn on the ground around them. We can sense the 'tonic immobility' – the physiological mechanism of self-protection that freezes the body in a catatonic state. This is a response that has been disputed and which has received little attention in terms of its lived experience (Gbahabo & Duma, 2024). The young woman is left bewildered, immobilised by the blunt violations of her body, by the pain, by the shock of her bald patches and being rendered barefoot by the attack. But she is trying to make sense of what has happened, at the intersection of oppression and resistance. This is exacerbated by the onlookers on the nearby rooftop who see what is happening, but do nothing. A panel depicts this group of workers 'observing the unequal battle'. As Williams (2019: 77) suggests with reference to her own comic story of embodied shame, 'the body remembers things that the mind would rather forget'. The drawing capture the claustrophobia, the inability to escape, except for the perpetrator who says 'No rush, in the end one is chasing me' as he walks away. The scene is traumatic.

Chute (2010: 2) argues that women's comic stories are not defined by trauma as doing so can 'work to erase the inscription of women in that space'. Rather, she argues that 'graphic narrative asserts the value of presence however complex and contingent' (Chute, 2010). There is something very present in Barreto's narrative – as we move through the comic story with her, into her stark realisation afterwards and attempts to get help from filmmakers in a nearby studio and then doctors and police. It is in this presence, bringing readers into a sensory collaboration with the artist, that stories unfold into something that goes beyond them. The reader can feel the violence in a way that is transforming and that mobilises. This is in evidence too, in Dahlia de la Cerda's *Lecciones menstruales para una chica Mexicana* (Menstrual Lessons for a Mexican Girl), which loomed high on the walls of both of the main exhibitions in Mexico City and Brighton. De la Cerda asked for the artwork to be printed to particular specifications: two pages of four panels each to each be printed one and a half metres across and three metres high. It has a presence that is inescapable and summoning.

Dahlia de la Cerda's comic story is also an autobiographical account, of experiences of the violence of the gendered norms of menstruation. It is drawn, by illustrator Rosalba Jaquez, mostly in black and white but with the red of menstrual blood punctuating the page. As the text of the first panel explains, the protagonist was surprised that the blood was red when she first had her period as period product advertisements on television had shown it as blue. De la Cerda is drawing us to the violence of this denial and in the second panel gives space to period products. They are drawn carefully in an active resistance that sits in contrast to the story that she is telling, of being made to feel 'dirty' and ashamed. In the comic story, arrows tagged 'la pescadita' (little fish), 'huele' (smell) and 'a pescado' (like fish) are fired at the young girl. The second page continues with experiences of shaming around her blood-stained trousers and school uniform. De la Cerda shows the violence in this shaming and lack of understanding, which only becomes evident in the last line, which reads: 'I learned about menstruation when I bloodied a friend of my friend's car and it gave me a panic attack and he took my hand and said don't worry it's only blood'. The emotional impact is contrasted with tenderness. Although this is a different kind of violence than in Barreto's story, de la Cerda illustrates the more hidden aspects of gender violence, taking the reader on a journey through the mundane. Comics 'choreograph time' as well as space with framed moments that set the pace (Chute, 2010), which is possible as they are mobile. As Peterle (2021: 70) suggests comics are 'intrinsically spatial practices that engage geographers in immersive experiences and spatial thinking' as well as 'performative doings'. They allow a tentative walking through stories as streetwalker, as an active subject, walking through time and space. Thus, they are active in forging stories that mobilise in 'provid[ing] us with a constructive and reparative exercise for urban intervention' (Peterle, 2021).

In moving across time and space, comic stories also have the ability to show connections with the past and to link parochial scenes to those that are global. Barreto's focus on the loss of her shoes is likened to the 'mountains' of shoes from the 'Massacre of "68"', drawn like Christmas trees waiting to be chosen, until the solemn detail comes into focus. This comparison is pointed out in the story 'Doctor x', who offers the only moment of empathy by anyone in a position of power in the story. The Tlatelolco massacre was committed by the Mexican military against students from the National Autonomous University of Mexico (UNAM) and from other universities who were protesting the violent repression of the government and the juxtaposition of the 1968 Olympics. The inclusion of this – alongside the image depicting the piles of shoes, sandals and boots, sets the geo-political scene, links the singular attack at the micro level with institutional and state violence. A temporal connection is also made – between the violent incident that happened in the past and a present serial killer who uses the 'same modus operandi'. With the oppression is the resistance. After numerous unsuccessful attempts to seek help from the police and doctors, Barreto ends with an image of the girl with the body of a bird singing the song of feminist demonstrations against gender violence in Chile: 'And the fault wasn't mine, or where I was or how I was dressed...'. This is the 'political and aesthetic work of bearing witness' that comics enable (Chute 2010: 4).

Shoes feature also in Sonia Madrigal's artwork: *Mujeres desde la periferia (Women from the outskirts)*. Madrigal contributed a series of photographs of women at a bus station in Mexico City, a key connection point for thousands who move through on their journeys to work, study or for other public services. The series is made up of one large image, printed 1.5m x 2.2m, an accompanying nine photographs of various scenes around the bus station, printed A4 and a small Perspex cabinet displaying objects found at the bus station. Madrigal's main photograph is an image of a woman's legs from the hips down, reaching to take off her high-heel shoes. There is a flat ballet style shoe on the ground beside her waiting to be worn. The image suggests the impossibility of high-heel shoes and the ability to take control in shoes that allow a safer way home. It shows the tension between the aesthetics that are produced through patriarchal and misogynistic representations of femininity and the necessities of gendered mobilities. As Hildebrand (2023) argues, the high heel is a symbol of both male sexual desire and sexual violence. She references the work of Mexican artist Elina Chauvet, which depicted victims of gender violence in red shoes to represent the cultures of blame associated with women's clothes and sexual violence.

Madrigal's images are not sequential, yet they tell multiple interweaving stories of gender oppression and resistance – in the different forms of presence in women moving through a bus station in Mexico. The nine photographs illustrate a wide perspective, looking out across the city and bus station; and the enclosed spaces of an alcove, an alleyway and on buses and taxis. They illuminate the conflicts and paradoxes of femininity and of mobility. The bus station and the transport associated with it are there to move, but also to hold bodies between movement. The narrative is carried through in the curated objects, which include some fake eyelashes, a sticker saying 'Aqui no es dormitorio ni cabina Telefonica ni salon de Beleza si se va a dormir "pase atras"'(This is not a bedroom or a telephone booth or a beauty parlour if you are going to go to sleep 'go back'). There are also stickers of an outline of a female sexualised angel and devil and a larger sticker that says 'libre' (free). The female body is considered both risky and at risk while on the move but also while still. So women are told to move on and keep moving but also to stay at home. Thus, the images and objects show active resistance, in the ways in which women present their bodies to the world and the ways in which they move their bodies – captured well in the small photograph of a carefully manicured hand clasping a metro handrail. They challenge the notion that narrative in only possible through sequential illustration (Mickwitz *et al.*, 2020).

Madrigal's primary image is 'haunting' (Sontag, 2003) and demands attention in making sense of its content, context and perspective. Mickwitz *et al.* (2020: 4) suggest that comics have: 'the capacity to act as a corrective to the potential of singular images of violence to circulate as decontextualised fragments'. However, as an act of resistance, photographs like Madrigal's force the reader to consider different contextual frames in a way that invites them into the experience. The singularity of the image can open dialogue, taking us beyond that image into its relationship with other visual images and other narratives. This is Berger's (1972: 9) 'way of seeing' where 'we never look at one thing; we are always looking at the relation between things and ourselves'. We are always in a story. Madrigal does some of this work for us in presenting a series of images and objects, each inviting its own story and its own connections. There is a visual narrative in Madrigal's main photograph that leads through to the accompanying series of smaller photographs and it is of the streetwalker, the female active subject who is able to maintain their positioning and their mark on the city through tempered resistance.

This mobility of oppression and resistance is visible too in Jemma Treweek's *Walking home*, which gives a lingering impression of impossibility, of moving without gendered violence. Treweek's image is of a woman walking at night, a time when it seems acceptable that women are at risk and need to take precautions. It suggests that this is visible, known and accepted. The artwork is an image of a women holding her hair above the male faces stuck to her body like limpets. She is silenced with tape across her mouth, but has both a resigned and a defiant expression. Her long hair, a normative symbol of femininity, is plaited and wraps around her leg, reminiscent of a shackle. For me, this opened up a dialogue with Molly Crabapple's image of women prisoners who are shackled whilst giving birth. The image accompanied an article in *The Guardian* newspaper (2020) about the continued use of this form of restraint in county and state prisons in the USA despite a federal ban on shackling of pregnant. As associate professor Lorie Goshin says 'We dehumanize this group of women to such an extent that we don't see how wrong this is – just how unnecessary and cruel it is'. It is a gender violence. Moving between this and Treweek's image evokes an emotive and multi-sensory response in connecting stories of gender violence that are in other spaces at other times. Both images show that women are laden with threats of gender violence: violence in itself. This manifests at different times and in different places and is more or less visible and felt. Like the other artists discussed here, Treweek's image brings the reader into dialogue. It is an interpretation of the streetwalker encumbered by cultures of misogyny that is institutionalised, that makes streetwalking precarious and immobilises the female body.

Conclusion

The artists responses to the call for stories of gender violence, in both the original project and in the follow-up are representations of the streetwalker. The seven comic stories that were commissioned in the project *The Immobilities of Gender-Based Violence in the Covid 19 Pandemic*, provided the rationale for the trans-sensory methodology of the follow-up project. They demonstrated the interconnections of experiences of gender violence and the ways in which it can be seen to unfold through varied readings and re-makings. They showed the ways in which stories of gender violence are not singular but are made of multiple stories that are written collaboratively in order to represent a diversity of perspectives. The stories of gender violence are deeply personal but at the same time shared and set within broader geo-political contexts and the concept of streetwalking frames our understanding of this. The artists commissioned in trans-national study similarly demonstrated the mobility of stories, across diverse cultures as well as spaces and times. Throughout Barreto's comic story, the author moves between spheres, marking on the interdependences of urban mobilities – the violence of the infrastructure that afforded the attack, the working practices that produce the morning rush, the stubborn immobilities of onlookers, the fragility and robustness of the human body; and the callousness of state officials. De la Cerda's comic story similarly places the violated subject in its broader context, while the singular images of Madrigal and Treweek open up dialogue to new narratives.

Walking is often used in comics to guide the reader through the story, the reader becomes the streetwalker in walking with the artist, in sharing the story and becoming emotionally connected to it. There is mobility too in other visual narratives, in illustration and in photography and looking at these in relation to comics can reveal their mobility. In being mobile, these visual narratives evoke a trans-sensory response in their 'significant reflections on our bodies, affects, emotions, perception, relations and gesture...' (Peterle, 2019: 110). They tell stories that need to be told and need to be read and in doing so they offer unique insights into gender violence that activates or mobilises the female subject. Visual narratives activate and mobilise the immobilised. At the same time, however, it is crucial to acknowledge comic artists as active subjects in Lugones (2003) terms. The weight of institutional and cultural misogyny may be too great for transformative resistance. Streetwalking visual stories is resistance enough to maintain an existence and to navigate the city within the confines of patriarchal and misogynistic control.

References

Barthes, R. (1999) Rhetoric of the image. In J. Evans and S. Hall (eds) *Visual Culture: A Reader* (pp. 33–40). SAGE Publications Ltd.

Berger, J. (1972) *Ways of Seeing*. Penguin.

Chute, H. (2010) *Graphic Women – Life Narrative and Contemporary Comics*. Columbia University Press.

Collie, N. (2013) Walking in the city: Urban space, stories and gender. *Gender Forum* 42, 3–14.

de Certeau, M. (1984) *The Practice of Everyday Life*. University of California Press.

D'Souza, A. and McDonough, T. (2006) *The invisible Flaneuse? Gender, Public Space and Visual Culture in 19th Century Paris*. MUP.

Dwyer Baumann, M. (2022) Living a callejera methodology: Grounding María Lugones' streetwalker theorizing in feminist decolonial praxis. *Gender, Place & Culture* 29 (11), 1528–1545.

Elkin, L. (2016) *Flâneuse: Women Walk the City in Paris, New York, Tokyo, Venise and London*. Vintage.

Gbahabo, D.D and Duma, S.E. (2024) I did not scream. i could not; i was terrified. i just followed them. . .i blocked my mind. then they all raped me: A narrative inquiry on the onset of tonic immobility among women rape victims in Nigeria. *PLoS One* 19 (2), e0278810.

Geertz, C. (1973) *The Interpretation of Cultures: Selected Essays*. Basic Books.

Haraway, D. (1990) *Simians, Cyborgs, and Women*. Routledge.

Hildebrand, J. (2023) High heels as mobile media: (Im)mobilities and feminist ecologies. *Explorations in Media Ecology* 22 (4), 381–397.

Kelly L. (1987) The continuum of sexual violence. In J. Hanmer and M. Maynard (eds) *Women, Violence and Social Control. Explorations in Sociology* (pp. 46–60). Palgrave Macmillan.

Kern, L. (2020) *Feminist City: Claiming Space in a Man-Made World*. Verso.

Kuttner, P.J., Weaver-Hightower, M.B. and Sousanis, N. (2020) Comics-based research: The affordances of comics for research across disciplines. *Qualitative Research* 21 (2), 195–214.

Lefebvre, H. (1991) *The Production of Space*. Blackwell.

Lugones, M. (2003) *Pilgrimages/Peregrinajes: Theorizing Coalition Against Multiple Oppressions*. Rowman & Littlefield.

Meagher, S.M. (2007) Philosophy in the streets: Walking the city with engels and de Certeau. *City* 11 (1), 7–21.

Mickwitz, N. (2020) Comics telling refugee stories. In D. Davies and C. Rifkind (eds) *Documenting Trauma in Comics Traumatic Pasts, Embodied Histories, and Graphic Reportage* (pp. 277–296). Palgrave Macmillan.

Mickwitz, N., Horton, I. and Hague, I. (eds) (2020) Representing acts of violence in comics. Routledge.

Murray, L. and Doughty, K. (2016) Interdependent, imagined and embodied mobilities in mobile social space: Disruptions in 'normality', 'habit' and 'routine'. *Journal of Transport Geography* 55, 72–82.

Murray, L., Moriarty, J., Holt, A. and Lewis, S. (2022) The unexceptional im/mobilities of gender-based violence in the Covid-19 pandemic. *Mobilities* 18 (3), 552–565.

Murray, L., Moriarty, J., Holt, A., Lewis, S. and Parks, M. (2023) Trans/feminist collaborative autoethnographic storying of gender-based violence, during the Covid-19 pandemic. *Journal of Gender-Based Violence* 7 (3), 399–413.

Noomin, D. and Gay, R. (2019) *Drawing Power: Women's Stories of Sexual Violence, Harassment, and Survival : A Comics Anthology*. Abrams Comicarts.

Pain, R. (2001) Gender, race, age and fear of crime. *Urban Studies* 38, 899–913.

Parsons, D. (2000) *Streetwalking the Metropolis: Women, the City and Modernity*. Oxford University Press.

Peterle, G. (2021) *Comics as Research Practice: Drawing Narrative Geographies Beyond The Frame*. Routledge.

Sontag, S. (2003) *Regarding the Pain of Others*. Penguin.

Williams, E. (2019) *Commute: An Illustrated Memoir of Female Shame*. Abrams ComicArts.

Wilson, E. (1992) The invisible flaneur. *New Left Review* 191, 90–110.

Yearwood, L.T. (2020) Pregnant and shackled: Why inmates are still giving birth cuffed and bound. *The Guardian*, 24 January 2020. See https://www.theguardian.com/us-news/2020/jan/24/shackled-pregnant-women-prisoners-birth (accessed April 2025).

5 Callejeando las Narrativas Visuales de Espacios Violentos y Móviles

Lesley Murray

Introducción

Todas las obras de esta colección viajan por la ciudad, moviéndose de manera precaria y desafiante. Este capítulo sigue este camino de contar y hacer ciudad en referencia al concepto de callejear, una práctica de moverse por la ciudad en respuesta a la violencia. Refiriéndose a varias de las obras de arte tanto del proyecto inicial como del proyecto posterior, así como a historias de cómics de otros lugares, el capítulo se centra en la narrativa visual como móvil. Se centra en las historias de cómics en particular, junto con la ilustración y la fotografía. Las obras de arte que se produjeron durante la pandemia de Covid-19 y las que se produjeron después de ella se entrelazan en su respuesta a los patrones cambiantes de violencia de género, atrayéndonos a las reconfiguraciones del espacio y el tiempo que se han producido desde su inicio.

Adoptando una lectura feminista de la 'caminata urbana como enunciación' del autor de Certeau (1984) (Collie, 2013; Meagher, 2007), este capítulo visibiliza el cuerpo generizado como un caminante precario, respecto a las culturas visuales y textuales. Al mismo tiempo, las formas en que este cuerpo contribuye a la reconfiguración del espacio urbano a través de la resistencia, adoptando las 'tácticas' del arreglárselas y la supervivencia del 'sujeto activo' (Lugones, 2003). El capítulo articula relatos de género del espacio urbano como compromisos multisensoriales con espacios sociales móviles (Lefebvre, 1991), incluidas las interacciones físicas, digitales e imaginarias. Su objetivo es construir sobre la noción de 'callejeo' como una forma de creación de la ciudad con la perspectiva de género a través de las obras de arte. Se trata de imaginaciones basadas en las historias transsensoriales de la violencia de género tal y como se definen en el capítulo 3 de este libro.

Callejeando la Ciudad

La callejera de este capítulo es el 'sujeto activo' de la filósofa feminista Lugones (2003), que se mueve tímidamente, limitada por la ciudad institucionalizada, inmovilizada. El concepto de callejeo se utilizó anteriormente en *Streetwalking the metropolis*, en el que Parsons (2000: 2) camina simultáneamente por la ciudad y la literatura urbana en un intento por 'considerar las formas en que las escritoras han experimentado y/o imaginado la conexión de sus cuerpos y sus plumas con los territorios urbanos específicos que habitan'. Parsons ve los orígenes del callejeo, en el flâneur de Baudelaire, el 'artista de la vida moderna', caminando por la ciudad y capturando las mundanidades de la vida moderna. El término fue utilizado por primera vez en un panfleto de principios del siglo XIX por Elizabeth Wilson para describir una figura masculina observadora que deambulaba, desapegada pero absorta (Parsons 2000). Aunque la figura correspondiente de la flâneuse ha sido manifestada por Elkin (2016), entre otros, la figura masculina del flâneur se sienta en tensión con el cuerpo femenino en movimiento. Se trata de un cuerpo sin privilegios, que se ve lastrado por las culturas móviles de género de la ciudad que controlan y disminuyen, lo que hace que la flâneuse sea una imposibilidad (D'Souza y McDonough, 2006; Kern, 2020; Wilson, 1992).

A diferencia del flâneur, el caminante urbano de Michel de Certeau (1984) no se limita a observar y responder, sino que enuncia la ciudad a través de la práctica de caminar. Ya hay resistencia en el caminante urbano de de Certeau en su despliegue de tácticas que desafían las estrategias de los planificadores urbanos y las autoridades. Sin embargo, Lugones (2003: 20–26) desafía esta lectura sin género al situar al caminante callejero en un 'mundo de sentido' alternativo que desafía nuestra comprensión de las tácticas urbanas. Le siguen varios estudiosos, entre ellos Collie (2013) y Meagher (2007), que han señalado la falta de sensibilidad de género en las conceptualizaciones de de Certeau sobre el caminante urbano. Meagher (2007: 15) sugiere que 'de Certeau ignora los límites invisibles dentro de las ciudades que son sociales, que impiden que las mujeres, por ejemplo, caminen por las calles de la ciudad por miedo a la seguridad, o segregan a los miembros de ciertas razas o clases'. La mujer caminante se ve limitada en sus oportunidades de hacer la ciudad a través del andar. A medida que se desplazan dentro de ella, sus enunciaciones espaciales y móviles de la ciudad se atemperan. No obstante, hay resistencia, y a menudo se oculta. Lugones argumenta que los actos que se consideran desafiantes a las estructuras de poder establecidas se encuentran dentro de 'mundos de sentido' hegemónicos que invisibilizan la resistencia cotidiana de los callejeros. Su visión del callejero se deriva de una comprensión consciente de la relacionalidad de la opresión y la resistencia, que es constante.

Aunque carece de la diferenciación de los caminantes urbanos, la lectura del espacio urbano de de Certeau ofrece oportunidades para comprender la opresión y la resistencia a través de la ciudad imaginada. Las 'producciones silenciosas' (de Certeau, 1984: xxi) del estratega urbano, aunque carecen de las sutilezas de la diferenciación, sin embargo, 'insertan los mundos, las historias, los placeres y el cuerpo del lector en el lugar del autor/diseñador/administrador de la ciudad o del texto escrito (Collie, 2013: 6). Por lo tanto, a medida que los caminantes se mueven por la ciudad de manera precaria, en un estado que no es seguro, están aprovechando los momentos de resistencia.

Escriben momentos de resistencia para continuar su viaje, desde 'una perspectiva crítica y normativa, desde esa posición de marginalidad situada' (Meagher, 2007: 16). Son un 'sujeto activo' (Lugones 2003), lo que puede ser considerado como una forma de eludir lo que Haraway (1990) denomina la desvalorización del cuerpo como femenino.

El cuerpo femenino siempre está fuera de lugar, especialmente cuando está en movimiento, pero esta historia se puede reescribir. El papel del narrador consiste en resituar y desenredar al sujeto femenino de la 'mirada masculina desencarnada' (Wilson, 1992: 9) y de las instituciones y culturas que la mantienen. El narrador visual puede resituar el cuerpo femenino como un sujeto activo con múltiples perspectivas, incluso a nivel de la calle. Este es el nivel de la cotidianidad en el que el sujeto activo femenino puede ejercer control en la navegación por la ciudad y, al hacerlo, crea una ciudad de manera que la abre a los demas cuerpos femeninos. Pueden reimaginar la ciudad y desafiar las historias dominantes de violencia de género, como la 'paradoja del miedo espacial' (Pain, 2001). Este es el argumento persistente de que las mujeres simplemente perciben que ciertos espacios son inseguros, mientras que en la 'realidad' (basada en las estadísticas de criminalidad) son más seguros para las mujeres que para los hombres. Es bien sabido que la violencia de género no se denuncia, pero menos conocidas son las formas en las que se minimiza. Kern (2020: 163) llama la atención sobre la investigación sobre esta minimización por parte de la policía en Estados Unidos y Canadá a través de la categorización de la violencia sexual, especialmente la violación, como 'infundada'. Esto reduce la visibilidad de la violencia sexual y ha permitido a las autoridades de la ciudad establecer una narrativa de calles seguras. Las historias de experiencia vivida de violencia de género permiten poner el foco en lo sentido y lo imaginado, revelando que la expectativa de violencia es violencia en sí misma.

Esto es lo que predomina en las historias que se presentan en este libro, que a menudo tratan tanto de una sensación de violencia que se vive como de la agresión física o verbal. Podríamos entender esto en términos de la amenaza de violencia doméstica, control coercitivo y control espacial, pero no tanto en los continuos de violencia (Kelly, 1987) que están fuera del hogar. La visualización de estos espacios interconectados que forman una elaborada red de violencia activa a los sujetos, los callejeros, que están inmovilizados dentro de ella. Las narrativas visuales son la 'colaboración práctica' Barthes (1999: 63) entre el productor de la imagen y quienes la interpretan y reinterpretan que trasciende la cognición y se hace sentir. A medida que avanzamos a través de las historias, emerge una metahistoria de vidas compartidas de violencia de género, como iluminamos en nuestra autoetnografía colaborativa en este proyecto (Murray *et al.*, 2023)

El Callejeo Como Narrativa Visual

Como se discutió en el capítulo 2, fue hacia el final del proyecto *Las inmovilidades de la violencia de género* cuando buscamos narrativas visuales de la violencia de género. Aunque esto no formaba parte del plan original de la investigación, el contexto de Covid-19 y el impacto en nuestros métodos de investigación previstos significaron que necesitábamos dar un giro para abordar nuestro objetivo de incluir historias de diversas fuentes. Con el objetivo de incluir voces que a menudo no se escuchan, encargamos a artistas de cómics de diversos orígenes, mujeres jóvenes, mujeres mayores, mujeres de color, artistas negros y gitanos, romaníes e itinerantes, para crear narrativas visuales. El objetivo era producir historietas de una página que fueran respuestas a las historias que habíamos recopilado en línea, aportando su propia interpretación de la violencia de género en la pandemia. Había trabajado con éxito con artistas de cómics en el pasado en la co-creación de historias de investigación en varios proyectos (Murray y Doughty, 2016; Murray *et al.*, 2022, 2023). Las obras resultantes son: Algo está sucediendo (Ottilie Hainsworth); El camino a casa (Sabba Khan); Gota en el océano (Karolina Jonc Buczek); Cúbreme la cara (Woodrow Phoenix); ... El final de la noche (Sophie Kathleen Stevens); Iba de camino a casa (Sarah Ushurhe); y Reflexión (Elías Vardo). El rico conjunto de historietas produjo relatos matizados y reveló aspectos ocultos de la violencia de género, poniendo en primer plano las particularidades de la experiencia a menudo ignoradas para las comunidades minoritarias y enfatizando la interacción de caminar por la página y caminar por la ciudad. También representaron relatos visuales de experiencias de género que son cotidianas, historias que la gente no quiere escuchar ni ver, pero que, sin embargo, necesitan ser contadas y vistas para desnormalizarse y entrar en diálogo. Eran historias imaginarias de violencia en las que las mujeres eran sujetos activos en su resistencia, para callejear por la ciudad. Juntas, representan una nueva versión convincente de las historias de la violencia de género.

Las historias visuales concuerdan con las del libro *Drawing Power* (Noomin, 2019), una recopilación de 63 historietas sobre la violencia de género. Hay muchos traslapes con las historias producidas en este proyecto, sobre todo porque la artista Sabba Khan contribuyó en ambos.

Sin embargo, más que interpretaciones de las historias de otros, se trata de una amplia gama de historias vividas de violencia en el contexto cotidiano y en contextos geopolíticos particulares, como la dictadura de Pinochet en Chile. Son historias de violación, abuso y acoso verbal y físico, agresión y violencia digital que resuenan con las que se presentan aquí. Los artistas son de todo el mundo y desde múltiples perspectivas, incluidas mujeres negras, mujeres de color y LGBTQ. Las historias se desarrollan a través del tiempo y el espacio: desde cada década desde la década de 1960 hasta el presente; en las habitaciones, en las calles, en los desiertos, en los bosques, en las escuelas, en los campus universitarios, en el trabajo y en línea. Hablan del trauma, el reconocimiento, la ira, el poder, la sanación y la resistencia. Al igual que las obras de este proyecto, que surgieron de historias contadas en la pandemia de Covid-19, se trata de historias que tienen sus raíces en otra pausa social, la del movimiento #Metoo. Como dice Gay (Noomin, 2019: viii) en la introducción del libro: 'Ahora, cada vez que cuento mi historia, soy poderosa. Cada vez que alguien comparte que mi historia le ha ayudado a dar sentido a su propia experiencia, me siento poderosa'.

A medida que leo el libro, una historieta tras otra, y las historietas anteriores no se quedan atrás, sino que se llevan a la siguiente, una historia se pliega en otra de modo que se entremezclan. No se trata solo de los detalles, los puntos en común y las peculiaridades, sino de la imbricación de lo sensorial y lo sentido. Esta fusión de historias y de la respuesta sensorial a ellas sustenta nuestra metodología de narración trans-sensorial. Las historietas son una forma de ir 'más allá del lenguaje' (Noomin 2019) hacia una lectura trans-sensorial. Revelan la violencia imaginada que 'se lleva consigo', como una forma de inmovilidad (Murray *et al.*, 2022). Kuttner *et al.* (2020) sugieren que los investigadores de varias disciplinas están utilizando los cómics en la investigación académica y que los cómics son una buena base para la 'descripción densa', un término creado por el antropólogo y etnógrafo Clifford Geertz (1970) para describir un enfoque más crítico, matizado y profundo del método etnográfico. Los cómics permiten la investigación de 'interacciones superficiales y múltiples capas de significado...' (Geertz, 1970). Facilitan un empuje transdisciplinario en las costuras de la antropología y la investigación visual, por ejemplo, la noción de 'descripción densa' está cambiando la forma en que se interpretan y crean los cómics dentro de la investigación y, a su vez, la aplicación de los cómics como método está cambiando la forma en que pensamos sobre la descripción densa. Como argumenta Kuttner *et al.* (2020), las características del cómic como multimodal, la combinación de secuencia y simultaneidad, aportan un nuevo ángulo de investigación y una nueva forma de ver. Fue esta forma alternativa de ver que tratamos de explorar más a fondo en nuestra metodología trans-sensorial, añadiendo capas de descripción densa y testimonio personal.

La narración trans-sensorial también se centra en el intercambio de historias y la producción de historias colaborativas. Al igual que la 'metodología callejera' de Dwyer Baumann (2022: 1539), 'exige un compromiso con la presencia sostenida, la atención, el intercambio, la solidaridad, la reflexividad regular y profunda y la relacionalidad desordenada'. Las historias, por muy particulares que sean, siempre se construyen sobre otras y se informan por otros: nuestras historias nunca son nuestras. La narración trans-sensorial es una metodología que se basa en una comprensión cuidadosa de las formas en que las historias se enredan y las formas en que se reinterpretan. La comprensión de esto por parte de los artistas produjo revelaciones de opresión y resistencia que de otra manera no se habrían contado. Así lo acentúa el cuento cómico *Realidad Punzante* de Ana Barreto. Se trata de un relato autobiográfico de una agresión sexual ocurrida en la década de 1980, en un espacio urbano público que también es un espacio de tránsito: un puente peatonal sobre una carretera. Como dijo Barreto en uno de los talleres en México, el proyecto trans-sensorial abrió la posibilidad de contar esta historia, que no había contado antes. La historieta está contada en tercera persona, la historia de una joven que corre a través de un puente peatonal para llegar al trabajo. Los primeros fotogramas de la historia preparan la escena: una joven que viaja durante la hora pico cuando millones de personas se desplazaban por Tlalpan, un barrio de la Ciudad de México. Mira su reloj y habla de la sensación de prisa. En la segunda página de la historia, un reloj dibujado sobre el autobús se está derritiendo, como si el calor de la Ciudad de México hubiera disuelto el tiempo. Se nos invita a otra experiencia sensorial en la página siguiente, ya que el autobús parece gritar '¡BAAJAAAAAN!' Primero vemos el puente en la página 4, con su plataforma enjaulada flotando sobre la ciudad, oscurecida desde abajo, pero dominada por los tejados circundantes. Este ataque repentino en la página 4 comienza con una figura oscura (sombreada en espirales en lugar de sólida) que viene de detrás de la mujer, inmovilizándola con una llave de cabeza. A continuación, el atacante se dibuja en negro, en su mayoría sin rostro, excepto en un panel en el que se le dan rasgos macabros. El ataque se desarrolla en una serie de paneles que son frenéticos, viciosos e implacables. Llevan al lector a moverse rápidamente a través de ellos sin respiro. Podemos sentir la 'inmovilidad tónica', el mecanismo fisiológico de autoprotección que congela el cuerpo en un estado catatónico. Esta es una respuesta que ha sido discutida y a la que se le ha prestado poca atención en términos de su experiencia vivida (Gbahabo y Duma, 2024). La interacción está enmarcada por el puente enjaulado, con basura esparcida en el suelo a su alrededor. La joven queda desconcertada, inmovilizada por las contundentes violaciones de su cuerpo, por el dolor, por el shock de sus calvas y por estar descalza tras el ataque, sino tratando de darle sentido a lo que ha sucedido, en la intersección de la opresión y la resistencia. Esto se ve agravado por los espectadores en la azotea cercana que ven lo que está sucediendo, pero no hacen nada. Como sugiere Williams (2019: 77) con referencia a su propia historia de vergüenza encarnada en la historieta, 'el cuerpo recuerda cosas que la mente preferiría olvidar'. Un panel muestra al grupo de trabajadores en la azotea cercana, 'observando la batalla desigual'. El dibujo captura la claustrofobia, la incapacidad de escapar, excepto para el perpetrador que dice 'Sin prisa, al cabo nadie me persigue' mientras se aleja. La escena es traumática. Chute (2010: 2) sostiene que las historietas de mujeres no se definen por el trauma, ya que hacerlo puede 'trabajar para borrar la inscripción de las mujeres en ese espacio'. Más bien, argumenta que 'la narrativa gráfica afirma el valor de la presencia, por compleja y contingente que sea' (Chute, 2010). Hay algo muy presente en la narrativa de Barreto, a medida que avanzamos en la historieta con ella, en su cruda comprensión posterior y en sus intentos de obtener ayuda de los cineastas en un estudio cercano y luego de los médicos y la policía. Es en esta presencia, que lleva a los lectores a una colaboración sensorial con el artista, que las historias se despliegan en algo que va más allá de ellas. El lector puede sentir la violencia de una manera que se transforma y que moviliza. Prueba de ello también es *Lecciones menstruales para una chica Mexicana* (ilustrado por Rosalba Jáquez), de Dahlia de la Cerda, que ocupaba un lugar destacado en las paredes de las dos principales exposiciones de la Ciudad de México y de Brighton. De la Cerda pidió que la obra se imprimiera con especificaciones particulares: dos páginas de cuatro paneles cada una para imprimir cada una de un metro y medio de ancho y tres metros de alto. Tiene una presencia que es ineludible y convocante.

El relato cómico de Dahlia de la Cerda es también un relato autobiográfico, de experiencias de la violencia de las normas de género de la menstruación. Está dibujado, por la ilustradora Rosalba Jáquez, en su mayor parte en blanco y negro, pero con el rojo de la sangre menstrual puntuando la página. Como explica el texto de la primera viñeta, la protagonista se sorprendió de que la sangre fuera roja cuando tuvo la menstruación por primera vez, ya que los anuncios de productos para la menstruación en la televisión la habían mostrado azul. De la Cerda nos lleva a la violencia de esta negación y en la segunda viñeta da espacio a los productos de menstruación. Están cuidadosamente dibujados en una resistencia activa que contrasta con la historia que ella está contando, de sentirse 'sucia' y avergonzada. En la historieta, a la niña se le disparan flechas con las etiquetas 'la pescadita', 'huele' y 'a pescado'. La segunda página continúa con experiencias de vergüenza alrededor de sus pantalones manchados de sangre y uniforme escolar. De la Cerda muestra la violencia en esta vergüenza y falta de comprensión, que solo se hace evidente en la última línea: 'aprendí sobre la menstruación cuando ensangrenté el auto del amigo de una amiga y me dio un ataque de pánico y él me tomó la mano y me dijo: tranquila, es solo sangre'.

El impacto emocional contrasta con la ternura. Aunque se trata de un tipo de violencia diferente a la del relato de Barreto, de la Cerda ilustra los aspectos más ocultos de la violencia de género, llevando al lector a un viaje a través de lo mundano. Los cómics 'coreografían el tiempo' así como el espacio con momentos enmarcados que marcan el ritmo (Chute, 2010), lo cual es posible ya que son móviles. Como sugiere Peterle (2021: 70), los cómics son 'prácticas intrínsecamente espaciales que involucran a los geógrafos en experiencias inmersivas y pensamiento espacial', así como en 'acciones performativas'. Permiten un paseo tentativo por las historias como callejero, como sujeto activo. Caminando a través del tiempo y el espacio. Por lo tanto, son activos en forjar historias que se movilizan para 'proporcionarnos un ejercicio constructivo y reparador para la intervención urbana' (Peterle, 2021).

Al moverse a través del tiempo y el espacio, las historias de cómics también tienen la capacidad de mostrar conexiones con el pasado y de vincular escenas parroquiales con aquellas que son globales. El enfoque de Barreto en la pérdida de sus zapatos se compara con las 'montañas' de zapatos de la 'Masacre del 68', dibujados como árboles de Navidad a la espera de ser elegidos, hasta que el detalle solemne se enfoca. Esta comparación se señala en la historia 'Doctor x', quien ofrece el único momento de empatía por parte de alguien en una posición de poder en la historia. La masacre de Tlatelolco fue cometida por el ejército mexicano contra estudiantes de la Universidad Nacional Autónoma de México (UNAM) y de otras universidades que protestaban por la violenta represión del gobierno y la yuxtaposición de los Juegos Olímpicos de 1968. La inclusión de esto, junto a la imagen que representa los montones de zapatos, sandalias y botas, establece la escena geopolítica, vincula el ataque singular a nivel micro con la violencia institucional y estatal. También se establece una conexión temporal entre el incidente violento que ocurrió en el pasado y un asesino en serie presente que utiliza el 'mismo modus operandi'. Con la opresión está la resistencia. Después de numerosos intentos infructuosos de pedir ayuda a la policía y a los médicos, Barreto termina con una imagen de la niña con cuerpo de pájaro cantando la canción de las manifestaciones feministas contra la violencia de género en Chile: 'Y la culpa no fue mía, ni de dónde estaba, ni de cómo iba vestida...'. Se trata del 'trabajo político y estético de testimonio' que los cómics permiten según Chute (2010: 4).

Los zapatos también aparecen en la obra de Sonia Madrigal: *Mujeres desde la periferia*. Madrigal contribuyó con una serie de fotografías de mujeres en una estación de autobuses en la Ciudad de México, un punto de conexión clave para miles de personas que se desplazan en sus viajes al trabajo, al estudio o a otros servicios públicos. La serie se compone de una imagen grande, impresa de 1.5 m × 2.2 m, nueve fotografías adjuntas de varias escenas alrededor de la estación de autobuses, impresas en A4 y un pequeño gabinete de metacrilato que muestra objetos encontrados en la estación de autobuses. La fotografía principal de Madrigal es una imagen de las piernas de una mujer desde las caderas hacia abajo, estirándose para quitarse los zapatos de tacón alto. Hay una zapatilla plana estilo ballet en el suelo a su lado esperando a ser usada. La imagen sugiere la imposibilidad de los zapatos de tacón alto y la capacidad de tomar el control en zapatos que permiten un camino más seguro a casa. Muestra la tensión entre las estéticas que se producen a través de las representaciones patriarcales y misóginas de la feminidad y las necesidades de las movilidades de género. Como argumenta Hildebrand (2023), el tacón alto es un símbolo tanto del deseo sexual masculino como de la violencia sexual, haciendo referencia a la obra de la artista mexicana Elina Chauvet, que representaba a víctimas de violencia de género con zapatos rojos para representar las culturas de la culpa asociadas con la ropa de las mujeres y la violencia sexual.

Las imágenes de Madrigal no son secuenciales, pero cuentan múltiples historias entrelazadas de opresión y resistencia de género, en las diferentes formas de presencia de las mujeres que se mueven por una estación de autobuses en México. Las nueve fotografías ilustran una perspectiva amplia, mirando hacia la ciudad y la estación de autobuses; y los espacios cerrados de una alcoba, un callejón y en autobuses y taxis. Iluminan los conflictos y las paradojas de la feminidad y de la movilidad. La estación de autobuses y el transporte asociado a ella están ahí para moverse, pero también para sujetar cuerpos entre movimientos. La narración se lleva a cabo en los objetos curados, que incluyen algunas pestañas postizas, una pegatina que dice 'Aquí no es dormitorio ni cabina telefónica ni salón de belleza si se va a dormir "pase atrás"'. También hay pegatinas con el contorno de un ángel y un diablo femeninos sexualizados y una pegatina más grande que dice 'libre'. El cuerpo femenino se considera arriesgado y en riesgo tanto mientras está en movimiento o quieto; se les dice a las mujeres que sigan adelante y sigan moviéndose, pero también que se queden en casa. Así, las imágenes y los objetos muestran una resistencia activa, en las formas en que las mujeres presentan sus cuerpos al mundo y en las formas en que mueven sus cuerpos, bien capturados en la pequeña fotografía de una mano cuidadosamente cuidada agarrando una barandilla del metro. Desafían la noción de que la narrativa solo es posible a través de la ilustración secuencial (Mickwitz *et al.*, 2020).

La imagen principal de Madrigal es 'inquietante' (Sontag, 2003), exige atención para dar sentido a su contenido, contexto y perspectiva. Mickwitz et al (2020: 4) sugieren que los cómics tienen: 'la capacidad de actuar como correctivos ante el potencial que tienen las imágenes singulares de violencia de circular como fragmentos descontextualizados'. Sin embargo, como un acto de resistencia, fotografías como las de Madrigal obligan al lector a considerar diferentes marcos contextuales de una manera que los invita a la experiencia. La singularidad de la imagen puede abrir el diálogo, llevándonos más allá de esa imagen a su relación con otras imágenes visuales y otras narrativas. Esta es la 'manera de ver' de Berger (1972: 9) donde 'nunca miramos una sola cosa; siempre estamos buscando la relación entre las cosas y nosotros mismos'. Siempre estamos en una historia. Madrigal hace parte de este trabajo para nosotros al presentar una serie de imágenes y objetos, cada uno invitando a su propia historia y sus propias conexiones. Hay una narrativa visual en la fotografía principal de Madrigal que conduce a la serie adjunta de fotografías más pequeñas y es de la callejera, el sujeto activo femenino que es capaz de mantener su posición y su huella en la ciudad a través de una resistencia atemperada.

Esta movilidad de la opresión y la resistencia también es visible en *Walking home* de Jemma Treweek, que da una impresión persistente de la imposibilidad de moverse sin violencia de género. La imagen de Treweek es de una mujer caminando de noche, un momento en el que parece aceptable que las mujeres estén en peligro y deban tomar precauciones. Sugiere que esto es visible, conocido y aceptado. La obra de arte es una imagen de una mujer sosteniendo su cabello por encima de los rostros masculinos pegados a su cuerpo como lapas. Está silenciada con cinta adhesiva en la boca, pero tiene una expresión resignada y desafiante. Su larga cabellera, símbolo normativo de la feminidad, está trenzada y se envuelve alrededor de su pierna, recordando a un grillete. Para mí, esto abrió un diálogo con la imagen de Molly Crabapple de mujeres prisioneras que son encadenadas mientras dan a luz. La imagen acompañó a un artículo en el periódico *The Guardian* (2020) sobre el uso continuado de esta forma de restricción en las prisiones de condado y estatales de EE. UU. a pesar de la prohibición federal de encadenar a las embarazadas. Como dice la profesora asociada Lorie Goshin: 'Deshumanizamos a este grupo de mujeres hasta tal punto que no vemos lo injusto que es esto, solo lo innecesario y cruel que es'. Es una violencia de género.

Moverse entre esto y la imagen de Treweek evoca una respuesta emotiva y multisensorial al conectar historias de violencia de género que están en otros espacios en otros momentos. Ambas imágenes muestran que las mujeres están cargadas de amenazas de violencia de género, que es violencia en sí misma. Esto se manifiesta en diferentes momentos y en diferentes lugares y es más o menos visible y sentido. Al igual que los otros artistas discutidos aquí, la imagen de Treweek lleva al lector a un diálogo. Se trata de una interpretación de la prostituta cargada de culturas de misoginia institucionalizada, que precariza el callejeo e inmoviliza el cuerpo femenino.

Conclusión

Las respuestas de las artistas a la convocatoria de historias sobre la violencia de género, tanto en el proyecto original como en el seguimiento, son representaciones de la prostituta. Las siete historietas que se encargaron en el proyecto *Las inmovilidades de la violencia de género* proporcionaron la justificación de la metodología trans-sensorial del proyecto de seguimiento. Demostraron las interconexiones de las experiencias de la violencia de género y las formas en que se puede ver que se desarrolla a través de diversas lecturas y reelaboraciones. Mostraron las formas en que las historias de violencia de género no son singulares, sino que están hechas de múltiples historias que se escriben en colaboración para representar una diversidad de perspectivas. Las historias de la violencia de género son profundamente personales, pero al mismo tiempo compartidas y situadas en contextos geopolíticos más amplios, y el concepto del callejeo enmarca nuestra comprensión de esto. Los artistas encargados en un estudio transnacional demostraron de manera similar la movilidad de las historias, a través de diversas culturas, así como de espacios y épocas. A lo largo del relato cómico de Barreto, el autor se mueve entre esferas, marcando las interdependencias de las movilidades urbanas: la violencia de la infraestructura que permitió el ataque, las prácticas de trabajo que producen el ajetreo matutino, las inmovilidades obstinadas de los espectadores, la fragilidad y robustez del cuerpo humano, y la insensibilidad de los funcionarios del Estado. De manera similar, la historieta de de la Cerda coloca el sujeto violado en su contexto más amplio, mientras que las imágenes singulares de Madrigal y Treweek abren el diálogo a nuevas narrativas.

Caminar se usa a menudo en los cómics para guiar al lector a través de la historia, el lector se convierte en el callejero, andando con el artista, al compartir la historia y conectarse emocionalmente con ella. También hay movilidad en otras narrativas visuales, en la ilustración y en la fotografía, y mirarlas en relación con los cómics puede revelar su movilidad. Al ser móviles, estas narrativas visuales evocan una respuesta trans-sensorial en sus 'reflexiones significativas sobre nuestros cuerpos, afectos, emociones, percepción, relaciones y gestos... (Peterle, 2019: 110). Cuentan historias que necesitan ser contadas y leídas y, al hacerlo, ofrecen una visión única de la violencia de género que activa o moviliza al sujeto femenino. Las narrativas visuales activan y movilizan a los inmovilizados. Al mismo tiempo, sin embargo, es crucial reconocer a los dibujantes de cómics como sujetos activos en términos de Lugones (2003). El peso de la misoginia institucional y cultural puede ser demasiado grande para la resistencia transformadora. Las historias visuales de callejeo son suficiente resistencia para mantener una existencia y navegar por la ciudad dentro de los confines del control patriarcal y misógino.

6 Arrows of Suffering and Resistance: Situations of Gender Violence, Senses and Emotions

Olga Sabido Ramos and Paola Soto Villagrán

Introduction

Collaboration between sociology and art is possible if, as Howard Becker (2007) suggests, we start from the premise that telling about society, sociology is insufficient. From our perspective, we argue that to talk about violence, a single disciplinary narrative is not enough. In this chapter, we explore various layers of meaning that intersect with sensory and emotional narratives about gender violence. The chapter analyses the reception of the *works A Film About Gender Based Violence* (2023) by Tony Gammidge and *Menstrual Lessons for a Mexican Girl* (2023) by Dahlia de la Cerda and illustrated by Rosalba Jaquez, which are part of the exhibition Siento, luego resisto. Transsensorial landscapes of gender violence. Both works shared a common element: the arrow. As we will demonstrate, the arrow is a metaphor for the damage and wounds that gender violence leaves on the body and its memory. However, the arrow also symbolises agency and resistance against violence. Thus, the arrow becomes a symbol that condenses the principle of 'being affected and affecting' within the sensory and emotional narratives we will present.

The aim of this chapter is to identify some sensorial and emotional elements that both artistic narratives trigger, as well as the strategies of resistance they inspire. The methodology we used for the analysis of the reception of the works gathers the findings of the workshop 'Sensorial maps of violence: experiences, listening and feminist resistance' that we, the authors of this chapter, designed and gave as part of the exhibition, both at Casa del Tiempo (October 2013) and at the Universidad Autónoma Metropolitana – Unidad Azcapotzalco (March–April 2014). We also recovered notes from our participation in the workshop 'Arrows and Words' given by Tony Gammidge (November 2013) in Brighton, UK.

The chapter is divided into two sections with accompanying conclusions. In the first, we conceptualise gender violence from an emotional and sensory perspective. To achieve the above, we use the categories 'violent situations' (Collins, 2008) and 'biographies of violence' (Ahmed, 2017: 23). This framework allows us to construct the category of situations of gender violence as a valuable tool for analysing the suffering that women experience as a result of this violence. In other words, the category of situations of gender violence enables us to pay attention to the spatial, bodily, emotional and sensory aspects that emerge in interactions where women are at a disadvantage in the framework of a genderised asymmetry of power. On the other hand, the category 'biographies of violence' (Ahmed, 2017) helps us understand how individuals recall painful experiences of gender violence that occurred in the past and how they re-signify them from the present.

In the second part, we analyse the works' reception based on the workshop application's findings. We will demonstrate how these works triggered memories with a strong sensory and emotional charge about situations of gender violence and simultaneously stimulated non-victimising narratives but placed the need for agency in the discourse of the people who attended the workshop. In this sense, we will show the methodological, political and feminist usefulness of the dialogue between artistic narratives to ethically and empathetically identify the emotional sensory data of gender violence and the strategies of resistance to it. Finally, we will present the conclusions of this exercise, which have enabled us to articulate several layers of meaning in the narratives of gender violence in the face of the suffering it causes, as well as the strategies of resistance of both the artists and some workshop participants, including ourselves.

Situations and Biographies of Gender Violence

The term gender violence alludes to the fact that there is a power imbalance between genders, from which it is possible to identify violence against women and girls (Lombard, 2018: 2). This does not mean that women do not exert violence or that men cannot be victims of gender violence, however, like any concept, the definition of gender violence is a historical concept. The category gender violence takes place from the 1990s and is the result of the impact that the activisms of the feminist movement had on the definitions and normative frameworks of the documents of international organisations (Castro, 2014: 342; Guizzo et al., 2018: 238; Lombard, 2018: 2). One of the most relevant documents is *The Istanbul Convention*, which describes that: 'gender-based violence against women shall mean violence that is directed against a woman because she is a woman or that affects women disproportionately' (Council of Europe, 2011: 3).

This definition is the most widely used worldwide, both in the United Kingdom (Guizzo, *et al.*, 2018: 238) and in Mexico (Castro, 2014: 343). However, there are cultural and legal differences, both in the meaning and in the legal typification of gender violence that should not be ignored (Guizzo, *et al.*, 2018: 238). In that sense, as Guizzo *et al.* (2018: 238) point out, there are always challenges around the methodological possibility to compare data or information at the international level, given the linguistic and cultural differences. For the above, it is pertinent for us to resort to the sociological perspective proposed by Randall Collins (2008), since according to this author, a way to study violence beyond cultural and contextual differences is to 'put the interaction in the center of the analysis' (2008: 1).[1] The interaction order is an analytical level that allows us to pay attention to the space and people's bodies, emotions and sensory experiences.

In the case of this chapter, Collins' methodological argumentation is pertinent given that the works we will analyse represent interactions of gender violence. In this sense, although the works do not reflect reality, they *re*-present two scenarios of *situations of gender violence*, coming from two different contexts such as the United Kingdom and Mexico. That is, the works are not a record based on direct observation of violent interaction, but rather a re-presentation of *situations of gender violence*. Sociologically speaking, both works show scenes of gender violence situations that are meaningful and interpretable to a potential viewer (Goffman, 1974).[2] In this case, we can say that the images and texts that appear in *A Film About Gender Based Violence* (2023) and *Menstrual Lessons for a Mexican Girl* (2023) interpellate and are understandable because they represent the ritual language of situations (Collins, 2008; Goffman, 1974) of gender violence in big cities despite their cultural differences.

According to Collins, there are some components that define a violent situation (Collins, 2008). In this chapter we will recover three: (a) the emotional definition of the situation by the aggressor, (b) the perception of weakness of the potential victim of aggression and (c) the presence of an audience that witnesses and approves the violent interaction. Regarding the first component, the author states:

> Violent situations are shaped by an emotional field of tension and fear. [...] Successful violence battens on confrontational tension/fear as one side appropriates the emotional rhythm as dominator and the other gets caught in it as victim. (Collins, 2008: 19)

When a person performs a violent act, he is dominating the other not only physically but also emotionally: 'Dominance is a matter of seizing control of the emotional definition of the situation'. (Collins, 2008: 135). From this perspective, the exercise of violence in the interaction causes the victim to lose emotional energy: 'Some situations are energy gainers, others are energy drainers' (Collins, 2019: 46). In relation to the possible victim of violence, Collins points out that aggressors tend to attack those they consider weaker to attack: 'find a weak victim to attack' (Collins, 2008: 9). In this evaluation, the possibility of emotionally weakening the other is taken into consideration: 'picking a target that is emotionally weak, which is more important than being physically weak' (Collins, 2008: 33). The author clarifies this idea as follows: 'the fact that the victim cannot defend him or herself is important chiefly because it allows the aggressor to take the initiative and control the process and direction of mutual entrainment' (Collins, 2008: 135). Finally, Collins highlights how in some cases of violence it is relevant for the perpetrator to have 'an audience that gives them emotional dominance' (2008: 10) over the potential victim. This audience may be a group of people who share and legitimise the violent interactions.

From our appropriation of Collins' category of *violent situations*, we can say that situations of gender violence against women are also observable from the interaction, where the aggressors bodily, spatially and emotionally define the situation. In other words, the order of interaction is a genderised order in which it is possible to touch without consent, insult, assault or mock with gestures and words female or feminised bodies, and even physically attack causing harm and even death.[3] In these situations, aggressors dominate the interaction bodily, spatially, emotionally and sensorially. For example, when they do not allow the free circulation and movement (kinaesthesia) of women, or when they define the situation visually (forcing women to see), tactilely (touching without consent) and sonorously (through noises, words, catcalls) (Gaytán, 2009: 58). There is even an olfactory invasion from the aggressor's body and an impact on women's perception of time (Sabido Ramos, 2023). Moreover, in these situations the aggressors also emotionally dominate the interaction, because women feel fear, shame, guilt or anxiety in these interactions as represented in the works. The aggressors are 'energy drainers' (Collins, 2019: 46) and in addition, they force emotional labour, because the women have to recover from such violences.

The perception of weakness in women does not always coincide with reality. There may be women physically stronger than the aggressors, however, the idea that women inhabit bodies that require the protection of men and that they are delicate (Goffman, 1974) works as an element that makes them, in certain circumstances, be considered weak and may be attacked or violated. Finally, many acts of violence against women are rituals of interaction through which aggressors demonstrate their masculinity in front of other spectators who share and legitimise such interactions. At this point, they may hide such acts from a general audience but at the same time, they may make them public to a specific type of audience, such as other perpetrators. These types of situations of violence against women are experienced as a 'sensory intrusion' (Ahmed, 2017: 23), as Sara Ahmed points out: 'Senses can be magnified, sometimes after the event. [...] You begin to feel a pressure, this relentless assault on the senses; a body in touch with a world can become a body that fears the touch of a world. The world is experienced as sensory intrusion' (Ahmed, 2017: 23).

The situations of violence that women go through leave marks on bodies and accumulate in what Ahmed calls *biographies of violence*:

> Experiences like this: they seem to accumulate over time, gathering like things in a bag, but the bag is your body, so that you feel like you are carrying more and more weight. The past becomes heavy. We all have different biographies of violence, entangled as they are with so many aspects of ourselves: things that happen because of how we are seen; and how we are not seen. You find a way of giving an account of what happens, of living with what happens. (Ahmed, 2017: 23)

Situations of gender violence are also a way in which we come into contact not only with people, but also with objects and the space. These contacts are both emotional and sensory because they involve bodies and their capacity to affect and be affected. Hence the sensitive dimension of situations of gender violence, since they refer us to exchanges of looks, touches, sounds, movements and even smells associated with these interactions. That is to say, before giving an explanation to the situation, we feel it with all the skin and its sensations and also through pain, shame, anger or even guilt. However, remembering these experiences that have caused suffering from empowering artivist narratives that vindicate women's agency, also allows us to accumulate other layers of meaning that transcend the victim's place, without ignoring the damage or the structures that cause it and that are beyond the interaction. This analytical horizon allows us to recover the works and the interpretations of the visitors to the exhibition as detailed in the following sections.

Arrows of Suffering and Resistance in Gammidge's and de La Cerda's Works

Tony Gammidge's *A Film About Gender Based Violence* (2023)[4] is a short film that recovers some vignettes of women who experienced gender violence during the pandemic lockdowns in the UK. The short film begins with James Gilligan's quote 'The emotion of shame is the primary of ultimate cause of all violence'. In this work we see interactions of daily life in public space where the male characters are shadow puppets that from their mouths and their gazes shoot arrows at women walking by. Sometimes they do it alone and sometimes in front of a male audience that participates in the acts. The arrows are accompanied by hurtful words such as ugly, bitch, slag, fat, cow, whore, easy fuck, which are stuck in the women's bodies. In this first part of the short film, the men emotionally and sensorially dominate the interaction in the sense we discussed above. These male characters are 'energy drainers' (Collins 2019: 46) of the victims. As the short film progresses, the women regain self-confidence and begin to return the arrows accompanied by words such as shame, creep, pathetic, bully, pervert, weak. They stomp on the word shame and make a pyre that burns with the hurtful words represented by the arrows.

Menstrual Lessons for a Mexican Girl (2023) by Dahlia de la Cerda and illustrated by Rosalba Jaquez is inspired by her own experience, based on contact with research data on menstruation during the quarantine pandemic in Mexico.[5] The author reviews the comments, experiences, socialisation processes, stigmas and violence that the average young cis woman experiences due to menstruation. De la Cerda's text is accompanied by Jaquez's illustrations. Some fragments of the text enunciate single sentences in the first person:

> I learned of menstruation when the lady at the little shop on the corner wrapped my towels in a sheet of newspaper so no one would see them, shame. [...] I learned about menstruation when my classmates at school shouted at me, 'The little fish smells like fish! [...] I learned about menstruation with my mother's screams claiming that the bathroom smelled like a period, but she never scolded my brother for leaving it smelling like shit. [...] I learned to use air freshener, to throw my towels straight into the trash can in the corner, to roll the bloody paper in more paper to remove all traces of shame while the poopy papers said hello from the basket next to the bowl. I learned about menstruation by repeating 'my blood is life, dirty blood that of corrupt politicians' [...] I learned about menstruation when I bloodied the car of a friend of a friend and I had an anxiety attack and he took my hand and told me: calm down it is only blood. (De la Cerda, 2023)

As in the case of Tony Gammidge, the work illustrated by Rosalba Jaquez also uses the figure of arrows to highlight the verbal aggressions related to the perception of smell and the stigma attached to it under the phrase 'the little fish smells like fish'. In the work, one can see how the arrow pierces the character and makes her bleed. The bodily fluid appears in two senses: as an image and as a metaphor. As an image, when it appears as menstrual blood on the floor, in the toilet, on the underwear, on the sheets, on the pants. As a metaphor, when it appears under the phrases 'blood is life', 'dirty blood that of corrupt politicians' and, at the end, with a reassuring phrase: 'calm down, it's only blood'. It also appears as the blood of the wound left by the olfactory discrimination phrase ('the little fish smells like fish') related to the smell of menstruation.

Methodology for Reception Analysis

To account for the reception of the works we took into account the findings from the workshop 'Sensory Maps of Violence: Feminist Experiences, Listening and Resistance' given and conducted by the authors of the chapter on 20 October 2023 and 4 April 2024 in Mexico City, as well as our notes recovered from the workshop 'Arrows and Words' given by Tony Gammidge on 16 November 2023 in the city of Brighton. Most participants in the workshop were young, urban, middle-class women.[6] The workshop's methodology is outlined in Chapter 3. This section will only state some of the analytical and ethical elements that guided the proposal's design.[7]

In social research, elicitation methodologies typically follow a unidirectional approach. However, in this case, we collaborated with the artists, which allowed us to share some narratives from our own research, which triggered memories and experiences of gender violence and mechanisms of resistance in their works. This book illustrates how the artists captured representations of gender violence in various formats. Unlike the passive idea of an artistic object, the works became an element of elicitation for those who participated in the workshop, as they allowed them to associate their own biographies of violence with the chosen artistic narrative and even to critically engage with the works.

In addition, we conducted our study based on sensory studies (Vannini *et al.*, 2012), focusing on the methodological performance of walks and hikes, which engage all the senses. We organised a walk around the enclosure and designed a device for recording emotional and sensory notes. This allowed each participant to associate urban elements of the environment with their own biographical experience of gender violence triggered by the works. At this point, we were guided by the methodological suggestions that Kate McLean (2019) proposed in 'Nose-First. Practices of Smellwalking and Smellscape Mapping', and we adapt it to the sensory register in a broad sense (Sabido Ramos, 2023).

In terms of ethics, it was not our intention to expose particular cases of suffering caused by gender violence. Instead, we proposed how we could collectively imagine scenarios free of gender violence. This allowed us to build a collective feminist imagination that assembled the narratives of the research, the artistic narratives and the narratives of our collaborators in the workshop, and that materialised in imaginary maps free of gender violence.

We organised the materials from the sensory and emotional registers of the environment and the testimonies provided by the participants. We recorded the sessions, took photographs and documented in the field diary the results of the plenary session related to the collective elaboration of the map. Due to space constraints, this chapter includes only the workshop participants' testimonies taken from the sheets where they shared their experiences with us. Those testimonies that recovered the work, *A Film About Gender Based Violence* (2023), on the one hand, and Lecciones menstruales para una chica mexicana (2023), on the other hand, were classified. The parts related to sensory and emotional aspects in the narratives were coded and recovered in the following sections.

The participants of the workshop held in Mexico City on 4 April 2024 were moved by the work and pointed out the meaning that arrows have for them: 'Arrows are that which does not let us be free, which stick so deep that we never recover' (WP).[8] 'They are people (men) who harass women with words [...] which can remain in their memory and that is never forgotten' (WP). Here there is a clear allusion to how these aggressions are part of the biographical history and memory of the body. Likewise, the participants highlighted the fact that violence against women is made invisible when it does not leave obvious marks, despite its hurtful nature and emotional effect. It is interesting to note that the awareness of this fact produces various emotions such as anger or sadness, as well as the memory of other emotions they felt at the time the aggression occurred:

> The first thing this work provokes in me is anger, later I felt sadness, because an act of violence often becomes invisible if it does not leave after-effects or death. Because many times people make you feel 'lucky' because that act that made you feel shame, fear, terror, trauma, 'didn't happen anymore'. (WP)

At the same time, the allusion to shame took on meaning for the participants as it raised questions about the source of shame, they questioned what it is that makes aggressors launch (how arrows are launched) insults towards women:

> The animation begins with a sentence that says something like, 'shame is the primary basis of all violence'. About hurling insults towards a woman, I wonder: where does the shame come from that leads people to denigrate women for their sexuality, appearance or just for being a woman? (WP)

They also indicated that they identify themselves both on the side of being victims of aggressions and on the side of collective resistance:

> I identify with what is captured in the video, both in feeling attacked by men with their macho ideas and practices (what is represented by the arrows), but also with the part in which women take control and transform that pain, those words, into something more. For me it has been reconstruction, [...] fighting together with other women. (WP)

In the same sense, another participant shared:

I find it empowering and very current that in the animation women return those insults, pointing out their aggressors and noting that they are the ones who are wrong. I feel empowered that more and more we can all raise our voices and shout. (WP)

Raising one's voice and shouting also becomes an act of sensory resistance (Sabido Ramos, 2023). Especially when it is done collectively, which can include other contacts with other women such as hugging and caring for each other. In this sense, one participant highlighted the meaning for her of attending the 8M marches with her friends:

It seems almost utopian to me, but it resembles that moment when at the end of the 8M march, my friends and I embrace each other knowing that at least at that moment nothing can affect us, we have each other and we love, support and take care of each other (but without the feeling that when we leave we have to take care of each other again). (WP)

In that sense, a world free of gender violence means a world without sensory intrusions (Ahmed, 2017) without bodily invasions: 'It would be living without the feeling of fear, anxiety or stress of going out to live. It would be living every moment without the state of alertness' (WP). Similarly, at the Workshop 'Arrows and words' given by Tony Gammidge on 16 November 2023 in Brighton, UK, a participant wrote down the words solidarity, community and feminism on one of the arrows as part of the resistance strategies.

One of the first elements to consider is the identification of the participants with the work. For some of them the arrows represent the stigma of menstruation when it is visible and even by the smell, as well as the emotions triggered by this mechanism, such as shame and sadness:

This work reminds me of my pre-adolescence, when I started menstruating, if I soiled, I had to cover myself. If I bought towels, they would wrap them in newspaper and also put them in a black bag. Completely wrap the towel with lots and lots of toilet paper so it wouldn't show and hide the blood and the smell. I completely identify myself. [...] The arrows represent, for me, stigmatisation, pointing out and what they cause is shame and sadness. (WP)

As can be seen in the previous narrative, there is also an allusion to the strategies of concealment and secrecy that women manage in order not to be judged in the interaction when they are menstruating. On the other hand, one participant pointed out how the same arrows can be passed on generationally from mothers to daughters, as they reproduce patterns of bodily discipline linked to concealing menstruation.

Once I had to get off the trolleybus [public transportation] going to the university because I had left a sanitary napkin on top of the toilet box and I knew how bad my mom was going to get and everything she was going to say to me if she found it. The worst thing is that we reproduce those behaviors with our daughters, they are like arrows that we throw at them and that they are learning to dodge. (WP)

The last part of this testimony is interesting if we link it with the following one. Inspired by the play, the participant indicates learning moments related to menstrual management, including internet tutorials. She also identified how she herself has learned to destigmatise menstruation and why she does not have to pour a bottle of perfume to hide her odour:

I learned from her when mom was away at the time and looked up a tutorial on the internet. I was afraid of my grandma's reaction because I didn't know what was going on myself. I thought it was bad and didn't ask for help. I learned about menstruation when I put in a tampon and I didn't stop being a 'virgin' as they said. I learned that its scent is normal and that I shouldn't empty a bottle of perfume on me. I learned that I can take out my sanitary napkin without hiding it from the people around me. (WP)

Emotions linked to the senses appear in several narratives. Thus, for example, shame is associated with the possibility of staining or smelling. At the same time, shame functions as an emotional mechanism that prevents awareness of the violence exercised by stigmatising menstruation:

The artistic narratives 'Menstrual Lessons for a Mexican Girl', made me reflect on my experience with menstruation. First of all, the shame is so naturalised with the period that I am not even aware of the violence I have experienced because of it. Because it is so natural to dislike it that I am always reminded of it. Every period I am in constant anxiety of staining or smelling. [...] It's so natural the grooming and the shame. (WP)

The participants also interacted with the work and challenged it, pointing out the need to represent the diversity of menstruating people and their conditions of vulnerability, since not all women have access to menstrual management products:

I remember when I was in high school I always carried wipes or took from my parents' store for a classmate who did not have the resources and used only one wipe a day and she stained a lot. I think that the review also failed to touch on the issue of vulnerable people and those who go through other contexts. (WP)

On the other hand, the workshop made it possible to imagine a world free of violence through the review. The participants pointed out that it would be a world in which it would be possible to talk about menstruation without prejudice:

> To be able to talk about menstruation, the pain in my body and the biological implications without fear of being misunderstood. (WP) It would be a world without prejudice, blood is normal, just like seeing it in a fight because a favourite soccer team lost. I could happily walk around in white pants on those days of the month. (WP)

In that sense, a world free of violence would imply a world free of shame in general and shame about menstruation in particular. It would also mean that all menstruating people would have access to menstrual management products:

> We envision a world that is more shame-free and accessible to all. Free of shame and sexual violence, where everyone has the right to access the things they need to have a period, to stop symbolising a biological process and femininity as something shameful or weak. (WP) [...] it would mean living in a society free of gender-based violence. As well as being able to say: 'I'm going to the bathroom to empty my menstrual cup', as when I say: 'I'm having a pee-pee'. (WP) A world without menstrual violence for me would be a place where [the topic] is talked about from basic education to all people. A less heteronormal society. Free health products for people. (WP)

Also in this work there is an allusion to collective work and sisterhood. A world free of violence would imply the construction of collective networks throughout life and its stages, from girls to old women, from menstruation to menopause:

> The world without this type of violence would make us love each other more, to defend ourselves from everything that attacks our bodies. It would make us feel that we ALL support each other, that we can hold each other's hand and give each other affection when we are sad and we don't know why. When we menstruate; when menopause comes; when it goes away; when we are old and elderly. To know that we are not alone, that we are sisters and that we have networks and wings that allow us to always fly. (WP)

Conclusions

In this chapter, we have identified some sensorial and emotional elements that these works generate and the strategies of resistance they inspire. We built an analytical framework that would allow us to understand how both works represent situations of gender violence that leave traces in the biography of women. From the methodology of our workshop, we were able to link the common elements of both works, such as the arrows and the presence of emotions such as shame, fear and sadness. We found that for the participants, there is an identification with the works related to their own experiences of gender violence and the emotional and sensory elements they attribute to those encounters.

Although Collins' situation of violence helps compare contexts, participants point out structural differences in their own situated condition, such as greater vulnerability or lack of access to menstrual management products, as well as other forms of violence. This finding is important because it highlights the limits of the micro-interactionist approach and the need to articulate it with the material conditions (physical and economic) of the place where the interaction occurs. However, we consider that it is helpful for the identification of a specific analytical level from which gender violence can be methodologically delimited.

Both works inspire strategies of resistance that encourage participants to imagine future horizons free of violence. These artistic narratives not only evoke memories of the biography of violence (Ahmed, 2017) but also moments of collective effervescence (Collins, 2019) such as hugs with friends and slogans in the 8M demonstrations; or the resignifications of the smell and the menstrual stain, as emotional resistance to the shame that has been imposed on this bodily process. For all of the above, we consider that the inter- and multidisciplinary work between social sciences and art is inspiring in terms of research and as a feminist positioning to imagine that other forms of sensitive coexistence are possible.

Notes

(1) The violence to which Collins refers is to 'physically violent confrontations' (Collins, 2008: 24).
(2) In *Gender Advertisements*, Goffman warned that although the ritual language of advertising images were not real, they were visually familiar and understandable to people, because they take up the ritual language of society's gender performance (Goffman, 1974).
(3) There is also the possibility of violating the lifeless bodies of the victims, as in cases of infanticide or femicide.
(4) Gammidge (2023) https://www.youtube.com/watch?v=JeV0a2prQSM.
(5) On data see Sabido Ramos (2021, 2022).
(6) Fifty-one people registered for our workshop, of which 84.3% ($n = 43$) were women and 15.7% ($n = 8$) were men. As for the average age of the participants, the majority group is between 18 and 25 years old and represents 64.7% ($n = 33$). In other words, more than half are young people. Of those who participated, 76% have lived in a large city since age 12, so most are young urban dwellers. The primary means of transport they use is public transport. More than half, 59% ($n = 30$), use the subway; 40.06% ($n = 24$) use the bus. Schooling is high, given that 33.3% (n = 17) have a bachelor's degree. In addition, 19.6% ($n = 10$) are currently attending university.
(7) Another reference can be found in Sabido Ramos (2023).
(8) The acronym WP stands for Workshop Participants.

References

Ahmed, S. (2017) *Living a Feminist Life*. Duke University Press.

Becker, H. (2007) *Telling About Society*. The University of Chicago Press.

Castro, R. (2014) Violencia de género. En Moreno N. y Alcántara E. (Coords.) *Conceptos clave en los estudios de género* (Vol. 1, pp. 339–354). Universidad Nacional Autónoma de México.

Collins, R. (2008) *Violence. A Micro-Sociological Theory*. Princeton University Press.

Collins, R. (2019) Emotional micro-bases of social inequality: Emotional energy, emotional domination and charismatic solidarity. *Emotions and Society* 1 (1), 45–50. https://doi.org/10.1332/263168919X15580836411823.

Council of Europe (2011) Convention on preventing and combating violence against women and domestic violence. *Council of Europe Treaty Series* (210). https://rm.coe.int/168008482e.

Gaytán, P. (2009) *Del piropo al desencanto. Un estudio sociológico*. Universidad Autónoma Metropolitana.

Goffman, E. (1974) *Gender Advertisements*. First Harper Torchbooks Edition.

Guizzo, G., Alldred, P. and Foradada-Villar, M. (2018) Lost in translation? Comparative and international work on gender-related violence. In N. Lombard (ed.) *The Routledge Handbook of Gender and Violence* (pp. 237–249). Routledge.

Lombard, N. (2018) Introduction to gender and violence. In N. Lombard (ed.) *The Routledge Handbook of Gender And Violence* (pp. 1–12). Routledge.

McLean, K.J. (2019) Nose-first: Practices of smellwalking and smellscape mapping. Unpublished PhD thesis, School of Design, Royal College of Art, London, UK.

Sabido Ramos, O. (2021) The social form or the secret. Gendered bodies, senses and menstruation. *Digithum* 28, 1–11 https://doi.org/10.7238/d.v0i28.396384.

Sabido Ramos, O. (2022) Period stain and social evaluation. The performance of shame. *Sociologica. International Journal for Sociological Debate* 16 (2), 53–73. https://doi.org/10.6092/issn.1971-8853/13758.

Sabido Ramos, O. (2023) Emotions and senses: Experience, practice and sensory networks. *Emotions and Society* 5 (2), 147–164.

Vannini, P., Waskul, D. and Gottschalk, S. (2012) *The Senses in Self, Society and Culture. A Sociology of the Senses*. Routledge.

6 Flechas de Sufrimiento y Resistencias: Situaciones de Violencia de Género, Sentidos y Emociones

Olga Sabido Ramos y Paula Soto Villagrán

La colaboración entre sociología y arte es posible si, como señala Howard Becker (2017), partimos de la premisa de que para hablar de la sociedad, la sociología no basta. Desde nuestra perspectiva, añadimos que para hablar de la violencia, no basta una sola narrativa disciplinar, por ello en este capítulo planteamos diferentes capas de sentido que atraviesan las narrativas sensoriales y emocionales sobre la violencia de género. Este capítulo analiza la recepción de las obras *Una película sobre la violencia de género* (2023) de Tony Gammidge y *Lecciones menstruales para una chica mexicana* (2023) de Dahlia de la Cerda ilustrado por Rosalba Jaquez, las cuales forman parte de la exhibición 'Siento, luego resisto. Paisajes transsensoriales de las violencias de género'. Un elemento compartido en ambas obras es la flecha. Como mostraremos, la flecha es metáfora del daño y las heridas que deja la violencia de género en el cuerpo y su memoria. Sin embargo, la flecha también aparece como símbolo de agencia y resistencia frente a la violencia. Así, la flecha se convierte en un símbolo que condensa el principio de 'ser afectada y afectar' en las narrativas sensoriales y emocionales que vamos a presentar.

El objetivo del capítulo es identificar algunos elementos sensoriales y emocionales que ambas narrativas artísticas desencadenan, así como las estrategias de resistencia que inspiran. La metodología que empleamos para el análisis de la recepción de las obras recoge los hallazgos del taller 'Mapas sensoriales de la violencia: experiencias, escuchas y resistencias feministas' que diseñamos e impartimos las autoras de este capítulo en el marco de la exposición, tanto en Casa del Tiempo (octubre 2013) como en la Universidad Autónoma Metropolitana – Unidad Azcapotzalco (marzo-abril 2014). También recuperamos notas de nuestra participación como asistentes al taller 'Flechas y palabras' impartido por Tony Gammidge (noviembre 2013) en Brighton, Reino Unido.

El capítulo está dividido en dos apartados y conclusiones. En el primero conceptualizamos la violencia de género desde una perspectiva emocional y sensorial. Para lograr lo anterior, recuperamos las categorías 'situaciones violentas' (Collins, 2008) y 'biografías de violencia' (Ahmed, 2017: 23). Este contexto nos ha permitido construir la categoría de situaciones de violencia de género, como herramienta útil para analizar el sufrimiento que experimentan las mujeres como consecuencia de esta violencia. Es decir, la categoría 'situaciones de violencia de género', nos posibilita poner atención a los aspectos espaciales, corporales, emocionales y sensoriales que surgen en cualquier interacción en la que las mujeres se encuentran en desventaja en el marco de una asimetría de poder generizada. Por otro lado, la categoría 'biografías de violencia' (Ahmed, 2017) permite captar cómo las personas recuerdan de forma dolorosa esas situaciones de violencia de género ocurridas en el pasado y cómo las resignifican desde el presente.

En la segunda parte, analizamos la recepción de las obras a partir de los hallazgos en la aplicación del taller. Mostraremos cómo las obras desencadenaron recuerdos con una fuerte carga sensorial y emocional sobre situaciones de violencia de género y al mismo tiempo, estimularon narrativas no victimizantes sino más bien, colocaron la necesidad de agencia en el discurso de las personas que acudieron al taller. En ese sentido, mostraremos la utilidad metodológica, política y feminista que ha tenido el diálogo entre las narrativas artísticas para identificar ética y empáticamente los datos sensoriales emocionales de la violencia de género y las estrategias de resistencia ante esta. Finalmente, presentamos las conclusiones de este ejercicio, el cual nos ha permitido articular varias capas de sentido en las narraciones de la violencia de género frente al sufrimiento que esta ocasiona, así como las estrategias de resistencia tanto de las artistas como de parte de las participantes en el taller e incluso de nosotras mismas.

Situaciones y Biografías de Violencia Basada en Género

El término violencia de género contra las mujeres (*gender violence*) hace alusión a que existe un desequilibrio de poder entre los géneros, a partir del cual es posible identificar la violencia contra las mujeres y las niñas (Lombard, 2018: 2). Esto no significa que las mujeres no ejerzan violencia o que los hombres no puedan ser víctimas de violencia de género, sin embargo, como todo concepto, la definición de la violencia de género contra las mujeres es un concepto histórico. La categoría tiene lugar a partir de los años noventa y es resultado del impacto que tuvieron los activismos del movimiento feminista en las definiciones y marcos normativos de los documentos de organismos internacionales (Castro, 2014: 342; Guizzo *et al.*, 2018: 238; Lombard, 2018: 2). Uno de los documentos más relevantes es la Convención de Estambul, el cual describe que: 'por violencia de género contra las mujeres se entenderá la violencia dirigida contra una mujer por el hecho de ser mujer o que afecte a las mujeres de manera desproporcionada' (Council of Europe, 2011: 3).

Esta definición es la más utilizada a nivel mundial, tanto en el Reino Unido (Guizzo *et al*., 2018: 238) como en México (Castro, 2014: 343). Sin embargo, existen diferencias culturales y jurídicas, tanto en el significado como en la tipificación legal de la violencia de género que no deben obviarse (Guizzo *et al*., 2018: 238). En ese sentido, como señalan Gigi Guizzo, Pam Alldred and Mireia Foradada-Villar (2018: 238), siempre existen desafíos en torno a la posibilidad metodológica que permita comparar datos o información a nivel internacional, dadas las diferencias lingüísticas y culturales. Por lo anterior, nos resulta pertinente recurrir a la perspectiva sociológica que propone Randall Collins (2008), ya que según este autor, una vía para estudiar la violencia más allá de las diferencias culturales y contextuales es 'poner la interacción en el centro del análisis' (2008: 1).[1] El orden de la interacción es un nivel analítico que permite poner atención al espacio y al cuerpo de las personas, tanto a sus emociones como a sus experiencias sensoriales.

Para el caso de este capítulo, la argumentación metodológica de Collins resulta pertinente dado que las obras que analizaremos representan interacciones de violencia de género. En ese sentido, si bien las obras no reflejan la realidad, re-presentan dos escenarios de situaciones de violencia basada en género, provenientes de dos contextos distintos como el Reino Unido y México. Es decir, las obras no son un registro basado en la observación directa de la interacción violenta, más bien son una re-presentación de situaciones de violencia de género. Sociológicamente hablando, ambas obras muestran escenas de situaciones de violencia de género que son significativas e interpretables para un posible espectador o espectadora (Goffman, 1974).[2] En este caso, podemos decir que las imágenes y textos que aparecen en *Una película sobre la violencia de género* (2023) y *Lecciones menstruales para una chica mexicana* (2023) interpelan y son comprensibles porque representan el idioma ritual de las situaciones (Collins, 2008; Goffman, 1974) de violencia basada en género de las grandes ciudades, a pesar de sus diferencias culturales.

Según Collins, existen algunos componentes que definen una situación violenta (Collins, 2008). En este escrito recuperaremos tres: a) la definición emocional de la situación por parte del agresor, b) la percepción de debilidad de la posible víctima de agresión, y c) la presencia de una audiencia que atestigua y aprueba la interación violenta. Respecto al primer componente, el autor señala:

> Las situaciones violentas están moldeadas por un campo emocional de tensión y miedo. [...] La violencia exitosa se alimenta de la tensión/miedo de la confrontación, ya que una de las partes se apropia del ritmo emocional como dominador y la otra queda atrapada en él como víctima. (Collins, 2008: 19)

Cuando una persona realiza un acto violento está dominando no sólo física sino también emocionalmente a la otra persona: 'La dominación es una cuestión de hacerse con el control de la definición emocional de la situación' (Collins, 2008: 135). Desde esta perspectiva, el ejercicio de la violencia en la interacción hace que la víctima pierda energía emocional: 'Algunas situaciones nos aportan energía, otras nos la quitan' (Collins, 2019: 46). En relación con la posible víctima de violencia, Collins señala que las personas agresoras tienden a agredir a quien consideran más débil: 'encontrar una víctima débil a la que atacar' (Collins, 2008: 9). En esta evaluación se toma en consideración la posibilidad de debilitar emocionalmente al otro: 'elegir un objetivo que sea débil emocionalmente, lo que es más importante que ser débil físicamente' (Collins, 2008: 33). El autor puntualiza esta idea del siguiente modo: 'el hecho de que la víctima no pueda defenderse es importante principalmente porque permite al agresor tomar la iniciativa y controlar el proceso y la dirección del arrastre mutuo' (Collins, 2008: 135). Por último, Collins destaca cómo en algunos casos de violencia resulta relevante para el victimario la presencia de 'una audiencia que les da el dominio emocional' (2008: 10) sobre la posible víctima. Esa audiencia puede conformarse por un grupo de personas que comparten y legitiman las interacciones de violencia.

Desde nuestra apropiación de la categoría de situaciones violentas de Collins, podemos decir que las situaciones de violencia de género contra las mujeres también son observables a partir de la interacción, donde los agresores definen corporal, espacial y emocionalmente la situación. Es decir, el orden de la interacción es un orden generizado en el que es posible tocar sin consentimiento, insultar, agredir o burlarse con gestos y palabras de los cuerpos femeninos o feminizados, hasta atacar físicamente ocasionando daños e incluso la muerte.[3] En estas situaciones los agresores dominan corporal, espacial, emocional y sensorialmente la interacción. Por ejemplo, cuando no permiten la libre circulación y el movimiento (kinestesia) de mujeres, o cuando definen la situación de forma visual (obligan a ver), táctil (tocan sin consentimiento) y sonoramente (a partir de ruidos, palabras, chiflidos) (Gaytán, 2009: 58). Incluso, existe una invasión olfativa del cuerpo agresor y un impacto en la percepción del tiempo de parte de las mujeres (Sabido Ramos, 2023). Además, en estas situaciones los agresores también dominan emocionalmente la interacción, porque las mujeres sienten miedo, vergüenza, culpa o ansiedad frente a estas interacciones tal y como se representa en las obras. Los agresores son 'drenadores de energía' (Collins, 2019: 46) y además, obligan a hacer trabajo emocional, porque las mujeres tienen que recuperarse de tales violencias.

La percepción de la debilidad en las mujeres no siempre coincide con la realidad, es decir, puede haber mujeres más fuertes físicamente que los agresores, sin embargo, la idea de que las mujeres habitan cuerpos que requieren de la protección de los hombres y que son delicadas (Goffman, 1974) funciona como un elemento que hace que en ciertas circunstancias, se les considere débiles y puedan ser atacadas o violentadas. Finalmente, muchos actos de violencia contra las mujeres son rituales de interacción mediante los cuales los agresores demuestran su masculinidad frente a otros espectadores que comparten y legitiman dichas interacciones. En este punto, pueden ocultar esos actos de una audiencia general pero al mismo tiempo, pueden hacerlos públicos para un tipo específico de audiencia, como otros agresores. Este tipo de situaciones de violencia contra las mujeres se experimentan como una 'intrusión sensorial' (Ahmed, 2017: 23), como apunta Sara Ahmed: 'Los sentidos pueden magnificarse, a veces a posteriori. [...] Se empieza a sentir una presión, este asalto implacable a los sentidos; un cuerpo en contacto con un mundo puede convertirse en un cuerpo que teme el contacto con un mundo. El mundo se experimenta como una intrusión sensorial' (Ahmed, 2017: 23).

La situaciones de violencia por las que atraviesan las mujeres dejan marcas en los cuerpos y se acumulan en lo que Ahmed denomina biografías de violencia:

> Experiencias como ésta: parecen acumularse con el tiempo, juntándose como cosas en una bolsa, pero la bolsa es tu cuerpo, de modo que sientes que llevas cada vez más peso. El pasado se vuelve pesado. Todas tenemos diferentes biografías de la violencia, enredadas como están con tantos aspectos de nosotras mismas: cosas que ocurren por cómo se nos ve; y por cómo no se nos ve. Una encuentra la manera de dar cuenta de lo que sucede, de vivir con lo que sucede. (Ahmed, 2017: 23)

Las situaciones de violencia de género también son una forma en que entramos en contacto no sólo con personas, sino también con objetos y el espacio. Estos contactos son tanto emocionales como sensoriales porque involucran a los cuerpos y su capacidad de afectar y ser afectados. De ahí la dimensión sensible de las situaciones de violencia de género, ya que nos remiten a intercambios de miradas, tocamientos, sonidos, movimientos e incluso, olores asociados a estas interacciones. Es decir, antes de dar una explicación a la situación, la sentimos con toda la piel y sus sensaciones y también a través del dolor, la vergüenza, la rabia o incluso la culpa. Sin embargo, recordar estas experiencias que han causado sufrimiento desde narrativas artivistas empoderantes que reivindican la agencia de las mujeres, también permite acumular otras capas de sentido que trascienden el lugar de la víctima, sin que se desconozca el daño o las estructuras que lo ocasionan y que están más allá de la interacción. Este horizonte analítico nos permite recuperar las obras y las interpretaciones de las visitantes a la exposición tal y como se detalla en los siguientes apartados.

Flechas de Sufrimiento y Resistencia en las Obras de Gammidge y de La Cerda

Una película sobre la violencia de género (2023)[4] de Tony Gammidge es un cortometraje que recupera algunas viñetas de las mujeres que experimentaron violencia de género durante el confinamiento de la pandemia en el Reino Unido (Guía de exposición, 2023). El cortometraje empieza con la cita de James Gilligan: 'La emoción de la vergüenza es la causa primera y última de toda violencia'. En esta obra se aprecian interacciones de la vida cotidiana en el espacio público donde los personajes masculinos son títeres de sombras que desde sus bocas y sus miradas lanzan flechas hacia las mujeres que pasan caminando. A veces lo hacen en solitario y otras, ante una audiencia masculina que participa en los actos. Las flechas están acompañadas de palabras hirientes como fea, zorra, escoria, gorda, vaca, puta, fácil, que se clavan en los cuerpos de las mujeres. En esta primera parte del cortometraje, los hombres dominan emocional y sensorialmente la interacción en el sentido que expusimos anteriormente. Estos personajes masculinos son 'drenadores de energía' (Collins, 2019: 46) de las víctimas. Conforme avanza el cortometraje, las mujeres van recuperando confianza en sí mismas y comienzan a devolverles las flechas acompañadas de palabras como vergüenza, rastrero, patético, acosador, pervertido, débil. Pisotean la palabra vergüenza y hacen una pira que queman gustozas con las palabras hirientes representadas por las flechas.

Lecciones menstruales para una chica mexicana (2023) de Dahlia de la Cerda ilustrado por Rosalba Jaquez está inspirada en su propia experiencia, a partir del contacto con datos de una investigación sobre la menstruación durante la cuarentena en la pandemia en México.[5] La autora hace un repaso de los comentarios, experiencias, procesos de socialización, estigmas y violencias que vive una joven cismujer promedio debido a la menstruación. El texto de de la Cerda está acompañado con las ilustraciones de Jaquez. Algunos fragmentos del texto enuncian frases sueltas en primera persona:

> Aprendí de la menstruación cuando la señora de la tiendita de la esquina me envolvió las toallas en una hoja de periódico para que nadie las viera, vergüenza. [..] Aprendí de la menstruación cuando mis compañeros de la escuela me gritaban ¡la pescadita huele a pescado! […] Aprendí de la menstruación con los gritos de mi madre reclamando que el baño olía a regla, pero nunca regañó a mi hermano por dejarlo oliendo a mierda. […] Aprendí a usar aromatizante, a tirar mis toallas directo en el basurero de la esquina, a enrollar el papel ensangrentado en más papel para eliminar todo rastro de vergüenza mientras que los papeles con popó me decían hola desde el cesto al lado de la taza. Aprendí de la menstruación repitiendo 'mi sangre es vida, sangre sucia la de los políticos corruptos' […] Aprendí de la menstruación cuando

ensangrenté el auto de un amigo de una amiga y me dio un ataque de ansiedad y el tomó mi mano y me dijo: tranquila es solo sangre (de la Cerda, 2023).

Como en el caso de Tony Gammidge, la obra ilustrada por Rosalba Jaquez también utiliza la figura de las flechas para destacar las agresiones verbales relacionadas con la percepción del olor y el estigma que le acompaña bajo la frase 'La pescadita huele a pescado'. En la obra se puede ver cómo la flecha atraviesa al personaje y la hace sangrar. El fluido corporal aparece en dos sentidos: como imagen y como metáfora. Como imagen, cuando aparece como sangre menstrual en el piso, en el inodoro, en la ropa interior, en las sábanas, en el pantalón. Como metáfora, cuando aparece bajo las frases 'la sangre es vida', 'sangre sucia la de los políticos corruptos', y al final, con una frase tranquilizadora: 'tranquila, solo es sangre'. También aparece la sangre de la herida que deja la frase de discriminación olfativa ('la pescadita huele a pescado') relacionada con el olor de la menstruación.

Metodología para el Análisis de la Recepción

Para dar cuenta de la recepción de las obras tomamos en cuenta los hallazgos derivados del taller 'Mapas sensoriales de la violencia: experiencias, escuchas y resistencias feministas' impartido y conducido por las autoras del capítulo los días 20 de octubre de 2023 y 4 de abril del 2024 en la Ciudad de México, así como nuestras notas recuperadas del taller 'Flechas y palabras' impartido por Tony Gammidge el 16 de noviembre del 2023 en la ciudad de Brighton. La mayoría de las personas que participaron en el taller eran mujeres jóvenes urbanas de clase media.[6] La metodología del taller se expone en el primer capítulo de este libro. En este apartado solo enunciaré algunos elementos de corte analítico y ético que orientaron el diseño de la propuesta.[7]

Mientras que las estrategias de elicitación en la investigación social son unidireccionales, en este caso trabajamos de forma colaborativa con las artistas, lo cual permitió compartir algunas narrativas de nuestras propias investigaciones, las cuales desencadenaron recuerdos y experiencias de violencia de género, así como mecanismos de resistencia en sus obras. Como se ha visto en este libro, las artistas plasmaron representaciones de la violencia de género en varios formatos. A diferencia de la idea pasiva de un objeto artístico, las obras se convirtieron en elemento de elicitación para quienes participaron en el taller, ya que estas les permitieron asociar sus propias biografías de la violencia con la narrativa artística elegida e incluso, interpelar y cuestionar la obra.

Además, de la mano de las investigaciones sensoriales (Vannini *et al.*, 2014) retomamos el rendimiento metodológico de los paseos y caminatas, en tanto estas activan todos los sentidos. Organizamos una caminata alrededor del recinto y diseñamos un dispositivo para el registro de las notas emocionales y sensoriales. Esto nos permitió que cada participante pudiera asociar elementos urbanos del entorno con su propia experiencia biográfica de violencia de género provocada por las obras. En este punto nos orientamos por las sugerencias metodológicas que propone Kate McLean (2019) en *Nose-first. Practices of smellwalking and smellscape mapping*, y las adaptamos al registro sensorial en un sentido amplio (Sabido Ramos, 2023).

En el aspecto ético, no era nuestra intención exponer los casos particulares del sufrimiento causado por la violencia de género, más bien, planteamos cómo podríamos imaginar en colectivo escenarios libres de violencia de género. Esto permitió construir una imaginación feminista colectiva que ensambló las narrativas de las investigaciones, las narrativas artísticas y las narrativas de nuestras colaboradoras en el taller y que se materializó en mapas imaginarios libres de violencia de género.

Agrupamos los materiales del registro sensorial y emocional del entorno, así como los testimonios que escribieron. Grabamos, tomamos fotografías y anotamos en diario de campo los resultados de la plenaria relacionada con la elaboración colectiva del mapa. Por cuestión de espacio, en este capítulo solo se retoman los testimonios de las participantes del taller a partir de las hojas donde nos compartieron sus experiencias. Se clasificaron aquellos testimonios que recuperaron la obra *Una película sobre la violencia de género* (2023) por una parte, y *Lecciones menstruales para una chica mexicana* (2023) por otra. Se codificaron las partes relacionadas con aspectos sensoriales y emocionales en las narrativas, que son las que se recuperan en los siguientes apartados.

Las participantes del taller realizado en la Ciudad de México el 4 de abril del 2024 se sintieron conmovidas por la obra y señalaron el significado que tienen las flechas para ellas: 'Las flechas son eso que no nos deja ser libres, que se clavan tan hondo que ya nunca nos recuperamos' (PT).[8] 'Son personas (hombres) que hostigan con palabras a las mujeres […] las cuales pueden quedarse en su memoria y eso ya no se olvida' (PT). En ambos testimonios hay una clara alusión a cómo estas agresiones forman parte de la historia biográfica y la memoria del cuerpo. Asimismo, las participantes destacaron el hecho de que la violencia contra las mujeres se invisibiliza cuando no deja marcas evidentes, a pesar de su carácter hiriente y el efecto emocional. La toma de conciencia de este hecho les produce diversas emociones como el enojo o la tristeza; así como el recuerdo de otras emociones que sintieron en el momento en que ocurrió la agresión:

> Lo primero que me provoca esta obra es enojo, posteriormente sentí tristeza, porque un acto de violencia muchas veces se vuelve invisible si no deja secuelas o muerte. Porque muchas veces las personas te hacen sentir 'afortunada' porque aquel acto que te hizo llenarte de vergüenza, miedo, terror, trauma, 'no pasó a más'. (PT)

Al mismo tiempo, la alusión a la vergüenza cobró significado para las participantes en tanto planteó preguntas sobre la fuente de la misma, se cuestionaron qué es lo que hace que los agresores lancen (cómo se lanzan las flechas) insultos hacias las mujeres:

La animación empieza con una frase que dice algo como: 'la vergüenza es la base primaria de toda violencia'. Sobre lanzar insultos hacia una mujer, me pregunto: de dónde viene la vergüenza que lleva a las personas a denigrar a la mujer por su sexualidad, su aspecto o solo por ser mujer. (PT)

También señalaron sentirse identificadas tanto del lado de ser víctimas de agresiones como del lado de la resistencia colectiva:

Me identifico con lo que se plasma en el video, tanto en el sentirme atacada por los hombres con sus ideas y prácticas machistas (lo que representan las flechas), pero también con la parte en la que las mujeres toman el control y trasforman ese dolor, esas palabras, en algo más. Para mí ha sido reconstrucción, […] pelear junto con otras mujeres. (PT)

En el mismo sentido, otra participante compartió:

Me parece empoderante y muy vigente que en la animación las mujeres devuelvan esos insultos, señalando a sus agresores y haciendo notar que son ellos quienes están mal. Me siento con fuerza de que cada vez más todas podamos levantar la voz y gritar. (PT)

Levantar la voz y gritar también se convierte en un acto de resistencia sensorial (Sabido Ramos, 2023). Sobre todo cuando se hace en colectivo, lo cual puede incluir otros contactos con otras mujeres como abrazarse y cuidarse mutuamente. En ese sentido, una participante destacó el significado que tiene para ella asistir a las marchas del 8M con sus amigas:

Me parece casi utópico, pero se asemeja a ese momento en que al final de la marcha del 8M, mis amigas y yo nos abrazamos sabiendo que al menos en ese momento nada nos puede afectar, nos tenemos a nosotras y nos queremos, apoyamos y cuidamos mutuamente (pero sin la sensación de que al salir hay que volver a cuidarnos). (PT)

En ese sentido, un mundo libre de violencia de género significa un mundo sin intrusiones sensoriales (Ahmed, 2017) sin invasiones corporales: 'Sería vivir sin la sensación de miedo, ansiedad o estrés por salir a vivir. Sería vivir cada momento sin el estado de alerta' (PT). Del mismo modo, en el taller 'Flechas y palabras' impartido por Tony Gammidge el 16 de noviembre del 2023 en Brighton, UK, una participante anotó las palabras solidaridad, comunidad y feminismo en una de las flechas como parte de las estrategias de resistencia.

Uno de los primeros elementos a considerar es la identificación de las participantes con la obra. Para algunas de ellas las flechas representan el estigma de la menstruación cuando esta es visible e incluso, por el olor, así como las emociones que desencadena este mecanismo, tales como la vergüenza y la tristeza:

> Esta obra me recuerda a mi pre-adolescencia, cuando empecé a menstruar, si me manchaba, tenía que cubrirme. Si compraba toallas, las envolvían en periódico y además las metían en una bolsa negra. Envolver por completo la toalla con muchísimo papel sanitario para que no se viera y disimular la sangre y el olor. Me identifico completamente. [...] Las flechas representan, para mí, estigmatización, señalamiento y lo que ocasionan es vergüenza y tristeza. (PT)

Como puede verse en la narrativa anterior, también se hace alusión a las estrategias de ocultamiento y secrecía que gestionan las mujeres para no ser juzgadas en la interacción cuando están menstruando. Por otro lado, una participante señaló cómo las mismas flechas pueden ser lanzadas generacionalmente de madres a hijas, en tanto se reproducen esquemas de disciplina corporal vinculados a ocultar la menstruación.

> Una vez tuve que bajarme del trolebús [transporte público] yendo a la universidad porque había dejado una toalla sanitaria encima de la caja de baño y sabía lo mal que se iba a poner mi mamá y todo lo que me iba a decir si la encontraba. Lo peor es que reproducimos con nuestras hijas esas conductas, son como flechas que les lanzamos y que están aprendiendo a esquivar. (PT)

La última parte de este testimonio resulta interesante si lo enlazamos con el siguiente. Inspirada en la obra, la participante va indicando momentos de aprendizaje relacionados con la gestión menstrual, donde se incluyen tutoriales de internet. También señala cómo ella misma ha aprendido a desestigmatizar la menstruación y por qué no tiene que echarse una botella de perfume para ocultar su olor:

> Aprendí de ella cuando mamá no estuvo en ese momento y busqué un tutorial en internet. Tenía miedo de la reacción de mi abue porque ni yo misma sabía que pasaba. Creí que era malo y no pedí ayuda. Aprendí de la menstruación cuando me puse un tampón y no deje de ser 'virgen' como decían. Aprendí que su aroma es normal y que no debía vaciarme una botella de perfume. Aprendí que puedo sacar mi toalla sanitaria sin esconderla de las personas a mi alrededor. (PT)

Las emociones vinculadas a los sentidos aparecen en varias narrativas. Así por ejemplo, la vergüenza se asocia a la posibilidad de mancharse u oler. Al mismo tiempo, la vergüenza funciona como un mecanismo emocional que impide tomar conciencia de la violencia que se ejerce al estigmatizar la menstruación:

> La obra *Lecciones menstruales para una chica mexicana*, me hizo reflexionar sobre mi experiencia con la menstruación. De primer instante la vergüenza está tan naturalizada con el período que ni siquiera soy consciente de la violencia que he vivido a partir de ésta. Porque es tan natural el desagrado que yo me la recuerdo siempre. Cada período estoy en constante ansiedad de mancharme u oler. [...] Es tan natural el aseo y la vergüenza. (PT)

Las participantes también interactuaron con la obra y la cuestionaron, al señalar la necesidad de representar la diversidad de personas menstruantes y sus condiciones de vulnerabilidad, pues no todas las mujeres tienen acceso a los productos de gestión menstrual:

> Recuerdo que cuando iba en prepa siempre cargaba toallitas o tomaba de la tienda de mis padres para una compañerita que no tenía los recursos y usaba una sola toallita por día y se manchaba mucho. Yo creo que además a la obra le faltó tocar el tema de personas vulnerables y que atraviesan otros contextos. (PT)

Por otro lado, el taller permitió imaginar un mundo libre de violencia a través de la obra. Las participantes señalaron que se trataría de un mundo en el que sería posible hablar de la menstruación sin prejuicios:

> Poder hablar sobre la menstruación, el dolor en mi cuerpo y las implicaciones biológicas sin miedo a que lo malinterpreten. (PT) Sería un mundo sin prejuicios, la sangre es normal, tal y como verla en una pelea porque perdió un equipo favorito de futbol. Podría andar felizmente con un pantalón blanco en esos días del mes. (PT)

En ese sentido, un mundo libre de violencia implicaría un mundo libre de vergüenza en general y de vergüenza por la menstruación en particular. También implicaría que todas las personas menstruantes tuvieran acceso a productos de gestión menstrual:

> Nos imaginamos un mundo más libre de vergüenza y accesible para todos. Libre de vergüenza y violencia sexual, en la que todas tengan derecho a acceder a las cosas que necesitan para tener una menstruación, dejar de simbolizar un proceso biológico y la feminidad como algo de vergüenza o debilidad. (PT) [...] significaría vivir en una sociedad libre de violencia de género. Así como poder decir: 'voy al baño a vaciar mi copa menstrual', como cuando digo: 'me estoy haciendo pipi'. (PT) Un mundo sin violencia menstrual para mí sería un lugar donde se hable [del tema] desde la educación básica a todas las personas. Una sociedad menos heteronormal. Productos de salud gratuitas para las personas. (PT)

También en esta obra se hace alusión a un trabajo colectivo y de sororidad. Un mundo libre de violencia implicaría la construcción de redes colectivas a lo largo de toda la vida y sus etapas, desde las niñas hasta las ancianas, desde la menstruación hasta la menopausia:

> El mundo sin este tipo de violencia nos haría amarnos más, a defendernos de todo aquello que atente contra nuestro cuerpo. Nos haría sentir que entre TODAS nos apoyamos, que podemos darnos la mano y apapacharnos cuando estemos tristes y no sabemos por qué. Cuando menstruamos; cuando llega la menopausia; cuando se aleja; cuando somos adultas mayores y ancianas. Saber que no estamos solas, que somos sororas y tenemos redes y alas que nos permiten volar siempre. (PT)

Conclusiones

En este capítulo hemos identificado algunos elementos sensoriales y emocionales que estas obras generan así como las estrategias de resistencia que inspiran. Construimos un marco analítico que nos permitiera comprender cómo ambas obras representan situaciones de violencia de género que dejan huellas en la biografía de las mujeres. A partir de la metodología de nuestro taller pudimos enlazar los elementos comunes de ambas obras, como las flechas y la presencia de emociones como la vergüenza, el miedo, la tristeza. Encontramos que para las participantes existe una identificación con las obras relacionada con sus propias experiencias de violencia de género y los elementos emocionales y sensoriales que les atribuyen a esos encuentros.

A pesar de que la situación de violencia de Collins es útil para la comparación de contextos, las participantes señalan diferencias estructurales de su propia condición situada como por ejemplo, mayores condiciones de vulnerabilidad o falta de acceso a productos de gestión menstrual como otras formas de violencia. Este hallazgo es importante porque evidencia los límites del enfoque microinteraccionista y la necesidad de articularlo con las condiciones materiales (físicas y económicas) del lugar donde sucede la interacción. Sin embargo, consideramos que resulta útil para la identificación de un nivel analítico específico desde el cual puede delimitarse metodológicamente la violencia de género.

Del mismo modo, ambas obras inspiran estrategias de resistencia que hacen que las participantes imaginen horizontes de futuro libres de violencia. Incluso estas narrativas artísticas no solo activan recuerdos de la biografía de la violencia (Ahmed, 2017) sino también momentos de efervescencia colectiva (Collins, 2019) como los abrazos con las amigas y las consignas en las manifestaciones del 8M; o las resignificaciones del olor y la mancha menstrual, como resistencia emocional ante la vergüenza que se ha impuesto sobre este proceso corporal. Por todo lo anterior, consideramos que el trabajo inter y multidisciplinario entre ciencias sociales y arte es inspirador no solo en términos de la investigación sino como posicionamiento feminista para imaginar que otras formas de coexistencia sensibles son posibles.

Notas

(1) La violencia a la que se refiere Collins es a "enfrentamientos físicamente violentos" (Collins, 2008: 24).
(2) En *Gender advertisments*, Goffman advertía que si bien el idioma ritual de las imágenes publicitarias no eran reales, para las personas resultaban visualmente familiares y comprensibles, porque retoman el idioma ritual del performance de género de la sociedad (Goffman, 1974).
(3) También existe la posibilidad de violentar los cuerpos sin vida de las víctimas como en los casos de infanticidio o feminicidio.
(4) Gammidge (2023) https://www.youtube.com/watch?v=JeV0a2prQSM.
(5) Sobre los datos véase Sabido Ramos (2021, 2022).
(6) A nuestro taller se inscribieron 51 personas de las cuales el 84.3% ($n = 43$) eran mujeres mientras que el 15.7% ($n = 8$) eran hombres. En cuanto a la edad promedio de los participantes, el grupo mayoritario está entre los 18 y 25 años y representan el 64.7% ($n = 33$). Es decir, más de la mitad son jóvenes. El 76% de las personas que participaron habitan en una gran ciudad desde los 12 años, por lo que podemos decir que en su mayoría se trata de jóvenes urbanos. El principal medio de transporte que utilizan es el transporte público. Más de la mitad, el 59% ($n = 30$), utilizan el metro; el 40,06% ($n = 24$) el camión. La escolaridad es elevada, dado que el 33.3% ($n = 17$) posee grado de licenciatura. Además, el 19.6% ($n = 10$) está cursando actualmente la universidad.
(7) Otra referencia puede encontrarse en Sabido Ramos (2023).
(8) En adelante, las siglas PT significan Participantes del Taller.

7 Storytelling as an Agent of Change: A Duoethnographic Response to the Trans-Sensory Mobilities Project

Vicki Painting and Jess Moriarty

Introduction

Evidence suggests that the act of writing can help us to make sense of our lives (Richardson, 2001) and also aid recovery from painful and traumatic experiences (Parks & Moriarty, 2022). In this chapter, the authors explore their experience of the trans-sensory mobilities project (Murray *et al.*, 2022), and their responses to specific artworks in the exhibit. The authors seek to resist conventional narratives in academic work that is often patriarchal, white, heteronormative, expert (Moriarty, 2019), and to instead devise a duoethnographic approach that is:

(1) About women and can be used by women.
(2) Does not oppress women.
(3) Develops feminist perspectives that challenge dominant intellectual traditions and can be used to support a variety of intersectional struggles. (Acker *et al.*, 1983)

The chapter seeks to explore how writing in dialogue can challenge historic and personal layers of silence and oppression and how the exhibition resists discourse associated with sexism and domestic violence (Metta, 2010). The authors exchange their personal responses to artworks in the exhibition and reflect on the experience. In doing so, they seek to deepen their understanding of the work, themselves and each other.

I write because I want to find something out. I write in order to learn something that I did not know before I wrote it. I was taught, though, as perhaps you were, too, not to write until I knew what I wanted to say, until my points were organized and outlined. No surprise, this static writing model coheres with mechanistic scientism, quantitative research, and entombed scholarship. (Richardson, 2001: 35)

The rest of the chapter identifies the voice of each author and presents a text that weaves reflection, autobiography, storytelling (image and text) and critical research to highlight the duoethnographic approach. We argue that our duoethnography celebrates and centres imaginative and personal writing, offering a way of doing research into gender violence that is feminist, queer and part of the decolonial approach that aims to evolve and enhance traditional academic research, making it more democratic and inclusive. We agree with Laurel Richardson who says: 'As you write, you can find yourself connected to others; the meaning you construct about your life connects you to others, making communion – community – possible' (Richardson, 2001: 37) and suggest that this process has made us feel more connected to each other and our work on gender violence, putting us in touch with others and their stories of gender violence which is upsetting, harrowing but also, connected, supported and important when producing stories in the spirit of social change.

As Giles Deleuze says of his rhizomatic work with Félix Guatarri, 'we do not work together – we work between the two' (Deleuze & Parnet, 2002: 13). This approach is right for our work as we identify duoethnography as a research method involving two participants who examine 'the cultural contexts of autobiographical experiences in order to gain insight into their current perspectives' (Breault, 2016: 777). Our method combines a process of writing, dialogue (on and off the university campus where Vicki is a PhD student and Jess is a lecturer), and supportive (but constructive) feedback to help us both to better understand our individual and shared experiences that are related to our experience of the project, the artworks in the exhibition and our own practice of writing in response.

Grace – Words and Images by Vicki Painting

I was immediately drawn to Grace's story, an account of an older woman finally finding contentment after having suffered gender violence for so long at the hands of her controlling, abusive husband. Grace is currently enjoying greater freedom due to George's failing health as he can no longer climb the stairs to 'get to her'. George's decline magically affords Grace the safe physical and emotional space that was formerly denied her for so long, the upper floor of their home has become her domain, a space entirely to herself. George's brutality and rage have turned inwards as he wallows downstairs in futile self-pity.

Grace tells us that she lies, peacefully in bed undisturbed, alone with her thoughts. She isn't asking for much after 57 miserable years.

Yet even now when George has been reduced to a shadow of his former monstrous self, he still exerts remnants of control as Grace tells us that he allows her to sleep upstairs; the old power dynamics are ingrained, and we notice that she is barefoot suggesting that escape for her is still near impossible. I have deliberately pictured Grace as if she is on a stage offering no clues as to her and George's domestic life. Grace stands out in her buttoned up yellow cardigan which I imagine she has made herself whilst unwittingly knitting herself into the relationship.

I am curious to know what Grace's thoughts might be as she lies there in the dark. I am imagining and hoping that they may perhaps be turning to revenge. Grace is emerging from what feels like a spell, in the sense that she has lived through an indefinite period of time and as someone emerging from what we might also recognise as a magical spell, which in Grace's case is a woman who has been trapped in her home for a near eternity; both meanings of the word are often combined in fairy tales (Pilinovsky, 2001).

Having won this small space of sanctuary means that Grace is at last able to take up the position of 'coming-into-one's-own-authority' a status only acquired through time and experience (Ray, 2004: 112). I really want to believe that Grace has taken to casting her own spells, abetted by her familiar, Misty, the cat who George had previously threatened to kill should Grace try and leave him. Grace's spell has rendered George virtually powerless, and in fairy tales, it is more often the case that men are conjured into different forms than women (Jorgensen, 2018), only to be later released once they have completed a task or undergone some form of penitence; in fairy tales these spells are invariably visited upon them by older women. I feel that it is unlikely that the spell that Grace has cast over George will ever be lifted, as abusers like George remain eternally unrepentant, I hope that she remains resolute, as for now it is enough to keep him at bay.

By way of contrast, in Grace's revenge, she is depicted as animated, an older woman celebrating her newfound wisdom. Deep in conversation Grace is perhaps passing on the secrets of her spell to someone else in a similar situation. The yellow cardigan has gone and been replaced by a flower-patterned dress, symbolic of new pastures to be explored and perhaps most significantly Grace is at last wearing shoes.

Our Feminist Duoethnographic Approach

Jess

Autoethnography is a qualitative research methodology that values personal storytelling and autobiographical insights gathered through 'research, writing, story and method that connect the autobiographical and personal to the cultural, social, and political' (Ellis, 2004). The process of telling and sharing stories can be transformational and empowering, allowing for a more expansive and liberated self. Evidence also suggests that storytelling can support wellbeing (Fancourt & Finn, 2019) and aid recovery from painful and traumatic experiences (Parks & Moriarty, 2022). Autoethnography as a methodology often focuses on valuing creative and evocative storytelling in academic research including stories about problematic life events and trauma (Moriarty, 2014). Carolyn Ellis, says in her methodological novel, The Ethnographic I, autoethnography is 'research, writing, story [graphy], and method that connect the autobiographical [auto] and personal to the cultural, social and political [ethno]' (Ellis, 2004: xix). The forms used in autoethnography can include emotion, introspection, dialogue, story, scenes and borrow techniques from literary writing. In this way, autoethnography disrupts traditional academic writing traditions, celebrating work that adopts feminist, queer and decolonial stances.

Vicki and I want to create a space in this chapter where our individual thoughts and ideas are shared and valued by the co-author. Our process has involved sending each other our writing, meeting online and face-to-face to discuss the work, sharing the editing and redrafting process and ultimately creating a text that we feel represents our experience of the *Transensory Mobilities* project and also, of devising this chapter. We present insights into our specific duoethnographic approach that offered a way of working that was in dialogue, shared power and enabled us to reflect on our professional (as artists, writers, researchers), personal and creative response to specific works in the exhibition and make sense of our own lived experiences with patriarchy and misogyny. The resulting text is often messy and imperfect, but we argue that this is creative, personal and reflects not only our experience of the project, but who we are.

Our duoethnography has arisen out of and between our individual experiences and sensibilities and our shared history – as an artist (Vicki), writers (Vicki and Jess) and researchers (Vicki and Jess), with a shared interest in narrative and autoethnographic methodologies that can invoke social change, and also as supervisor and student, (Vicki is a student completing a practice-based autoethnographic PhD and I am her supervisor). We identify duoethnography as an approach where 'the journey is mutual and reciprocal' (Norris & Sawyer, 2012: 13) evolving our understanding of each other as student/supervisor to co-authors/collaborators. Sampson (2007: 42) aligns the writing process with meaning-making and connectedness, stating that it can sustain 'a sense of the human self, especially when that self is under pressure'. Working on narratives linked to gender violence can be traumatising (Pérez-Tarrés, *et al.*, 2018) but the duoethnographic writing process has enabled us to navigate our responses to the project in ways that have felt connected and supported.

By working together – discussion, research, image and writing – to reflect on our experience of the project and our sense of the artwork in the exhibition, we combine and value our personal histories with gender violence and our respective practice-led research specialisms – Vicki, photography and me, creative writing. This work, in contrast to certain patriarchal structures, is non-hierarchical, mutually beneficial, playful, imaginative and fundamentally a space where we can better understand ourselves and our practice. But more than just play, our collaboration enables us to write in a way that is inextricably linked to our wellbeing (Fancourt & Finn, 2019), is carried out in a spirit of social justice (Harraway, 2019), and that allows the boundaries between the activist/ academic/artist to positively blur, whilst advocating for other academics/ artists/ researchers to do the same.

Vicki

Women aren't safe walking in the woods at night, nor is safety afforded to us as we walk through our cities. When the light fades all the monsters come out wherever we are. Just as we collectively fear it, the darkness is their shield. How can we navigate these hostile terrains? We remember to heed the warnings that our mothers passed down to us, just as Jemma bitterly warns her daughter now. The weariness we all share of knowing that our daughters will have to do the same for theirs and so it continues.

Jemma's portrait Walking Home is a visceral representation of all of our collective fears. It is terrifying in its depiction of 'the frustration and indignance' she has felt all her life as she continuously risk assesses each night-time foray. Stuck to her body are the heads of the men she has encountered, tumbling out of the patchwork of her clothing, leering and zombie like, they have become part of her costume. I recognise those faces; I have known them across my lifespan and am instantly returned to those fearful moments. There, in graphic detail are the men who offer unwanted assistance in the dark, the men who are impossible to shake off, no matter what you say to deter them as their overtures turn increasingly menacing, and there are the men who can never hear 'no'. Just smile, be polite, hold down the rising panic and don't make eye contact, there is so much to remember in that split second. The woman's mouth is taped shut; nobody can hear her scream and she mustn't fall into the trap of engaging in conversation. I want to see her bolt, using her strength to violently shake these ghouls off as her dash sends them crashing to the ground and she disappears into the night.

But she can't, she is tethered, unable to break free as wrapped around her ankle is a thick plaited rope. A woven umbilical thread of inherited knowledge from mother to daughter a lifeline which should liberate us from, but often forces us to collude with the patriarchy. How can we armour up? In her left hand, Jemma is clutching her keys between her knuckles, as we all do now, walking home in a state of hyper vigilance, these pieces of metal that we think will afford us some protection as we speed up to the safety of our front doors.

Or perhaps these faces are nothing but balloons? Nothing but a mass of hot air that can be ruptured and deflated with her keys. The freedom to walk home in the dark and not be frightened of men still seems a very long way off.

Trilogy of Oil Paintings by Christina Reading

Jess

Chris says that her response to Grace's story started with the image in the bedroom and her sense that Grace would take a moment 'for herself at the end of the day…the space and time and quiet that she needs. In the painting Grace's sanctuary in the room upstairs, I have painted her as barely there – a subject that fades into her surroundings, barely detectable, a trace of herself' (Reading, 2023: 7). Chris depicts Grace as ghostly, the effect of gender violence is that she is known and also unknown to herself. Perhaps she is unable to accept the woman she has become and the life that is hers? Her body takes centre stage in the image, but this is against the contrast of the joyful furniture which is vibrant and certain.

In *The Leer after AG*, Grace is more vivid in yellow, and the figure bearing over her is the stuff of nightmares, a huge every and any man. We don't know exactly who he is and yet, we all know exactly who he is. We don't see the violence but the gesture with the pointed elbow directed at the woman's head is clear and her – Grace's – response is instantly recognisable as fear. The reclining (or forced back?) position of Grace in this painting puts her below the dominating figure, and this symbolises who is in control, who has power. In the Palacio de Bellas Artes in Mexico City, we saw the vast, almost overwhelming, murals of Diego Riviera where the working classes were imagined as being trampled on and crushed. Riviera's works are awesome and frightening, and the art looks at country's history, the present and also the threat of nuclear war and a dystopian future. Riviera brings eras and world's together in his art and, whilst Chris's work is intimate, her figures are also timeless – are they from now or in the past? And this gives them a universal quality where the experience of gender violence reaches back in time, exists in the present and would also fit in a yet to be experienced future. Although the images seem undetailed and certainly not realism, this means they can transport. And this concept, realised through the tableau of Grace and her abuser is terrifying. *The Leer after AG* is actually a reworking of the painting by Artemisia Gentileschi of *Susanna and the Elders* (1610) and in this homage to a painter from the past, Chris amplifies the notion that artists have been representing experiences with gender violence for centuries. The heritage and legacy of violence is made real in her image. In the final painting, *Sod Off*, Chris shares a fully formed Grace with a curled lip and strong 'fuck you' fingers, centring Grace's retaliation and resistance. We don't see who the gesture is aimed at – to Grace's abuser? To the world? The figure takes up most of the space on the canvas, we see her defiant tilted head and strong hand. This is the final frame in the trilogy, for Grace, for me, for all of us. It is strangely utopian, hopeful and also, the end I want for Grace, a conclusion where she knows who she is, no longer the unfamiliar spectre or the cowering victim, but solid and sure.

Vicki

Ruchika raises the notion that central to all the original accounts of gender violence gathered from the first project (Murray *et al.*, 2022) is that women view their own bodies as 'a site of sexual invasions' The use of the plural is damning here and drives home the relentlessness of the onslaught that women face. In Landscapes of Testimony Ruchika takes us on a 'reimagined emblematic voyage into the gendered trauma women experience' journeying across the terrain of women's bodies, she adopts the birds eye view of her protagonist inscribed here soaring over the amorphous dismembered parts of women's bodies where gender violence is particularly directed; namely, the vagina and the torso. Ruchika also hears the voice of vulnerability in the women's stories, who are ever fearful of being preyed upon and has aptly cast her nemesis in the form of a vulture, a patient and wily creature known for sniffing out perceived weakness (Byrd, 2006).

These landscapes, as seen from above, resemble islands and the largest of these appears as a bridge, but cast adrift. At first glance it would appear to be covered with the dots of what might be carcasses from a bird's eye. We sense that nowhere is safe, as all around the water is filled with serpent like forms. The work invokes in me a sense of fear of surveillance from above leaving no safe space to hide. Laura Elkin suggests that the word monster is 'just as effective as a verb' (Elkin, 2023: 14) and therefore that 'art monsters' (Elkin, 2023: 14). Each artist has used their response to the accounts of gender violence to do just that; Ruchika in so successfully conveying the fear that women feel when being circled by the vulture creates a holding space within the work where we can both witness and sense the experience, challenge the monstrous and cast it out.

Jess

In the extraordinary work by the Geo Brujas, dismembered body parts hang from a tree by red thread – a heart, a head, a leg, an arm, dangling. And I am reminded of the stories we read in the first project (Murray *et al.*, 2022), and of the women fractured by their experiences of gender violence. The monstrousness of the shattered body also makes me think of my own experiences with gender violence and how my sense of self was broken. It means my initial response to the piece is to recoil and I look only fleetingly in the first encounter. But hearing the Brujas (Spanish for witch) discuss the art and describe how it represents the 'reflections, feelings and resistances' (Reading, 2023) from different experiences with gender violence, brought together in one narrative, I begin to feel differently, feel compelled to look again. The body parts resemble a doll, they are uncanny (Freud, 1976) and as such, aesthetically the piece unsettles. In *Art Monsters*, Laura Elkin discusses how feminist artists have always Frankensteined genres, texts and materials together to create new work that is 'reaching after the truth of her [the artist's] own body…not simply a refutation of patriarchy but a gesture at building her own aesthetics' (Elkin, 2023: 73). This kind of work is deliberately ambiguous and 'charts the undoing of the body, and even undoes and decreates itself' (Elkin, 2023: 73). Working in this way, we begin to become more attune to the language of our bodies and of other bodies. The Geo Brujas state that the individual body parts in the artwork is 'a fragmented territory of each one of us' (Reading, 2023). From this perspective, I am struck that their work is not repulsive, but that rather, the violence that is done to women that the art reminds us of is. The broken body depicted, Frida Kahlo's broken brilliant body, and even my own, suddenly visible as fractured but also whole and connected, damaged but also beautiful.

Dear Ella by Merci Roberts

Jess

Merci Roberts is an intersectional poet who draws on autobiographical experiences to inform and inspire her performance activism, this has included work on navigating lockdown, racism, homophobia and neurodiversity. Merci uses the letter form to address Ella directly and share how Ella's story resonates with her own memories of patriarchy, misogyny and hate. It is a communication between Merci and Ella but, as with the other artworks, it speaks to and connects those who engage with it, eliciting a personal response to gender violence. Because of the direct address, we (the reader/audience) all become Ella in some way, and Merci uses her writing to validate and empathise with our/her experience. Because we still find violence everywhere. It is relentless and seemingly neverending. Right now, to look at the news, search online or just sit and think is overwhelming (an experience that another of the artists, Frederick Rodriguez, explores in his film, Viaje sin regreso (Journey of No Return) which examines the murder and subsequent news reports of a 21-year-old woman in Mexico City). Too much. Anything we do can seem futile, for nothing, not enough. This project was in response to the rise in gender violence in lockdown, and at first, I was scared of it. Scared what it might uncover, scared what it would make me think about, scared of what stories it would remind me of, scared that if I mentioned it to friends and colleagues that it would put them in touch with feelings that added to an individual and also collective feeling of being broken. But this of course is not why we look to the arts. Stories can provide languages and ways of being that help us raise awareness and promote social change about the unthinkable, the unsayable. Artistic responses such as Merci's, make vivid the abuses many of us have experienced, but they also amplify the magic we hold in our bodies, the magic to make and share stories, magic to collaborate and connect, magic to find out what we don't know about one another and magic to put this into the world and say 'this is what I think, what I feel, what I imagine'.

I am humbled and motivated by the work of the artists and I want to thank all of them for putting me back in touch with the magic of my body, my creativity and my desire to walk in public spaces, to create stories and to use stories to engage people. People we haven't heard from yet. People who want to tell their story in their way.

We are often tired, we are often broken but artists and storytellers can and will help us imagine existing, far away and imaginary spaces where there is space for change and where art enables us to breathe, live, endure.

What we Know to be True

Vicki

In a duoethnographic account, it is expected that trust and a certain amount of intimacy have already been established between the researchers (Hardin, *et al.*, 2023). I have known Jess for three and a half years; she is one of the supervisory team for my PhD. I trust her implicitly and value her integrity and insights. We share many values. Hardin *et al.* suggest that duoethnography can 'be used to challenge junior/senior relations and transform how we relate to one another' (Hardin *et al.*, 2023: 404). This framework has also allowed us to explore our differences, within this project with me, Vicki, principally as an artist always adopting the default position of responding to the world visually, alongside Jess's sensitive vulnerable storying firmly rooted in academia and the search for positive outcomes.

I am considerably older than Jess and it has been disheartening to come to the realisation that little appears to have changed for me over my lifetime, for Jess or for any woman, regardless of age anywhere in the world. It is also dispiriting but perhaps unsurprising to learn that the exhibitions of the project were poorly attended by men. Women's experiences of misogyny and the link to gender violence in the UK and worldwide (Ahmadi *et al.*, 2023) mean that there is often little to feel hopeful about when even our leaders can act with misogynistic impunity, where a blind eye is turned or worse, these acts are ignored or even celebrated in some quarters. The online proliferation of apparently casual abuse directed towards women, through social media has set the scene for the proliferation of harassment and violence against women and girls by men and boys (Barker & Juras, 2021).

Through our exchanges, and to raise our spirits, Jess and I have evoked the goddess archetypes: virgin/maiden, mother and crone, (Ray, 2004; Walker, 1995; Woodward, 2003), powerful energies to fortify us and which we draw upon in the face of this onslaught. My interpretation of Grace's story in the Transensory Mobilities project, is an evocation of the crone archetype, her story is one of self-mastery, driven by righteous anger and transformative consciousness (Bolen, 2001). It demonstrates that women do not want to make themselves small and silent, or worse invisible in order to be safe. We do not want to have to hide from the vulture as we go about our lives. We do not want to be victims.

Jess and I have laughed a lot, and we have, this reminds me of *The Laugh of the Medusa* (Cixous, 1976), where in spite of the continuous attacks upon her, Medusa laughs back at the violence perpetrated against her, creating for herself a powerful forcefield. Shira Chess, reminds us that laughter can be part of women's arsenal without it trivialising their experience. Humour can be reclaimed to highlight the absurdity of a world where women still cannot feel safe (Chess, 2020). Our shared humour can then become the ultimate form of disruption opening up a space where we can tell our stories and feel fortified in the company of others. If the laughing Medusa is a call to women 'to write through their bodies' (Cixous, 1976: 875), then these powerful artworks produced about gender violence similarly demonstrate the power of embodied art to make clear that we will not be defeated.

Conclusion

Vicki and Jess

What emotions do we conjure when we write autoethnography? Although there are certainly exceptions, the majority of evocative autoethnography relies on experiences of hardship, sadness and pain. Sometimes the pain is something that is overcome, but sadness and anger are usually at the root of those essays (Meyers, 2012: 158)

Our experience of the project and the duoethnographic process and writings it inspired for this chapter has reminded us that while gender violence still pervades people's lives across the world, the *Transensory Mobilities Project* is part of a historic and essential resistance. That art (image and text) creates spaces to develop new, and extend existing, collectives where people's stories are supported and valued. That the act of making and the dialogues that this work can inspire is hopeful. We suggest that duoethnography and our approach is a way for autoethnography to evolve as a methodology that can include stories of trauma and pain, but also encompass narratives of love (Pelias, 2004) and joy (Myers, 2012). We hope that by working in this way, we can be part of ongoing conversations around gender violence that want to value and promote storytelling whilst also celebrating the people who share their stories. Stories that can and will bring change.

References

Acker, J., Barry, K. and Esseveld, J. (1983) Objectivity and truth: Problems in doing feminist research. *Women's Studies International Forum* 6 (4), 423–435.

Ahmadi, G.M., Baneshi, M.R., Zolala, F., Garrusi, B., Salarpour, E. and Samari, M. (2023) Prevalence of domestic violence against women and its visibility in southeast Iran. *Iran J Public Health* 52 (3), 646–654.

Barker, K. and Jurasz, O. (2021) *Online Misogyny as a Hate Crime*. Routledge.

Bolen, J. (2001) *Shinoda. Goddesses in Older Women; Archetypes in Women Over Fifty*. Harper Collins.

Breault, R.A. (2016) Emerging issues in duoethnography. *International Journal of Qualitative Studies in Education* 29 (6), 777–794.

Byrd, B. (2006) https://www.semanticscholar.org/paper/Of-Love-and-Loathing-per cent3A-The-Role-of-the-Vulture-in-Byrd/cd75fadc6296fa737fa9b8f894fe04e6f5bd68f9 (accessed February 2024).

Cixous, H. (1976) '*The Laugh of the Medusa*' Signs 1.4 (K. Cohen and P. Cohen, trans.). The University of Chicago Press.

Chess, S. (2020) *Play Like a Feminist*. MIT Press.

Deleuze, G. and Parnet, C. (2002) *Dialogues II*. Columbia University Press.

Elkin, L. (2023) *Art Monsters: Unruly Bodies in Feminist Art*. Farrar.

Ellis, C. (2004) *The Ethnographic I*. Altamera Press.

Fancourt, D. and Finn, S. (2019) What is the evidence on the role of the arts in improving health and well-being? A scoping review. World Health Organization. Regional Office for Europe.

Freud, S. (1976) *The Uncanny*. Penguin.

Haraway, D. (2019) It matters what stories tell stories; it matters whose stories tell stories. *Auto/Biography Studies* 34 (3), 565–575.

Hardin, J., Hardin, J., Saldaña-Tejeda, A. and Gálvez, A. (2023) Duo-ethnographic methods: A feminist take on collaborative research. *Field Methods* 35 (4).

Jorgensen, J. (2018) Masculinity and men's bodies in fairy tales: Youth, violence, and transformation. *Marvels & Tales* 32 (2), 338–361.

Metta, M. (2010) *Writing Against, Alongside and Beyond Memory: Lifewriting as Reflexive, Poststructuralist Feminist Research Practice*. Peter Lang.

Moriarty, J. (2014) *Analytical Autoethnodrama: Autobiographed and Researched Experiences with Academic Writing. (Bold Visions in Educational Research)*. Sense Publishers.

Moriarty, J. (2019) *Autoethnographies from the Neoliberal Academy: Rewilding, Writing and Resistance in Higher Education*. Routledge.

Murray, L., Holt, A., Lewis, S. and Moriarty, J. (2022) The unexceptional im/mobilities of gender-based violence in the Covid-19 pandemic. *Mobilities* 18 (3), 552–565.

Myers, W.B. (ed.) (2012) Introduction to writing autoethnographic joy. *Qualitative Communication Research* 1 (2), 157–162.

Norris, J. and Sawyer, R.D. (2012) Toward a dialogic method. In J. Norris, R. Sawyer and D. Lund (eds) *Duoethnography: Dialogic Methods for Social, Health, and Educational Research* (pp. 9–40). Left Coast Press.

Norris, J., Sawyer, R.D. and Lund, D. (2012) *Duoethnography: Dialogic Methods for Social, Health, and Educational Research. Vol. 7*. Left Coast Press.

Parks, M. and Moriarty, J. (2022) Storying autobiographical experiences with gender-based violence: A collaborative autoethnography. *Journal of Autoethnography* 3 (2), 129–143. https://doi.org/10.1525/joae.2022.3.2.

Pelias, R.J. (2004) *A Methodology of the Heart: Evoking Academic and Daily Life*. Rowman Altamira.

Pérez-Tarrés, A., Espinosa, L.M.C. and da Silva, J.P. (2018) Health and self-care of professionals working against gender-based violence: An analysis based on the grounded theory. *Salud Mental* 41 (5), 213–227.

Pilinovsky, H. (2001) https://endicottstudio.typepad.com/articleslist/spells-of-enchantment-the-fairy-tale-cycle-ll-by-helen-pilinovsky.html (accessed January 2024).

Ray, R.E. (2004) Toward the croning of feminist gerontology. *Journal of Aging Studies* 18, 109–121.

Reading, C. (2023) *Transensory Mobilities Exhibition Guide*. University of Brighton.

Richardson, L. (2001) Getting personal: Writing-stories. *International Journal of Qualitative Studies in Education* 14 (1), 33–38.

Sampson, F. (2007) Writing as 'therapy'. In S. Earnshaw (ed.) *The Handbook of Creative Writing* (pp. 312–319). Edinburgh University Press.

Walker, B.G. (1995) *The Crone: Woman of Age, Wisdom and Power*. Harper & Row.

Woodward, K. (2003) Against wisdom: The social politics of anger and aging. *Journal of Aging Studies* 17, 55–67.

7 La Narración Como Agente de Cambio: Una Respuesta Duoetnográfica al Proyecto *Movilidades Trans-Sensoriales*

Vicki Painting y Jess Moriarty

Introducción

Los hechos sugieren que el acto de escribir puede ayudarnos a dar sentido a nuestras vidas (Richardson, 2001) y también ayudar a recuperarnos de experiencias dolorosas y traumáticas (Parks y Moriarty, 2022). En este capítulo, las autoras exploran su experiencia con el proyecto *Movilidades Trans-sensoriales* (Murray et al, 2023) y sus respuestas a obras de arte específicas de la exposición. Las autoras buscan resistir las narrativas convencionales en el trabajo académico que a menudo es patriarcal, blanco, heteronormativo, experto (Moriarty, 2019) y, en cambio, idear un enfoque duoetnográfico que:

(1) Se trata de mujeres y puede ser utilizado por mujeres.
(2) No oprime a las mujeres.
(3) Desarrolla perspectivas feministas que desafían las tradiciones intelectuales dominantes y pueden ser utilizadas para apoyar una variedad de luchas interseccionales (Acker *et al.*, 1983).

El capítulo busca explorar cómo la escritura puede desafiar las capas históricas y personales de silencio y opresión y cómo la exposición resiste el discurso asociado con el sexismo y la violencia doméstica (Metta, 2010). Las autoras intercambian sus respuestas personales a las obras de arte de la exposición y reflexionan sobre la experiencia. Al hacerlo, buscan profundizar su comprensión del trabajo, de sí mismas y de las demás.

Escribo porque quiero averiguar algo. Escribo para aprender algo que no sabía antes de escribirlo. Sin embargo, me enseñaron, como tal vez a usted también, a no escribir hasta que supiera lo que quería decir, hasta que mis puntos estuvieran organizados y esbozados. No es de extrañar que este modelo de escritura estática sea coherente con el cientificismo mecanicista, la investigación cuantitativa y la erudición sepultada. (Richardson, 2001: 35)

El resto del capítulo identifica la voz de cada autora y presenta un texto que entreteje la reflexión, la autobiografía, la narración (imagen y texto) y la investigación crítica para resaltar el enfoque duoetnográfico. Argumentamos que nuestra duoetnografía celebra y centra la escritura imaginativa y personal, ofreciendo una forma de investigar sobre la violencia de género que es feminista, queer y parte del enfoque decolonial, ya que busca evolucionar y mejorar la investigación académica tradicional, haciéndola más democrática e inclusiva. Estamos de acuerdo con Laurel Richardson, quien dice: 'A medida que escribes, puedes encontrarte conectado con otros; el sentido que construyes sobre tu vida te conecta con los demás, haciendo posible la comunión, la comunidad' (Richardson, 2001: 37) y sugerimos que este proceso nos ha hecho sentirnos más conectadas entre nosotras y con nuestro trabajo sobre la violencia de género, poniéndonos en contacto con otras y sus historias de violencia de género, lo cual es perturbador, desgarrador, pero también nos conecta, nos apoya y es importante cuando se producen historias en un espíritu de cambio social.

Grace – Palabras e Imágenes de Vicki Painting

Inmediatamente me atrajo la historia de Grace, el relato de una mujer mayor que finalmente encontró satisfacción después de haber sufrido violencia de género durante tanto tiempo a manos de su marido controlador y abusivo. Grace actualmente disfruta de una mayor libertad debido a la mala salud de George, ya que él no puede subir las escaleras para 'llegar a ella'. El declive de George mágicamente le da a Grace el espacio físico y emocional seguro que antes se le negaba durante tanto tiempo y ahora, el piso superior de su casa se ha convertido en su dominio, un espacio completamente para ella. La brutalidad y la rabia de George se han vuelto hacia adentro mientras se revuelca escaleras abajo en una inútil autocompasión.

Grace nos dice que yace tranquilamente en la cama, sin ser molestada, a solas con sus pensamientos. No pide mucho después de cincuenta y siete miserables años. Sin embargo, incluso ahora, cuando George ha sido reducido a una sombra de su antiguo yo monstruoso, todavía ejerce remanentes de control cuando Grace nos dice que le permite dormir en el piso de arriba; las viejas dinámicas de poder están arraigadas, y notamos que ella está descalza, lo que sugiere que escapar para ella sigue siendo casi imposible. He imaginado deliberadamente a Grace como si estuviera en un escenario sin ofrecer ninguna pista sobre su vida doméstica y la de George. Grace destaca con su cárdigan amarillo abotonado que imagino que se ha hecho ella misma mientras se tejía involuntariamente a la relación.

Tengo curiosidad por saber cuáles podrían ser los pensamientos de Grace mientras yace allí en la oscuridad. Me imagino y espero que tal vez se estén volviendo hacia la venganza. Grace está emergiendo de lo que siente como un hechizo, en el sentido de que ha vivido un período de tiempo indefinido y como alguien que emerge de lo que también podríamos reconocer como un hechizo mágico, en el caso de Grace es una mujer que ha estado atrapada en su hogar durante casi una eternidad; ambos significados de la palabra se combinan a menudo en los cuentos de hadas (Pilinovsky, 2001).

Haber ganado este pequeño espacio de santuario significa que Grace es por fin capaz de asumir la posición de 'llegar a la propia autoridad', un estatus que sólo se adquiere a través del tiempo y la experiencia (Ray, 2004: 112). Realmente quiero creer que Grace se ha acostumbrado a lanzar sus propios hechizos, instigada por su familiar, Misty, la gata a la que George había amenazado previamente con matar si Grace intentaba dejarlo. El hechizo de Grace ha dejado a George virtualmente impotente, y en los cuentos de hadas, es más frecuente que los hombres sean conjurados en formas diferentes a las mujeres (Jorgensen, 2018), solo para ser liberados más tarde una vez que han completado una tarea o se han sometido a alguna forma de penitencia. En los cuentos de hadas, estos hechizos son invariablemente visitados por mujeres mayores. Siento que es poco probable que el hechizo que Grace ha lanzado sobre George se levante alguna vez, ya que los abusadores como George permanecen eternamente impenitentes, espero que ella permanezca firme ya que por ahora es suficiente para mantenerlo a raya. A modo de contraste, la venganza de Grace la representa animada, una mujer mayor que celebra su nueva sabiduría. En medio de una conversación, Grace tal vez esté transmitiendo los secretos de su hechizo a otra persona en una situación similar. El cárdigan amarillo ha desaparecido y ha sido reemplazado por un vestido con estampado de flores, símbolo de nuevos pastos por explorar y, quizás lo más significativo, Grace finalmente usa zapatos.

Nuestro Enfoque Duoetnográfico Feminista

Jess

La autoetnografía es una metodología de investigación cualitativa que valora la narración personal y las ideas autobiográficas recopiladas a través de 'la investigación, la escritura, la historia y el método que conectan lo autobiográfico y personal con lo cultural, social y político' (Ellis, 2013). El proceso de contar y compartir historias puede ser transformador y empoderador, lo que permite un yo más expansivo y liberado. La evidencia también sugiere que contar historias puede apoyar el bienestar (Finn y Fancourt, 2019) y ayudar a la recuperación de experiencias dolorosas y traumáticas (Parks y Moriarty, 2022). La autoetnografía como metodología a menudo busca valorar la narración creativa y evocadora en la investigación académica, incluidas las historias sobre eventos problemáticos de la vida y traumas (Moriarty, 2014). Carolyn Ellis dice en su novela metodológica, *The Ethnographic I*, que la autoetnografía es 'la investigación, la escritura, la historia [grafía] y el método que conectan lo autobiográfico [auto] y personal con lo cultural, social y político [etno]' (Ellis, 2004: xix). Las formas utilizadas en la autoetnografía pueden incluir la emoción, la introspección, el diálogo, la historia, las escenas y tomar prestadas técnicas de la escritura literaria. De esta manera, la autoetnografía rompe con las tradiciones de escritura académica, celebrando el trabajo que adopta posturas feministas, queer y decoloniales.

Vicki y yo buscamos crear un espacio en este capítulo donde nuestros pensamientos e ideas individuales sean compartidos y valorados por la coautora. Nuestro proceso ha consistido en enviarnos nuestros escritos, reunirnos online y cara a cara para discutir el trabajo, compartir el proceso de edición y re-redacción y, en última instancia, crear un texto que creemos que representa nuestra experiencia del proyecto *Movilidades Trans-sensoriales*. Presentamos ideas sobre nuestro enfoque duoetnográfico específico que ofrecía una forma de trabajar que estaba en diálogo, poder compartido y que nos permitió reflexionar sobre nuestra respuesta profesional (como artistas, escritoras, investigadoras), personal y creativa a obras específicas de la exposición y dar sentido a nuestras propias experiencias vividas con el patriarcado y la misoginia.

Nuestra duoetnografía ha surgido de y entre nuestras experiencias y sensibilidades individuales y nuestra historia compartida, como artista (Vicki), escritoras (Vicki y Jess) e investigadoras (Vicki y Jess), con un interés compartido en las metodologías narrativas y autoetnográficas que pueden invocar el cambio social, y también como supervisora y estudiante (Vicki es una estudiante que está completando un doctorado autoetnográfico basado en la práctica y yo soy su supervisora).

Identificamos la duoetnografía como un enfoque en el que 'el viaje es mutuo y recíproco' (Norris y Sawyer, 2012: 13) evolucionando nuestra comprensión mutua como estudiante/supervisora a coautoras/ colaboradoras. Sampson (2007) alinea el proceso de escritura con la creación de significado y la conexión, afirmando que puede mantener 'un sentido del yo humano, especialmente cuando ese yo está bajo presión'. (p. 342). Trabajar sobre narrativas vinculadas a la violencia de género puede ser traumatizante (Pérez-Tarrés *et al.*, 2019), pero el proceso de escritura duoetnográfica nos ha permitido navegar nuestras respuestas al proyecto de maneras que nos han sentido conectadas y apoyadas.

Al trabajar juntas (discusión, investigación, imagen y escritura) para reflexionar sobre nuestra experiencia en el proyecto y nuestro sentido de las obrasde arte en la exposición, combinamos y valoramos nuestras historias personales con la violencia de género y nuestras respectivas especialidades de investigación dirigidas por la práctica: Vicki, la fotografía y yo, la escritura creativa. Este trabajo, en contraste con ciertas estructuras patriarcales, es no jerárquico, mutuamente beneficioso, lúdico, imaginativo y, fundamentalmente, un espacio donde podemos entendernos mejor a nosotras mismas y a nuestra práctica. Pero más que jugar, nuestra colaboración nos permite escribir de una manera que está inextricablemente ligada a nuestro bienestar (Fancourt y Finn, 2019), que se lleva a cabo con un espíritu de justicia social (Harraway, 2019), y que permite que los límites entre el activista/académica/artista se difuminen positivamente, al tiempo que aboga por que otros(as) académicos(as)/ artistas/investigadores(as) hagan lo mismo.

Vicki

Las mujeres no estamos seguras caminando por el bosque de noche, ni tampoco lo estamos cuando paseamos por nuestras ciudades. Cuando la luz se desvanece, todos los monstruos salen dondequiera que estemos. Justo como lo tememos colectivamente, la oscuridad es su escudo.

¿Cómo podemos navegar por estos terrenos hostiles? Nos acordamos de prestar atención a las advertencias que nuestras madres nos transmitieron, tal como Jemma advierte amargamente a su hija ahora. El cansancio que todas compartimos al saber que nuestras hijas tendrán que hacer lo mismo por las suyas y así continúa.

El retrato de Jemma, 'Walking Home', es una representación visceral de todos nuestros miedos colectivos. Resulta aterradora su descripción de 'la frustración y la indignación' que ha sentido toda su vida mientras evalúa continuamente el riesgo en cada incursión nocturna. Pegadas a su cuerpo están las cabezas de los hombres con los que se ha encontrado, cayendo fuera del mosaico de su ropa, lascivas y zombies, se han convertido en parte de su traje. Reconozco esos rostros; los he conocido a lo largo de mi vida y al instante vuelvo a esos momentos de miedo. Allí, con detalles gráficos, están los hombres que ofrecen ayuda no deseada en la oscuridad, los hombres de los que es imposible desprenderse, sin importar lo que digas para disuadirlos a medida que sus propuestas se vuelven cada vez más amenazantes, y están los hombres que nunca pueden escuchar 'no'.

Solo sonríe, sé educada, aguanta el pánico creciente y no hagas contacto visual, hay mucho que recordar en esa fracción de segundo. La boca de la mujer está cerrada con cinta adhesiva; nadie puede oírla gritar y no debe caer en la trampa de entablar una conversación. Quiero verla salir corriendo, usando su fuerza para sacudirse violentamente a estos demonios necrófagos mientras su carrera los envía a estrellarse contra el suelo y ella desaparece en la noche.

Pero ella no puede, está atada, incapaz de liberarse ya que alrededor de su tobillo hay una gruesa cuerda trenzada. Un hilo umbilical tejido de conocimientos heredados de madre a hija, un salvavidas que debería liberarnos de, pero que a menudo nos obliga a confabularnos con el patriarchado. ¿Cómo podemos blindarlos? En su mano izquierda, Jemma está agarrando sus llaves entre los nudillos, como todas hacemos ahora, caminando a casa en un estado de hipervigilancia, estas piezas de metal que creemos que nos brindarán cierta protección a medida que aceleramos hacia la seguridad de nuestras puertas delanteras.¿O tal vez estas caras no son más que globos? Nada más que una masa de aire caliente que se puede romper y desinflar con sus llaves. La libertad de caminar a casa en la oscuridad y no tener miedo de los hombres todavía parece muy lejana.

Trilogía de Pinturas al Óleo de Christina Reading

Jess

Chris dice que su respuesta a la historia de Grace comenzó con la imagen en el dormitorio y su sensación de que Grace se tomaría un momento 'para sí misma al final del día... el espacio, el tiempo y la tranquilidad que necesita. En la pintura "Grace's sanctuary in the room upstairs", la he pintado como si apenas estuviera allí, un sujeto que se desvanece en su entorno, apenas detectable, un rastro de sí misma'. (Lectura, 2023). Chris representa a Grace como fantasmal, el efecto de la violencia de género es que ella es conocida y también desconocida para ella misma.

¿Quizás es incapaz de aceptar la mujer en la que se ha convertido y la vida que es suya? Su cuerpo ocupa un lugar central en la imagen, pero esto contrasta con el mobiliario alegre, que es vibrante y seguro.

En *The Leer after AG*, Grace es más vívida en amarillo, y la figura que la acompaña es materia de pesadillas, un hombre enorme y corriente. No sabemos exactamente quién es y, sin embargo, todos sabemos exactamente quién es. No vemos la violencia, pero el gesto con el codo puntiagudo dirigido a la cabeza de la mujer es claro y su respuesta – la de Grace – es instantáneamente reconocible como miedo. La posición reclinada (¿o forzada hacia atrás?) de Grace en esta pintura la coloca por debajo de la figura dominante, y esto simboliza quién tiene el control, quién tiene el poder. En el Palacio de Bellas Artes de la Ciudad de México, vimos los vastos, casi sobrecogedores, murales de Diego Rivera, donde se imaginaba a las clases trabajadoras siendo pisoteadas y aplastadas. Las obras de Rivera son impresionantes y aterradoras, y el arte se centra en la historia del país, el presente y también la amenaza de una guerra nuclear y un futuro distópico. Rivera une épocas y mundos en su arte y, aunque el trabajo de Chris es íntimo, sus figuras también son atemporales: ¿son de ahora o del pasado? Y esto les da una cualidad universal en la que la experiencia de la violencia de género se remonta en el tiempo, existe en el presente y también encajaría en un futuro aún por experimentar. Aunque las imágenes parezcan poco detalladas y ciertamente no realistas, esto significa que pueden transportar. Y este concepto, realizado a través del cuadro de Grace y su abusador, es aterrador. *The Leer after AG* es en realidad una reelaboración de la pintura de Artemisia Gentileschi de *Susanna and the Elders* (1610) y en este homenaje a una pintora del pasado, Chris amplifica la noción de que los artistas han estado representando experiencias con violencia de género durante siglos. La herencia y el legado de la violencia se hacen realidad a su imagen y semejanza. En la pintura final, *Vete al diablo*, Chris comparte a una Grace completamente formada con un labio rizado y fuertes dedos en señal de 'vete a la mierda', lo que centra las represalias y la resistencia de Grace. No vemos a quién va dirigido el gesto: ¿al abusador de Grace? ¿al mundo? La figura ocupa la mayor parte del espacio en el lienzo, vemos su desafiante cabeza inclinada y su mano fuerte. Este es el último fotograma de la trilogía, para Grace, para mí, para todas nosotras. Es extrañamente utópico, esperanzador y, además, el final que quiero para Grace, una conclusión en la que ella sabe quién es, ya no el espectro desconocido ni la víctima acobardada, sino sólida y segura.

Vicki

Ruchika plantea la noción de que un elemento central de todos los relatos originales sobre la violencia de género recopilados en el primer proyecto (Murray *et al.*, 2022) es que las mujeres ven sus propios cuerpos como 'un lugar de invasiones sexuales'. El uso del plural es condenatorio aquí y pone de manifiesto lo implacable de la embestida a la que se enfrentan las mujeres. En *Landscapes of Testimony*, Ruchika nos lleva a un 'viaje emblemático reimaginado hacia el trauma de género que experimentan las mujeres' viajando a través del terreno de los cuerpos de las mujeres, adopta la vista de pájaro de su protagonista inscrita aquí elevándose sobre las partes amorfas y desmembradas de los cuerpos de las mujeres donde la violencia de género se dirige particularmente, a la vagina y el torso. Ruchika también escucha la voz de la vulnerabilidad en las historias de las mujeres, que siempre tienen miedo de ser presas y ha elegido acertadamente a su némesis en la forma de un buitre, una criatura paciente y astuta conocida por olfatear la debilidad percibida (Byrd, 2006).

Estos paisajes, vistos desde arriba, se asemejan a islas y la mayor de ellas aparece como un puente, pero a la deriva. A primera vista parecería estar cubierto con los puntos de lo que podrían ser cadáveres a vista de pájaro. Sentimos que ningún lugar es seguro, ya que alrededor el agua está llena de formas parecidas a serpientes. La obra invoca en mí una sensación de miedo a la vigilancia desde arriba que no deja ningún espacio seguro donde esconderse. Laura Elkin sugiere que la palabra monstruo es 'tan efectiva como un verbo' (Elkin, 2023: 14) y por lo tanto que 'el arte monstrua'

(Elkin, 2023: 14). Cada artista ha utilizado su respuesta a los relatos de violencia de género para hacer precisamente eso; Ruchika, al transmitir con tanto éxito el miedo que sienten las mujeres cuando son rodeadas por el buitre, crea un espacio de contención dentro de la obra donde podemos presenciar y sentir la experiencia, desafiar lo monstruoso y expulsarlo.

Jess

En la extraordinaria obra de las Geo Brujas, partes del cuerpo desmembradas colgaban de un árbol con hilo rojo: un corazón, una cabeza, una pierna, un brazo, colgando. Y me acuerdo de las historias que leímos en el primer proyecto (Murray *et al.*, 2022), y de las mujeres fracturadas por sus experiencias de violencia de género. La monstruosidad del cuerpo destrozado también me hace pensar en mis propias experiencias con la violencia de género y en cómo se rompió mi sentido del yo. Significa que mi respuesta inicial a la pieza es retroceder y solo miro fugazmente en el primer encuentro. Pero al escuchar a las GeoBrujas hablar sobre el arte y describir cómo representa las 'reflexiones, sentimientos y resistencias' (Guía de la exposición, 2023) de diferentes experiencias con la violencia de género, reunidas en una sola narrativa, empiezo a sentirme diferente, me siento obligada a mirar de nuevo. Las partes del cuerpo se asemejan a una muñeca, son extrañas (Freud, 2003) y, como tales, estéticamente hablando la pieza inquieta. En *Art Monsters*, Laura Elkin analiza cómo las artistas feministas siempre han combinado a la Frankenstein géneros, textos y materiales para crear nuevas obras que 'buscan la verdad de su propio cuerpo [el de la artista]... no simplemente una refutación del patriarcado, sino un gesto de construcción de su propia estética' (Elkin, 2023: 73). Este tipo de trabajo es deliberadamente ambiguo y 'traza la ruina del cuerpo, e incluso se deshace y se deconstruye a sí mismo' (Elkin, 2023: 73). Trabajando de esta manera, comenzamos a estar más en sintonía con el lenguaje de nuestros cuerpos y de otros cuerpos. Las Geo Brujas afirman que las partes individuales del cuerpo en la obra de arte son 'un territorio fragmentado de cada uno de nosotros' (Guía de la exposición, 2023). Desde esta perspectiva, me llama la atención que su trabajo no sea repulsivo, sino que sí lo sea la violencia que se hace a las mujeres que el arte nos recuerda. El cuerpo roto representado, el cuerpo brillante roto de Frida Kahlo, e incluso el mío propio, de repente visible como fracturado, pero también completo y conectado, dañado pero también hermoso.

Dear Ella de Merci Roberts

Jess

Merci Roberts es una poeta interseccional que se basa en experiencias autobiográficas para informar e inspirar su activismo performático, que ha incluido un trabajo sobre cómo navegar por el encierro, el racismo, la homofobia y la neurodiversidad. Merci usa el formato de carta para dirigirse a Ella directamente y compartir cómo la historia de Ella resuena con sus propios recuerdos de patriarcado, misoginia y odio. Es una comunicación entre Merci y Ella pero, al igual que con las otras obras de arte, habla y conecta a quienes se involucran con ella, provocando una respuesta personal a la violencia de género. Todos somos Ella de alguna manera y Merci usa su escritura para validar y empatizar con nuestra experiencia. Porque todavía encontramos violencia en todas partes. Es implacable y aparentemente interminable. En este momento, mirar las noticias, buscar en línea o simplemente sentarse y pensar es abrumador. Demasiado. Cualquier cosa que hagamos puede parecer inútil, para nada, insuficiente. Este proyecto fue una respuesta al aumento de la violencia de género durante el confinamiento y, al principio, me daba miedo. Tenía miedo de lo que pudiera descubrir, miedo de lo que me haría pensar, miedo de las historias que me recordaría, miedo de que si se lo mencionaba a amigos y colegas, los pondría en contacto con sentimientos que se sumaban a un sentimiento individual y también colectivo de estar roto. Pero esto, por supuesto, no es la razón por la que miramos a las artes. Las historias pueden proporcionar lenguajes y formas de ser que nos ayuden a crear conciencia y promover el cambio social sobre lo impensable, lo indecible. Las respuestas artísticas como la de Merci hacen vívidos los abusos que muchas de nosotras hemos experimentado, pero también amplifican la magia que tenemos en nuestros cuerpos, la magia para hacer y compartir historias, la magia para colaborar y conectarnos, la magia para descubrir lo que no sabemos unos de otros y la magia para poner esto en el mundo y decir 'esto es lo que pienso, lo que siento, lo que imagino'.

Me siento honrada y motivada por el trabajo de los y las artistas y quiero agradecerles por ponerme de nuevo en contacto con la magia de mi cuerpo, mi creatividad y mi deseo de caminar en espacios públicos, crear historias y usar historias para involucrar a la gente. Gente de la que aún no hemos tenido noticias. Personas que quieren contar su historia a su manera.

A menudo estamos cansadas, a menudo estamos rotas, pero las artistas y narradoras pueden ayudarnos y nos ayudarán a imaginar espacios existentes, lejanos e imaginarios donde hay espacio para el cambio y donde el arte nos permite respirar, vivir, perdurar.

Lo que Sabemos que es Verdad

Vicki

En un relato duoetnográfico, se espera que ya se haya establecido una cierta confianza y cierta intimidad entre las y los investigadores (Hardin, *et al.*, 2023). Conozco a Jess desde hace tres años y medio;

ella es una de las integrantes del equipo de supervisión de mi doctorado. Confío en ella implícitamente y valoro su integridad y sus conocimientos. Compartimos muchos valores. Hardin *et al.* sugieren que la duoetnografía puede 'utilizarse para desafiar las relaciones entre jóvenes y mayores y transformar la forma en que nos relacionamos entre nosotros' (Hardin *et al.*, 2023: 404). Este marco también nos ha permitido explorar nuestras diferencias, dentro de este proyecto conmigo, Vicki, principalmente como artista que siempre adopta la posición predeterminada de responder al mundo visualmente, junto con la historia sensible y vulnerable de Jess firmemente arraigada en la academia y la búsqueda de resultados positivos.

Soy considerablemente mayor que Jess y ha sido desalentador darme cuenta de que poco parece haber cambiado para mí a lo largo de mi vida, para Jess o para cualquier mujer, independientemente de su edad en cualquier parte del mundo. También es desalentador, pero tal vez no sorprendente, saber que las exposiciones del proyecto fueron poco concurridas por hombres. Las experiencias de misoginia de las mujeres y el vínculo con la violencia de género en el Reino Unido y en todo el mundo (Ahmadi *et al.*, 2023) significan que a menudo hay pocos motivos para sentirse esperanzadas cuando incluso nuestros líderes pueden actuar con impunidad misógina, donde se hace la vista gorda o, lo que es peor, estos actos se ignoran o incluso se celebran en algunos sectores. La proliferación en línea de abusos aparentemente casuales dirigidos a las mujeres, a través de las redes sociales, ha preparado el escenario para la proliferación del acoso y la violencia contra las mujeres y las niñas por parte de hombres y niños (Barker y Juras, 2021).

A través de nuestros intercambios, y para levantar el ánimo, Jess y yo hemos evocado los arquetipos de la diosa: virgen/doncella, madre y anciana, (Ray, 2004; Walker, 1995; Woodward, 1995), poderosas energías para fortalecernos y a las que recurrimos frente a esta embestida. Mi interpretación de la historia de Grace en el proyecto *Movilidades Trans-sensoriales*, es una evocación del arquetipo de la bruja, su historia es una historia de autodominio, impulsada por la ira justa y la conciencia transformadora (Bolen, 2001). Demuestra que las mujeres no quieren hacerse pequeñas y silenciosas, o peor aún, invisibles para estar seguras. No queremos tener que escondernos de los buitres a medida que avanzamos en nuestras vidas. No queremos ser víctimas.

Jess menciona que nos hemos reído mucho, y lo hemos hecho; esto me recuerda *La risa de la Medusa* (Cixous, 1976), donde a pesar de los continuos ataques contra ella, Medusa se ríe de la violencia perpetrada contra ella, creando para sí misma un poderoso campo de fuerza. Shira Chess, nos recuerda que la risa puede formar parte del arsenal de las mujeres sin que trivialice su experiencia. El humor puede ser reivindicado para poner de relieve lo absurdo de un mundo en el que las mujeres siguen sin sentirse seguras (Chess, 2020). Nuestro humor compartido puede convertirse entonces en la forma definitiva de disrupción, abriendo un espacio en el que podemos contar nuestras historias y sentirnos fortalecidas en compañía de los demás. Si la Medusa risueña es un llamado a las mujeres a 'escribir a través de sus cuerpos' (Cixous, 1976: 886), entonces estas poderosas obras de arte producidas sobre la violencia de género demuestran de manera similar el poder del arte encarnado para dejar en claro que no seremos derrotadas.

Conclusión

Vicki y Jess

¿Qué emociones evocamos cuando escribimos autoetnografía? Aunque ciertamente hay excepciones, la mayor parte de la autoetnografía evocadora se basa en experiencias de dificultad, tristeza y dolor. A veces el dolor es algo que se supera, pero la tristeza y la ira suelen estar en la raíz de esos ensayos (Meyers, 2012: 158).

Nuestra experiencia del proyecto y del proceso duoetnográfico y los escritos que inspiró para este capítulo nos ha recordado que, si bien la violencia de género todavía impregna la vida de las personas en todo el mundo, el proyecto *Movilidades Trans-sensoriales* es parte de una resistencia histórica y esencial. Ese arte (imagen y texto) crea espacios para desarrollar nuevos colectivos y ampliar los existentes donde se apoyan y valoran las historias de las personas. Que el acto de hacer y los diálogos que esta obra puede inspirar es esperanzador. Sugerimos que la duoetnografía y nuestro enfoque son una forma en la que la etnografía evolucione como una metodología que puede incluir historias de trauma y dolor, pero también abarcar narrativas de amor (Pelias, 2004) y alegría (Myers, 2012). Esperamos que, al trabajar de esta manera, podamos ser parte de las conversaciones en curso en torno a la violencia de género que buscan valorar y promover la narración de historias y, al mismo tiempo, celebrar a las personas que comparten sus historias. Historias que pueden y traerán cambios.

8 Stories as Social Change

Jess Moriarty, Lesley Murray, Olga Sabido Ramos
and Paula Soto Villagrán

It's wrong that the response to violence against women requires women
to behave differently. Women are not the problem. (Campbell, 2021)

We continue to find violence that is enacted due to gendered relations
of power everywhere. It is relentless and seemingly never ending.
Right now, to look at the news, search online or just sit and think is
overwhelming. This is no less evident than in the recent case in France
in which a man admitted that, for almost 10 years, he had drugged his
wife Gisèle Pelicot and invited scores of men via online platforms to
rape her while she was in a drug-induced slumber which he then filmed.
'Fifty other men are also on trial, accused of rape. They include a nurse,
a journalist, business owners, volunteers at charitable organisations, a
retiree, a firefighter and a prison warden. The youngest of the accused
men is 26 and the oldest is 74. Many of them deny raping Gisèle Pelicot'
(kennedy-macfoy, 2024: 437). Figures from the French ministry of gender
equality, every year in France, 94,000 women report being victims of rape
or attempted rape: that is roughly one every five minutes. And 91% of
the victims know their abuser, who is a male in 96% of cases (kennedy-
macfoy, 2024). This heinous example shows what we already know to be
true: that women are being raped and assaulted all the time. Watching
Gisèle Pelicot attend court with astounding dignity and composure
throughout the trial, seeing her stare at the men who raped her attempt
to defend themselves was profound – we must do work that instigates
urgent change. We must do it now.

And this of course is why the arts matter. We are sometimes broken,
often tired and nearly always accepting of gender based violence. It
has become part of the societal fabric. But artists and storytellers can
and will help us imagine existing, far away and imaginary spaces where
there is space for change and where art enables us to breathe, live,
endure. This book is a way of sharing our profound gratitude to each
and everyone of the incredible artists – in Brighton and in Mexico –
who inspired with their creative inspiration, their courage and their
energy that informed an exhibition seeking to offer hope in the face of
the often seemingly hopeless. Art does not instruct or lecture, it does

not shame or ridicule. Instead, it opens up a space where the viewer can interpret and make sense of their own world through the lens the artist offers. This relationship between the artists and their audience is the premise of art, but here we create further imbrications. We asked artists to become viewers of other artworks and to purposefully incorporate their responses into their own art. In this way we created the layering of emotions that underpins trans-sensory storying. Then, because the project was in collaboration with artists in Mexico, India, the US and UK, we were able to connect with a diverse range of practitioners and present intergenerational, queer, feminist work. The project identified storytelling as a way of drawing people who are historically and currently marginalised in higher education (Winter *et al.*, 2022) into the research. It centred their practice as being fundamental to understanding gender violence better, or at least differently, and presenting these works in spaces where diverse audiences would be able to connect and view them. It offered up spaces that were not previously available – for stories that had otherwise gone unheard.

It was hoped that this aspect of the project, taking research out of journals and academic books and putting it in public spaces, would stimulate conversations and engender social change. This project identified the writing and sharing of stories as an agent for change and was concerned with using art to express the lived experiences of the women identified by our research and employing creative techniques that might help readers/audiences to feel differently about the stories being told (Hunt, 2000). As the chapters in this collection show, the project allowed us to focus on concerns and strategies for making gender violence visible and raising awareness on an international, intergenerational, intercultural and inter-institutional level. It also allowed us to weave narratives in an inter- and multidisciplinary way, epistemologically, theoretically and methodologically, from a feminist position. The call of this project to pay attention to the sensorial and emotional dimension of artistic and activist narratives meant we could translate these concerns into sensitive forms of communication and connection with the artists, the public and with and among ourselves. Incorporating these elements into the writing of the chapters allowed us to refine an empathetic point of view at the emotional and sensory registers of the people who shared their own experiences of gender violence from the elicitation of the works.

Analysing the pieces based on their reception through the workshop design allowed us to identify common senses regarding gender violence and some contextual differences. On the other hand, identifying the common language of gender violence interactions (Collins, 2008) and their emotional and sensory components was a proper theoretical-methodological strategy to address cultural differences. But we also managed to break out of the victimhood perspective and vindicate the strategies of resistance that, day by day, link us as women and minorities who denounce and fight gender violence against women. In this sense, the exchanges we had with academics, minority groups, artists and the audience allowed us to gather diverse registers that showed not only what people feel about violence but also the possibilities of resisting and healing wounds and building a world free of violence. Some artistic metaphors were critical to this analysis, such as arrows, understood as weapons that wound, but also as artifacts of resistance. Last but not least, we would like to express our gratitude to the feminist student movement of our university and its strike in March 2023, as this was a vitally important background for a sensitive reception of the exhibition *Siento luego resisto*.

We have argued that gender violence is expressed in gender power relations that materialise in a given space and time. In this sense, space is not a neutral support; on the contrary, space is involved in generating and sustaining different processes of inequality, injustice and especially racism, sexism, classism, among others. Strategies and mechanisms to address gender violence must therefore attend to the complexities and ongoing production of social space – its governance, materialities and mobilities. As we have discussed throughout, gender violence is not spatially or temporally confined, but operates on a series of continuum – of socio-spatial contexts, which we also refer to here as immobilities, of manifestations and of scales (body, neighbourhood, city, country, global). The objective has been to stimulate new ways of thinking and acting from an emotional and sensorial point of view in order to change the unjust geographies in which we live. Placing the spatial-temporal dimension at the centre of the discussion on gender violence made it possible to make visible the webs of power relations that cross spatial relations, where the body appears as the first scale of power, 'the most elemental level of penetration of power, the place where all spheres of power are concentrated' (Bru, 2006: 465).

The body is the primary space of gender violence – in enduring violence, in holding on to it and in anticipating violence in the future. But other material and symbolic locations where gender violence is experienced also multiply: workplaces, domestic and recreational spaces, neighbourhoods, transportation, streets, can be seen as geographical variations of masculinity, femininity and their meanings. The body connects to other spaces, across different scales – to the global. These spatialities stimulate an analysis of the complex processes that articulate the limitations of space and gender relations, in the configuration of a trans-sensorial landscape, where the city is recognised as a place of impositions, restrictions, but also of transformations, appropriations, daily resistances that bring together experiences between the United Kingdom and Mexico.

Often our response to stories of gender violence is to feel overwhelmed, as if nothing we can do will ever bring change, will never be enough. And another response is anger. Anger that even now, in 2024, change is not happening fast enough and when it does happen, often the pressure is on women to change their behaviour or at least accept a role in a culture of misogyny. But when men are challenged to change, the discourse is often flipped, with any suggestion that the blame and shame should be focused on men being challenged and resisted (Woods, 2021). This can potentially contribute to a politics of feeling bad, a politics that 'relies on an economy that can be successfully organized to discourage certain norms and behaviors from arising through the encouragement of shame' (Gill, 2024: 940).

Gill (2024) suggests that this politics of feeling bad is further supported by authoritative and institutional male voices such as MP Steve Reed, Labour leader Keir Starmer and footballer Marcus Rashford. Men who can significantly influence the British male demographic and, as such, 'can help shape conversations about good behaviour and respect toward women and girls' (Gill, 2024: 941). However, Gill argues that this form of public speaking out, representation and role modelling from men privileges an essentialism of gender, and that, 'invoking shame as our principal solution or performances of VAWG not only inadvertently evokes a totalizing politics of feeling bad but also sustains mediation of traditional performative gender roles' (Gill, 2024: 941). This can result in conversations about gender violence doing little to challenge dominant misogynistic discourse, as feelings of shame can leave men feeling victimised instead of active and empowered in a process of essential change (Gill, 2024).

But changes in men's perceptions and attitudes are an essential, and maybe the only way forward. In particular, the most recent data from the Office for National Statistics (ONS, 2021) shows that of the women killed in England or Wales between April 2020 and March 2021, 60% knew their suspected killers. Instead of following the ideal victim trope, the data indicates that around 33% of the suspected killers were current or former partners (ONS, 2021). Therefore, art that actions repeated calls on men can signify a shift in discourse that has historically asked women to change their behaviours (what we wear, how we travel, what we say or drink etc) to avoid being assaulted or murdered by men, instead of identifying strategies for placing the responsibility for change onto the perpetrators.

Gill (2024) found that the most common occurrences referring to women's behaviour were found in relation to the app WalkSafe. This app encourages women to feel empowered by raising personal safety awareness with detailed databases containing official police crime statistics, community-reported data and unique live maps. The headline 'Personal Safety App for Women that "Shouldn't Have to Exist" sees a Surge in Downloads Following the Murder of Sarah Everard in London' (Morrison, 2021), demonstrated the impact of Sarah's murder on women's behaviour at the time. 'Mirroring the logic of neoliberalism, such headlines also reference an iPhone safety feature that discretely calls emergency services if needed. Secret hand signals and references to the six-word text, "Text me when you get home", are also prominent features' (Gill, 2024: 942). These activities are about women changing their behaviours under the guise of empowering them, when in fact it maintains the narrative that women are somehow to blame and must adapt their own habits in order to navigate activities – travelling home, meeting a friend, exercising in a park – we still can't take for granted.

And there is always more work to do to resist gender violence and to diversify research. This project was part of a sociopolitical movement to decolonise research in higher education (HE). Here in the UK, the influence of coloniality and colonial rule is still evident in HE. For example, organisational structures (ethnic representation of staff is 83% white, HESA, 2020; Liyanage, 2020), patterns of student participation and outcomes (NUS & UUK, 2019; OfS, 2018) and the curricula that are delivered, all reflect characteristics of colonial inheritance (Arday et al., 2020) – in themselves, acts of violence. But the project identified storytelling as a way of drawing people historically (and currently) marginalised in HE (Winter et al., 2022) into the research and centring their practice as being fundamental to understanding gender violence better, or at least differently, and presenting these works in spaces where men and women would be able to connect and view them. As Campbell (2021) says: 'It's wrong that the response to violence against women requires women to behave differently. Women are not the problem'. It was hoped that this aspect of the project, taking research out of journals and academic books and putting it in public spaces, would stimulate conversations and engender social change in a way that brings everyone into dialogue.

In this project we have linked up artists across two diverse national contexts. They shared their stories with each other and created new ones together. They have gained knowledge and understanding of other cultural contexts in the process. Stories can provide languages and ways of being with the potential and possibility of raising awareness and promoting social change about the unthinkable, the unsayable. We anticipate that the artworks produced and this book will entice stories from people we haven't heard from yet. People who want to tell their story in their way and to use that process to connect with others, to share, to witness, to not feel isolated or alone but part of a collective striving for change.

We hope that by reading this book, you feel part of this collective, and that the ideas here inspire new research methodologies, artworks and actions and form part of the move away from what we know and have always known to be true about misogyny and abuse, and instead help us to evolve dominant discourse and transform conversations and experiences relating to personal, national and international experiences with gender violence. Storytelling offers possibilities for collaboration that can cross borders of language and discipline, creating spaces where we come together to share real and imagined ways of being that can foster empathy, humanity, and that will lead to meaningful change.

References

Arday, J., Belluigi, D.Z. and Thomas, D. (2020) Attempting to break the chain: Reimaging inclusive pedagogy and decolonising the curriculum within the academy. *Educational Philosophy and Theory*. See https://doi.org/10.1080/00131857.2020.1773257.

Bru, J. (2006) 'El cuerpo como mercancía'. In J. Nogué and J. Romero (eds) *Las otras geografías, Valencia: Editorial Tirant lo Blanch* (pp. 465–491). Crónica.

Campbell, L. (2021) Women tell men how to make them feel safe after Sarah Everard disappearance. *The Guardian*, 10th March. https://www.theguardian.com/commentisfree/2021/mar/11/women-feel-safe-public-spaces-men-behaviour-change (accessed October 2025).

Collins, R. (2008) *Violence. A Micro-Sociological Theory*. Princeton University Press.

HESA (2021) Higher Education Student Statistics: UK, 2019/20 – Student numbers and characteristics. See https://www.hesa.ac.uk/news/27-01-2021/sb258-higher-education-student-statistics/numbers (accessed September 2025).

Hunt, C. (2000) *Therapeutic Dimensions of Autobiography in Creative Writing*. Jessica Kingsley.

kennedy-macfoy, m. (2024) On being fully human. *European Journal of Women's Studies* 31 (4), 437–439. https://doi.org/10.1177/13505068241300757.

Liyanage, M. (2020) Miseducation: Decolonising curricula, culture and pedagogy in UK universities. Higher Education Policy Institute – Debate Paper, 23. https://www.hepi.ac.uk/wp-content/uploads/2020/07/HEPI_Miseducation_Debate-Paper-23_FINAL.pdf.

Morrison, R. (2021) Personal safety app for women that 'shouldn't have to exist' sees a surge in downloads following the murder of Sarah Everard in London. *Daily Mail*, 17 March. See https://www.dailymail.co.uk/sciencetech/article-9372745/Downloads-women-safety-app-WalkSafe-soar-following-Sarah-Everard-murder.html (accessed September 2025).

NUS Black, Asian and Minority Ethnic Student Attainment at UK Universities: #closingthegap, last updated May 2019: https://www.universitiesuk.ac.uk/sites/default/files/field/downloads/2021-07/bame-student-attainment.pdf (accessed 1 September 2025).

Office for National Statistics (2011) Census General Report, last updated January 2016. https://www.ons.gov.uk/census/2011census/howourcensusworks/howdidwedoin2011/2011censusgeneralreport (accessed September 2025).

Office for National Statistics (2021) Census General Report. https://www.ons.gov.uk/census (accessed 1 September 2025).

OfS (2019) Associations between characteristics of students: How do outcomes differ when accounting for multiple student characteristics? *OfS*, September. https://www.officeforstudents.org.uk/media/868014ea-6d82-419f-b3ee-1e5b349941cc/abcs-report.pdf (accessed 29 August 2025).

Winter, J., Webb, O. and Turner, R. (2022) Decolonising the curriculum: A survey of current practice in a modern UK university. *Innovations in Education and Teaching International* 61 (1), 181–192. https://doi.org/10.1080/14703297.2022.2121305.

Woods, J. (2021) Men must make our streets safe—Or hang their heads in shame. *Telegraph*, 11 March. https://www.telegraph.co.uk/women/life/men-must-make-streets-safe-hangheads-shame/ (accessed October 2025).

8 Las historias como cambio social

Jess Moriarty, Lesley Murray, Olga Sabido Ramos
y Paula Soto Villagrán

> Es un error que la respuesta a la violencia contra las mujeres requiera
> que las mujeres se comporten de manera diferente. Las mujeres no son el
> problema. (Campbell, 2021).

Seguimos encontrando violencia que se promulga debido a las relaciones de poder de género en todas partes. Es implacable y aparentemente interminable. En este momento, mirar las noticias, buscar en línea o simplemente sentarse y pensar es abrumador. Pero esto, por supuesto, es la razón por la que las artes importan. A veces estamos destrozadas, a menudo cansadas, y casi siempre aceptamos la violencia de género ya que se ha convertido en parte del tejido social. Pero las artistas y narradoras pueden ayudarnos y nos ayudarán a imaginar espacios existentes, lejanos e imaginarios donde hay espacio para el cambio y donde el arte nos permite respirar, vivir, perdurar. Este libro es una forma de compartir nuestra profunda gratitud a todas y cada una de las increíbles artistas, en Brighton y en México, que inspiraron con su creatividad, su coraje y su energía una exposición que busca ofrecer esperanza frente a quienes a menudo parecen desesperados.

El arte no instruye ni sermonea, no avergüenza ni ridiculiza. En cambio, abre un espacio donde las y los espectadores pueden interpretar y dar sentido a su propio mundo a través de la lente que ofrece el artista. Esta relación entre artistas y público es la premisa del arte, pero aquí creamos más imbricaciones. Pedimos a los artistas que se convirtieran en espectadores de otras obras de arte y que incorporaran deliberadamente sus respuestas a su propio arte. De esta manera, creamos la superposición de emociones que sustenta la narración transsensorial. Luego, debido a que el proyecto fue en colaboración con artistas en México, India, Estados Unidos y el Reino Unido, pudimos conectarnos con una amplia gama de profesionales y presentar trabajos intergeneracionales, queer y feministas. El proyecto identificó la narración de historias como una forma de atraer a la investigación a personas que han sido históricamente y actualmente marginadas en la educación superior (Winter *et al.*, 2022). Se centró en su práctica como fundamental para comprender mejor, o al menos de manera diferente, la violencia de género y presentar estas obras en espacios donde diversas audiencias pudieran conectarse y verlas. Ofrecía espacios que antes no estaban disponibles, para historias que de otro modo no se habían escuchado.

Se esperaba que este aspecto del proyecto nos permitiera sacar la investigación de revistas y libros académicos y ponerla en espacios públicos, estimular las conversaciones y generar un cambio social. Este proyecto identificó la escritura y el intercambio de historias como un agente de cambio y se preocupó por el uso del arte para expresar las experiencias vividas de las mujeres identificadas por nuestra investigación y el empleo de técnicas creativas que pudieran ayudar a los lectores/audiencias a sentirse de manera diferente acerca de las historias que se cuentan (Hunt, 2000). Como muestran los capítulos de esta colección, el proyecto nos permitió centrarnos en las preocupaciones y estrategias para visibilizar la violencia de género y sensibilizar a nivel internacional, intergeneracional, intercultural e interinstitucional. También nos permitió tejer narrativas de manera inter y multidisciplinaria, tanto epistemológica como teórica y metodológicamente, desde una posición feminista. La llamada de este proyecto a prestar atención a la dimensión sensorial y emocional de las narrativas artísticas y activistas nos permitió traducir estas preocupaciones en formas sensibles de comunicación y conexión con los artistas, el público, y con y entre nosotras. La incorporación de estos elementos en la escritura de los capítulos nos permitió afinar una mirada empática sobre los registros emocionales y sensoriales de las personas que compartieron sus propias experiencias de violencia de género a partir de la elicitación de las obras.

El análisis de las piezas a partir de su recepción a través del diseño del taller nos permitió identificar sentidos comunes frente a la violencia de género y algunas diferencias contextuales. Por otro lado, identificar el lenguaje común de las interacciones de violencia de género (Collins, 2008) y sus componentes emocionales y sensoriales fue una estrategia teórico-metodológica adecuada para abordar las diferencias culturales. Pero también logramos salir de la perspectiva victimista y reivindicar las estrategias de resistencia que, día a día, nos vinculan como mujeres y minorías que denunciamos y luchamos contra la violencia de género contra las mujeres. En este sentido, los intercambios que tuvimos con académicos y académicas, grupos minoritarios, artistas y público nos permitieron reunir diversos registros que mostraron no solo lo que las personas sienten sobre la violencia, sino también las posibilidades de resistir y sanar heridas y construir un mundo libre de violencia. Algunas metáforas artísticas fueron fundamentales para este análisis, como las flechas, entendidas como armas que hieren, pero también como artefactos de resistencia. Por último, pero no menos importante, nos gustaría expresar nuestro agradecimiento al movimiento estudiantil feminista de nuestra universidad y su huelga en marzo de 2023, ya que este fue un escenario de vital importancia para una recepción sensible de la exposición *Siento luego resisto*.

Hemos argumentado que la violencia de género se expresa en relaciones de poder de género que se materializan en un espacio y tiempo determinados. En este sentido, el espacio no es un soporte neutro; por el contrario, el espacio está involucrado en generar y sostener diferentes procesos de desigualdad, injusticia y especialmente de racismo, sexismo, clasismo, entre otros. Por lo tanto, las estrategias y mecanismos para abordar la violencia de género deben atender a las complejidades y a la producción continua del espacio social: su gobernanza, materialidades y movilidades. Como hemos discutido a lo largo de este capítulo, la violencia de género no está limitada espacial o temporalmente, sino que opera en una serie de continuos, de contextos socioespaciales, a los que también nos referimos como inmovilidades, de manifestaciones y de escalas (cuerpo, barrio, ciudad, estado, espacios transnacionales). El objetivo ha sido estimular nuevas formas de pensar y actuar desde un punto de vista emocional y sensorial con el fin de cambiar las geografías injustas en las que vivimos. Situar la dimensión espacio-temporal en el centro de la discusión sobre la violencia de género permitió visibilizar las redes de relaciones de poder que atraviesan las relaciones espaciales, donde el cuerpo aparece como la primera escala de poder, 'el nivel más elemental de penetración del poder, el lugar donde se concentran todas las esferas de poder' (Bru, 2006:465).

El cuerpo es el espacio principal de la violencia de género: para soportar la violencia, para aferrarse a ella y para anticipar la violencia en el futuro. Pero también se multiplican otros lugares materiales y simbólicos donde se vive la violencia de género: los lugares de trabajo, los espacios domésticos y recreativos, los barrios, el transporte, las calles, pueden ser vistos como variaciones geográficas de la masculinidad, la feminidad y sus significados. El cuerpo se conecta con otros espacios, a través de diferentes escalas – con lo global. Estas espacialidades estimulan un análisis de los complejos procesos que articulan las limitaciones del espacio y las relaciones de género, en la configuración de un paisaje trans-sensorial, donde la ciudad se reconoce como un lugar de imposiciones, restricciones, pero también de transformaciones, apropiaciones, resistencias cotidianas que reúnen experiencias entre el Reino Unido y México.

A menudo, nuestra respuesta a las historias de violencia de género es sentirnos abrumadas, como si nada de lo que podamos hacer fuera a generar un cambio, nunca fuera suficiente. Y otra respuesta es la ira. Rabia porque incluso ahora, en 2024, el cambio no está ocurriendo lo suficientemente rápido y cuando sucede, a menudo la presión recae sobre las mujeres para que cambien su comportamiento o al menos acepten un papel en una cultura de misoginia. Pero cuando se desafía a los hombres a cambiar, el discurso a menudo se invierte, y cualquier sugerencia de que la culpa y la vergüenza deben centrarse en los hombres es desafiada y resistida (Woods, 2021). Esto puede contribuir potencialmente a una política de sentirse mal, una política que 'se basa en una economía que puede organizarse con éxito para desalentar que surjan ciertas normas y comportamientos mediante el fomento de la vergüenza'. (Gill, 2024: 940).

Gill (2024) sugiere que esta política de sentirse mal está respaldada por voces masculinas autoritarias e institucionales como el diputado Steve Reed, el líder laborista Keir Starmer y el futbolista Marcus Rashford. Hombres que pueden influir significativamente en la demografía masculina británica y, como tales, 'pueden ayudar a dar forma a las conversaciones sobre el buen comportamiento y el respeto hacia las mujeres y las niñas' (Gill, 2024: 941). Sin embargo, Gill argumenta que esta forma de hablar en público, de representación y de modelar la conducta por parte de los hombres privilegia un esencialismo de género, y que 'invocar la vergüenza como nuestra principal solución o actuaciones de la violencia contra las mujeres y las niñas no solo evoca inadvertidamente una política totalizadora de sentirse mal, sino que también sostiene la mediación de los roles de género performativos tradicionales'. (p. 941). Esto puede dar lugar a conversaciones sobre la violencia de género que hacen poco para desafiar el discurso misógino dominante, ya que los sentimientos de vergüenza pueden hacer que los hombres se sientan víctimas en lugar de sentirse activos y empoderados en un proceso de cambio esencial (Gill, 2024).

Pero los cambios en las percepciones y actitudes de los hombres son esenciales, y tal vez el único camino a seguir. En particular, los datos más recientes de la Oficina de Estadísticas Nacionales (ONS, 2021) muestran que de las mujeres asesinadas en Inglaterra o Gales entre abril de 2020 y marzo de 2021, el 60% conocía a sus presuntos asesinos. En lugar de seguir el tropo de la víctima ideal, los datos indican que alrededor del 33% de los presuntos asesinos eran parejas actuales o anteriores (ONS, 2021). Por lo tanto, el arte que procesa los llamamientos reiterados a los hombres puede significar un cambio en el discurso que históricamente ha pedido a las mujeres que cambien sus comportamientos (lo que vestimos, cómo viajamos, lo que decimos o bebemos, etc.) para evitar ser agredidas o asesinadas por hombres, en lugar de identificar estrategias para colocar la responsabilidad del cambio en los perpetradores.

Gill (2024) encontró que las ocurrencias más comunes referidas al comportamiento de las mujeres se encontraron en relación con la aplicación WalkSafe. Esta aplicación alienta a las mujeres a sentirse empoderadas al crear conciencia sobre la seguridad personal con bases de datos detalladas que contienen estadísticas oficiales de delitos policiales, datos reportados por la comunidad y mapas en vivo únicos. El titular 'La aplicación de seguridad personal para mujeres que "no debería tener que existir" ve un aumento en las descargas tras el asesinato de Sarah Everard en Londres' (Morrison, 2021), demostró el impacto del asesinato de Sarah en el comportamiento de las mujeres en ese momento. 'Reflejando la lógica del neoliberalismo, estos titulares también hacen referencia a una función de seguridad del iPhone que activa discretamente los servicios de emergencia si es necesario. Las señales secretas con las manos y las referencias al texto de seis palabras (son seis palabras en inglés, nueve en español), "Envíame un mensaje de texto cuando llegues a casa", también son características destacadas' (Gill, 2024: 942). Estas actividades se centran en que las mujeres deben cambian sus comportamientos con el pretexto de empoderarlas, cuando en realidad mantienen la narrativa de que las mujeres son de alguna manera culpables y deben adaptar sus propios hábitos para navegar por las actividades (viajar a casa, reunirse con un amigo/una amiga, hacer ejercicio en un parque) que todavía no podemos dar por sentado.

Y siempre queda mucho trabajo por hacer para resistir la violencia de género y diversificar la investigación. Este proyecto formaba parte de un movimiento sociopolítico para descolonizar la investigación en la educación superior. Aquí en el Reino Unido, la influencia de la colonialidad y el dominio colonial sigue siendo evidente en la educación superior. Por ejemplo, las estructuras organizativas (la representación étnica del personal es 83% blanca, HESA, 2020; Liyanage, 2020), los patrones de participación y los resultados de los estudiantes (NUS y UUK, 2019; OfS, 2018), y los planes de estudio que se imparten, reflejan características de la herencia colonial (Arday *et al.*, 2020), en sí mismos, actos de violencia. Pero el proyecto identificó la narración de historias como una forma de atraer a las personas históricamente (y actualmente) marginadas en la educación superior (Winter *et al.*, 2022) a la investigación y centrar su práctica como fundamental para comprender mejor, o al menos de manera diferente, la violencia de género, y presentar estas obras en espacios donde hombres y mujeres pudieran conectarse y verlas. Como dice Campbell (2021): Es un error que la respuesta a la violencia contra las mujeres requiera que las mujeres se comporten de manera diferente. Las mujeres no son el problema'. Se esperaba que este aspecto del proyecto, sacar la investigación de revistas y libros académicos y ponerla en espacios públicos, estimulara las conversaciones y generara un cambio social de una manera que llevara a todos al diálogo.

En este proyecto hemos puesto en contacto a artistas de dos contextos nacionales diversos. Se ofrecieron a compartir sus historias entre sí y crearon otras nuevas juntas. En el proceso, han adquirido conocimiento y comprensión de otros contextos culturales. Los cuentos pueden proporcionar lenguajes y formas de ser con el potencial y la posibilidad de crear conciencia y promover el cambio social sobre lo impensable, lo indecible. Anticipamos que las obras de arte producidas y este libro atraerán historias de personas de las que aún no hemos oído hablar. Personas que quieren contar su historia a su manera y usar ese proceso para conectarse con otros, para compartir, para ser testigos, para no sentirse aisladas o solas, sino parte de un esfuerzo colectivo por el cambio.

Esperamos que, al leer este libro, te sientas parte de este colectivo, y que las ideas aquí presentes inspiren nuevas metodologías de investigación, obras de arte y acciones y formen parte del alejamiento de lo que sabemos y siempre hemos sabido que es cierto sobre la misoginia y el abuso, y en cambio nos ayuden a evolucionar el discurso dominante y a transformar las conversaciones y experiencias relacionadas con las experiencias personales, nacionales e internacionales con la violencia de género. La narración de historias ofrece posibilidades de colaboración que pueden cruzar las fronteras del lenguaje y la disciplina, creando espacios en los que nos reunimos para compartir formas de ser reales e imaginarias que pueden fomentar la empatía, la humanidad y que conducirán a un cambio significativo.

Index

#MeToo 30, 45, 105, 118

Abdulali, Sohaila xi–xii, 61–2, 66, 72–3
acecho 17, 44, 53
acoso 18, 44, 46–7, 53, 55, 74, 91–2, 95, 97, 118, 172
afectar 138, 142
affect 125, 129
Antivilo, Julia xiii–xiv, 1, 15, 62, 72–3
arts-based methods 2, 29, 30, 59
artworks 6–7, 11, 57, 59, 60, 63–4, 80, 102, 105, 151–2, 158, 160, 175, 178
autobiografía 17, 48, 50, 164,
autobiography 2, 33–4, 152
autoetnografía 17, 51, 117, 165–6, 173
autoethnography 2–3, 35, 104, 117, 153–4, 160–1

Barreto, Ana xviii–xix, 11, 26, 60, 62, 71, 73, 81–2, 93–4, 106–9, 111, 119–21, 124
Bartilotti, Dora xx–xxi, 11, 26, 60, 62, 71, 73, 78, 81, 90
body 5, 11, 33, 37, 58, 60–2, 78, 81–6, 102–4, 107, 109, 111, 125, 128–9, 157–9, 160, 176

callejeando/callejera 26, 102, 106, 114–15, 119, 123
Carrick, Rosy xxii, xxvi, 11, 25, 62–3, 66, 73, 74
cine 16, 20, 73
city 1, 11, 32, 60, 63, 78, 80–1, 84, 86–7, 102–6, 109–11, 176
ciudad 15, 26, 71, 91–3, 96, 100, 114–19, 121–3, 182
clase 68, 144
class 58, 131
Collado, Alejandra xxvi, xxxii, 11, 26, 60, 62, 71, 73, 78, 80, 83–6, 90, 93, 95, 97, 99

comic stories 2, 6, 16, 34, 39, 50, 59–60, 82, 94, 102, 105–11, 115
continuo spacial/de inmovilidades 18–19, 26, 90–2, 97
continuo de la violencia de género 47, 52, 91
continuum of gender violence 11, 31, 36, 79
continuum of space/immobilities 3, 5, 78–80, 85, 176
Covid-19 1, 3, 6, 10, 17, 20, 24, 28–9, 31, 34, 36–7, 38–9, 43–4, 46–7, 50, 52–4, 56, 58–60, 66, 102, 104–5, 111, 114, 117–18
creative writing 29, 32–3, 35, 155
crime statistics 4–5, 58, 104, 177
cross-cultural 6–8, 11
cuerpo 25, 53, 72, 93–8, 99, 114–16, 119–24, 140–2, 145, 149, 167, 169–71, 182

de la Cerda, Dahlia xxxiv, xxxvi–xxxvii, 11, 26, 62, 73, 107–8, 111, 120–1, 124–5, 129–30, 138, 143–4
de la Rosa, Maria 11, 25, 62, 73
decolonial 6–7, 9, 102, 152, 154, 164
derechos humanos 19, 54, 91–3, 98
desigualdades 17, 47, 52, 54–5, 91
domestic violence 3–5, 29–31, 36, 39, 78, 81, 151, 153
duoetnografía 164, 166, 172–3
duoethnography 152, 154, 159, 161

embodiment, see body
emociones 23, 91, 93–4, 100, 124, 138, 140, 145, 147, 149, 173, 180
emotions 11, 78, 80–5, 88, 108, 111, 125–8, 131–6, 152, 160, 175
escritura creative 15, 44, 47, 49, 51, 167
escritura de vida 16–17, 49
escultura/instalación 16, 75, 93, 98

espacio público 44, 71, 92–3, 96–7,
    143
estadísticas de criminalidad 20, 68, 116,
    183
exhibition 1–2, 8–9, 63–5, 125, 129, 151–2,
    154–5, 174, 176
experiencia vivida 25, 48, 53, 69, 116,
    119

fear 79–80, 82–3, 85–7, 103–4, 127–9, 132–3,
    135–6, 155–7
feminism 2–3, 8–11, 32, 62, 64–5, 80–1,
    88, 102, 109, 125–6, 131, 136, 151–4,
    158, 175–6
feminismo 16–7, 24, 26, 47, 72, 75–6,
    101, 114–15, 139, 145, 150, 164–5,
    181–2
film 2, 6, 61–3, 107, 125, 127, 129–30,
    158
flâneur 103, 115
fotografía 16, 20, 94, 114, 122–4, 167

Gammidge, Tony xxxix, xi, 11, 26, 62,
    66, 72–3, 125, 130–1, 133, 136, 138,
    143–4, 146, 150
gendered mobilities 29–30, 103, 109
GeoBrujas Collective xli, 11, 26, 62, 73,
    170

Hainsworth, Ottilie xliii, xlii, 11, 26, 105,
    117
harassment 3, 29, 31, 36–7, 39, 45, 63, 79,
    83–4, 96
comics 16, 69, 71, 114, 117–18, 121–2,
    124
human rights 4, 38, 79–80, 85

idioma 22–4, 140
image 2, 31–3, 35, 59, 61, 82, 104, 108–11,
    127, 130, 152, 155–7, 161
imagen 16, 18, 48, 50, 68–9, 75, 94, 117,
    121–3, 144, 166, 168–9
immobilities 5, 10, 29–32, 33, 37, 39, 42–5,
    47, 58–9, 111, 176
inmovilidades 19–20, 25, 44–5, 47, 49, 53,
    56, 69, 124, 182
inequalities 31, 36, 38–9, 79
injustice 31, 80, 84, 176
injusticia 92, 96, 182
intercultural 20–2, 26, 175, 181
intergenerational 31, 59, 175
intergeneracional 100, 147, 180–1
intersectionality 31, 38, 151, 158
interseccionalidad 146, 163, 170

Jonc Buczek, Karolina xliv, 11, 26, 81, 105,
    117
Justicia social 68, 167

Khan, Sabba xlv–xlvi, 11, 20, 26, 59, 69,
    105, 117

language 4, 10–12, 17, 20, 66, 106, 127,
    158–9, 178–9
life writing 1–2, 33
lived experience 2, 6–7, 12, 32, 36, 61, 81,
    154, 175

Madrigal, Sonia xlvii–xlviii, 11, 26, 60–3,
    71–3, 78, 81, 90, 93–4, 110–11,
    121–4
Marr, Vanessa xlviii, 11, 26, 62, 65, 73, 76,
    78, 81, 85, 90, 93, 97
método basado en las artes 45
metodología de narración 44–5, 47, 49, 56,
    67, 70, 118
metodología transdisciplinaria 16, 44
metodología trans-sensorial 16, 18, 25, 27,
    43–4, 49, 56, 67–70, 76–7, 100, 118,
    124, 176, 180
Mhishi, Tanaka l, lx, 11, 25, 61–3, 66,
    72–3
miedo 92–5, 98–100, 115–16, 140, 141,
    147–9, 167–71
minoritarios 69–70, 181
minoritised 3–5, 38, 59, 61, 105
movilidades 15, 17, 20, 43–5, 49, 51, 124,
    182
movilidades de género 44–5, 122
mobilities 1, 3, 6, 10, 28–30, 33, 35, 105,
    109, 111, 151, 154, 161, 176
Muñoz de Cote, Bárbara lx, lxi–lxii, 11,
    25, 61–2, 64, 72–3, 75

narración 15–18, 20–3, 25–6, 44–5, 47–52,
    55–6, 67, 69–72, 76–7, 93, 118–19, 122,
    144, 163–5, 173, 180, 184–5
narrative analysis 32–4

obras de arte 20, 25–6, 67, 70–1, 73, 75, 92,
    114, 163, 171, 173
online violence 3, 29–31, 37, 105, 160, 174

Painting, Vicki lxii, lxiv, lxviii, 11, 26, 62,
    73, 151–72
patriarcado 16, 47, 166, 170–1
patriarchy 2, 32, 154–5, 158
performance 61, 63, 72–4, 131, 136–7, 158
Phoenix, Woodrow lxv, 11, 26, 105, 117

photography 2, 6, 102, 111, 155
physical violence 3, 2, 29, 63, 80–5, 102, 104–5, 136, 152
poder 17, 22–3, 53, 68–9, 73–4, 91, 180, 182
poesía 16–17, 73–4, 170
poetry 2, 62–3, 158
police 29, 26, 36, 85, 104, 107, 109, 177
policía 45, 52, 54, 98, 116, 120–1
power 3, 7–8, 58, 62–3, 79, 82, 85, 87, 103, 105, 108, 117, 126, 153–4, 156, 160, 174, 176
precariedad 114, 116
precarity 102, 104, 111
public space 5, 29, 36, 58, 60, 65, 78–81, 84–5, 106, 129, 159, 175, 178
public transport 5, 10, 36–7, 81–2

Reading, Chris lxvi, lxix, 11, 26, 62, 73, 156, 158, 168
resistance 7, 11, 61, 65, 78, 80, 87–8, 102–11, 125–6, 129, 131–3, 135–6, 157, 161, 176
Resistencia 21, 26, 72, 76, 91, 99–100, 114–23, 138–9, 143–4, 146, 149, 169, 173, 181
Roberts, Merci lxx, lxxv, lxxviii, 63, 73, 158, 170
Rodríguez, Frederick lxxviii, lxxix, 11, 26, 60, 63, 71, 73, 78, 85, 90, 93, 98, 158

sculpture/installation 2, 64, 81, 86
senses 11, 58, 87, 103, 129, 131, 134, 157
sensorial 57–8, 60, 67–70, 74, 76, 80, 118–20, 139, 142, 145–6, 176, 181–2
sensory 2, 10–11, 37, 39, 57–61, 65, 102, 106–7, 110, 114–15, 125–7, 129, 131–3, 175
sentidos 18, 26, 68, 99, 181, 138, 144, 147, 181

sexual violence 3–4, 29, 36, 61, 63, 79, 81, 83–5, 86, 104, 106, 109, 135, 157
social/spatial justice 57, 155
stalking 3–4, 29, 31
Stevens, Kathleen lxxx, 11, 26, 105, 117
storying 2, 4, 6, 8, 10, 13, 15, 17–18, 21, 29, 31–2, 34–40, 57, 59–60, 62, 66, 102, 106, 160, 175
storytelling 2–3, 7–8, 32–8, 60–2, 80, 152–3, 161, 175
streetwalking/streetwalker 11, 102–11

temporal 11, 26, 29, 64, 78, 85, 87, 121, 176, 182
transdisciplinary methodology 2, 6, 29–30, 33–5, 57, 66, 106
transporte público 19, 25, 53, 95, 147
transnacional 15–16, 19, 67, 77, 124
transnational 1–3, 5, 57, 66, 84, 111
trans-sensory methodology 1–2, 4, 6, 10–12, 28, 33, 39–40, 57, 59, 63, 66, 102, 106, 111, 175
Treweek, Gemma lxxxi, lxxxii, 11, 26, 63, 73, 81–2, 110–11, 123–4

Ushurhe lxxxiii, 11, 26, 105, 117

Vardo, Elijah lxxxiv, 11, 26, 59, 69, 105, 117
video 81, 85, 98, 132
Violence against women and girls 4, 29, 65, 79, 86, 126, 128–9, 160, 178
violencia doméstica 18, 20, 45–6, 116, 163, 165
violencia digital/ciberacoso 17, 46–7, 53, 118, 172
violencia física 74, 92–3, 118
violencia sexual 17–18, 44, 48, 53, 72, 74, 91–2, 95, 97, 99, 116, 119, 122, 148

Wason Singh, Ruchika lxxxv–lxxxvi, 11, 26, 63, 73

For Product Safety Concerns and Information please contact our EU Authorised Representative:

Easy Access System Europe

Mustamäe tee 50

10621 Tallinn

Estonia

gpsr.requests@easproject.com